AGRADECIMIENTOS ESPECIALES

Me gustaría agradecer a quienes hicieron posible esta traducción al español de La ley de la vida. Ustedes dedicaron horas de su precioso tiempo para poner este libro a disposición mundo de habla hispana. Solo la eternidad revelará la diferencia que esto hizo en las vidas de muchas personas preciosas. Dios les bendiga abundantemente por todo lo que han hecho.

Traductor:
Felipe Navarijo

Editores:
Marisol Collins Ph. D
Myla Matus
Kelly Miranda
Adan Sanchez MD

Contribuidor Principal:
Mario Robinson MD

Diseco y Formato:
Kimberly Kodimer

INTRODUCCIÓN

¿Deseas estar saludable? ¿Deseas tener amistades benéficas y duraderas? ¿Anhelas estar libre del bagaje de tu pasado y del resentimiento, culpabilidad, y vergüenza que has cargado? ¿Deseas liberarte de los pensamientos negativos que te han acosado por tanto tiempo? ¿Deseas tener poder en tu vida para desatarte de esos hábitos que te han tenido esclavizado?

Si este es tu deseo, este libro es para ti. En este libro exploraremos juntos *La Ley de la Vida,* lo cual, aplicado a tu experiencia personal y funcionando en tu corazón, puede brindarte el poder y la libertad que siempre buscabas pero nunca habías encontrado.

Es liberador en concepto, pero desafiante en la aplicación. Pide todo lo que tienes, pero ofrece lo que no tienes. Es exhaustivo, aunque de fácil comprensión; es sencillo, pero profundo.

Este libro no fue escrito en el típico estilo de un libro, pues es en realidad, es una transcripción de una serie de conferencias. A medida que desarrollaba esta serie de conferencias, y las presentaciones aumentaban, las audiencias me pedían las notas para poder investigar más a fondo los temas presentados. Al principio, las notas sólo eran de pocas páginas. Pero al transcurrir un año, se transformaron en 25 páginas de hojas tamaño regular, margen amplio, y de un espacio.

Fue allí donde decidí que sería mejor transformar las notas en un pequeño folleto que acompañara mis conferencias. Durante los últimos años, el folleto ha seguido creciendo, pero ha permanecido en su formato de transcripción. Las ilustraciones son tomadas directamente de mis diapositivas de PowerPoint, para que puedas tener una referencia visual mientras lees sobre el tema. Si deseas ver la serie completa, existen varias iteraciones de la serie de *The Law of Life (La Ley de la Vida)* en el canal de YouTube del Instituto Uchee Pines o en el canal de Dr. Mark Sandoval. Puedes acceder a estas conferencias en el siguiente enlace: https://www.youtube.com/UcheePinesInstitute o https://www.npmin.org

Recomiendo la lectura de este libro, de seis a ocho veces. Cada vez que lo leas, captaras nueva información omitida previamente, y en tu mente se juntarán principios y conceptos en nuevas formas.

Deseo que puedas encontrar esa anhelada libertad y poder, a medida que diligentemente lees, estudias, y aplicas los principios de *La Ley de la Vida* en tu propia vida.

CAPÍTULO 1

Entendiendo la causa de la enfermedad

Tratando la causa

En esta serie, queremos hablar acerca de cómo tratar la causa de la enfermedad, y no sólo los síntomas. Pero para poder hacer eso, debemos saber cuál es la causa. ¿Cuál es la causa de la enfermedad? ¿Cuál es la causa del cáncer, de la diabetes, las enfermedades cardiovasculares, y las enfermedades autoinmunes?

No te sientas mal si no tienes una respuesta a estas preguntas.

Si fueras a tu médico para preguntarle, "¿Cuál es la causa de mi enfermedad?", él te daría una lista de factores de riesgo asociados con tu enfermedad. Pero si siguieras insistiendo saber la causa principal de tu enfermedad—lo que tendrías que eliminar para poder recuperarte—él no sabría decírtelo. Porque realmente él no lo sabe.

Pero si no sabe la causa, ¿cómo puede tener éxito en tratar y eliminar tu enfermedad? Es por eso que me interesan las causas.

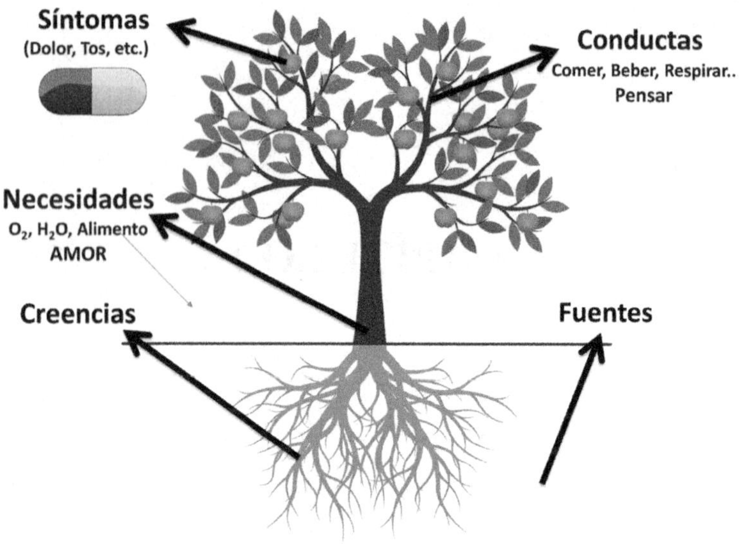

De árboles y hombres

Existen muchas similitudes entre los seres humanos y las plantas. Cuando se trata de salud, al compararnos con los árboles, podremos entendernos mejor a nosotros mismos y saber cómo obtener y mantener la salud.

Imagina que tienes un árbol frutal, y que es la temporada de cosecha. ¿Cuáles son algunas de las primeras cosas que notas del árbol? ¿El fruto, las hojas, y la forma del árbol? En esta analogía, el fruto y las hojas representan nuestros síntomas, las cosas obvias que notamos y de las cuales nos quejamos, como el dolor, la tos, la picazón, etc.

Si tienes un árbol que da fruto malo y hojas enfermizas, ¿resuelves el problema con tan sólo arrancar el fruto y las hojas malas? ¡No! Arrancar el fruto y las hojas malas sólo elimina la evidencia del problema, pero no resuelve el problema. Si vas al doctor con un dolor de espalda y el doctor te da una pastilla como calmante, te vas a sentir mejor. Pero la molestia aún está allí. Así que vas a los doctores números dos y tres, y consigues más pastillas. Eventualmente, ya no tienes más dolor. Tu problema está resuelto, ¿cierto? – no, solamente has removido la manifestación del problema, pero no el problema en sí.

Supongamos que vas a un cuarto doctor, y este médico al examinarte encuentra que tienes un cuchillo atrancado en la espalda. ¿Pudieron eliminar la causa las pastillas recomendadas por los otros médicos? -no, pues sólo enmascararon su manifestación. Esto es similar a apagar la alarma de incendios. Tratar los síntomas no resolverán el problema, pues sólo limitará su manifestación.

No quiero que pienses que nunca es apropiada la atención a los síntomas. Si me fracturo un hueso o me corto un dedo, ¡por favor aplícame algo que alivie el dolor! Pero no sólo trates el dolor, sino también arregla el problema.

¿Por qué no se resuelve el problema con tan sólo arrancar el fruto malo y las hojas malas? Es porque el fruto y las hojas no se sostienen por sí mismos. Ellas están sostenidas por las ramas, y las ramas representan nuestras conductas y acciones. Estas acciones, o conductas, son cosas sencillas como respirar, comer, beber, dormir, etc.

Si el árbol tiene ramas saludables, ellas sostendrán hojas y frutos sanos. Pero si el árbol tiene ramas enfermizas, ellas producirán frutos y hojas enfermizos. De igual manera, si tu conducta es buena, sostendrá buenos síntomas; pero si tus comportamientos son malos, producirán malos síntomas.

Si el árbol tiene ramas enfermizas, ¿podar esas ramas ayudará al problema? Claro que sí. Reducirá la carga de la enfermedad. Pero aún no se resuelve el problema, porque las ramas tampoco se sostienen a sí mismas. Ellas son sostenidas por el tronco, y el tronco representa nuestras necesidades.

Necesitas lo que necesitas porque eres lo que eres. Nosotros, como seres humanos, necesitamos oxígeno, agua, alimento, luz solar, calor, descanso, etc. Tú y yo no podemos cambiar lo que necesitamos, porque esas necesidades son determinadas por lo que somos. Los árboles tienen necesidades diferentes de las de los reptiles, que a su vez tienen necesidades diferentes de las de los pájaros o de los humanos. Lo que necesitamos y cuánto necesitamos es determinado por lo que somos.

Lo que necesitas es interno, y está determinado por lo que eres. Pero la fuente de lo que necesitas es externa, se encuentra fuera de tu cuerpo. Tus necesidades deben ser introducidas desde afuera e incorporadas en ti. Necesitas oxígeno, pero el oxígeno que necesitas se encuentra fuera de ti y debe ser introducido para que puedas vivir. Necesitas agua, pero el agua que necesitas se encuentra fuera de ti y debe ser introducida para que puedas vivir. Necesitas alimento, pero el alimento que necesitas se encuentra fuera de ti, y debe ser introducido para que puedas vivir.

Todo lo que necesitas, que a su vez es determinado por lo que eres, debe ser activamente introducido desde afuera. Y tus conductas (respirar, beber, comer etc.) son las acciones que introducen a tu cuerpo lo que necesitas.

Si tus conductas concuerdan con tus necesidades, eso promoverá buenos síntomas, así como las ramas, que correctamente transportan la savia desde el tronco, promueven hojas y frutos sanos. Pero si tus conductas no concuerdan con tus necesidades, entonces eso resultará en malos síntomas; así como las malas ramas que no transportan correctamente la savia desde el tronco, darán hojas y frutos malos.

Por ejemplo, necesitas diariamente cierta cantidad de agua para permanecer bien hidratado. Si bebes suficiente agua para estar bien hidratado, eso promoverá buenos síntomas. Pero si no bebes suficiente cantidad de agua, si tus acciones no concuerdan con tus necesidades, terminarás con síntomas de dolor de cabeza, fatiga, labios secos, estreñimiento, etc.

Si tienes frutos y hojas enfermizas en tu árbol, no conozco nada que puedas hacer al tronco para arreglar el problema. Puedes cortarlo, pero hay poco más que puedes hacer al tronco. Realmente, para llegar a la raíz del problema, necesitas ir debajo de la tierra. ¿Por qué? Porque el tronco no se sostiene a sí mismo. Es sostenido por las raíces, y las raíces representan nuestras creencias.

Hasta aquí hemos estado tratando con aspectos muy obvios (arriba de la superficie de la tierra). Los síntomas son obvios. La conducta es obvia. Las necesidades son más o menos obvias. Pero ¿qué de las creencias? Para poder conocer lo que alguien cree, hay que cavar un poco. Pero, aunque se necesita cavar, ten por cierto que las raíces afectan la salud de las ramas. Haces lo que haces porque crees lo que crees.

Si tus creencias acerca de tus necesidades coinciden con tus verdaderas necesidades, entonces tus comportamientos también coincidirán con tus necesidades, y por lo tanto, producirán frutos y hojas sanos. Pero si tus creencias acerca de tus necesidades no coinciden con tus verdaderas necesidades, esto producirá frutos y hojas malos.

Por ejemplo, imaginémonos que crees que *necesitas* beber Coca Cola. Si crees que necesitas beber Coca Cola, beberás Coca Cola. Pero ¿será que realmente necesitas Coca Cola? ¡No! Si suministras algo que no necesitas, o si no suministras lo que sí necesitas, eso provocará frutos y hojas enfermizos—malos síntomas. Es sólo mientras crees correctamente acerca de lo que necesitas, que puedes conducirte correctamente en suministrar lo necesario, y luego esperar frutos y hojas sanos; es decir, buenos síntomas.

Pero aún algo está faltando. Como puede verse, cuando el árbol posee malos frutos y malas hojas, es raramente culpable el árbol. No existe mucha cirugía que el arborista puede hacer a las raíces del árbol si el árbol se encuentra luchando. Ciertamente si las raíces están apiñadas, pueden ser separadas y extendidas. Pero no existe mucho que hacer con las raíces. Entonces ¿qué es lo que el arborista puede arreglar si el árbol tiene un problema? ¡Arregla el suelo donde crece el árbol! Y el suelo representa nuestras fuentes.

Si crees que necesitas agua y bebes agua, pero el agua que bebes está contaminada, eso aún producirá frutos y hojas enfermos. Pero, si crees que necesitas agua y bebes suficiente cantidad de agua pura, eso producirá hojas y frutos sanos; es decir, buenos síntomas.

Por tanto, frutos y hojas sanos son el producto de buenas fuentes, de creencias que concuerdan con nuestras necesidades, y de conductas que correctamente suministran esas necesidades. Cuando todos estos funcionan al unísono, puede esperarse buena salud y buenos síntomas.

Sin embargo, en un ser humano hay por lo menos un aspecto más que debemos considerar. En un árbol, las raíces no pueden escoger su fuente de suministro; sencillamente se sirve de lo que lo rodea. En cambio, un humano adulto funcional sí puede escoger su fuente. Y las elecciones de nuestras fuentes preferidas, también están arraigadas a nuestras creencias. Por lo tanto, las creencias no sólo determinan nuestra conducta, sino que también determinan cuáles fuentes seleccionamos. Este hecho se hará más claro al continuar la lectura. Pero por ahora sólo recuerda: si ves un fruto malo en tu árbol, no arranques el fruto. Más bien, escarba para ver qué sucede con las raíces y el suelo. Allí es donde encontrarás la causa de la enfermedad.

Tengo una pregunta para ti. ¿Necesitas amor? ¿Existe alguna persona que no necesite amor? He hecho esta pregunta a miles de personas alrededor del mundo, y no he encontrado una sola que no necesite amor. Todos necesitamos amor, así como todos necesitamos oxígeno, agua, alimento, etc.

Nuestra necesidad de amor está determinada por lo que somos; es decir, seres humanos. Y la fuente del amor que necesitamos se encuentra fuera de nosotros, así como se encuentra fuera de nosotros la fuente del oxígeno, el agua y el alimento. Y al igual que con el oxígeno, el agua y el alimento, debe existir una acción que nos suministra el amor para que podamos vivir. ¿Y cuál es esa acción? Es el pensamiento. El pensamiento es la acción que introduce el amor necesario para sobrevivir.

¿Será posible que el amor es como las otras necesidades; que puede existir una fuente contaminada, o una buena fuente de amor; que pueden existir creencias correctas o falsas acerca del amor; y que pueden existir acciones (pensamientos) apropiadas que satisfacen esa necesidad, o acciones (pensamientos) inapropiados que no satisfacen esa necesidad?

Y si la fuente, creencias o acciones (pensamientos) son incorrectas, pueden existir frutos y hojas enfermizos; pero si la fuente, creencias y acciones son correctas, ¿podrán existir frutos y hojas sanos? Sí, éste es el caso. Pero profundizaremos este tema más adelante.

Dolor y enfermedad

¿A cuántos de ustedes les agrada el dolor? Y ¿a cuántos les agrada la enfermedad? Tengo otra pregunta para ustedes. ¿Es la función del dolor y la enfermedad una función buena o una función mala? Usemos como ejemplo la lepra.

En la lepra, los individuos son infectados con un tipo de bacteria que comienza afectando las áreas del cuerpo que se mantienen a una temperatura fresca, como los dedos y la nariz. La infección daña los nervios, y eventualmente la persona pierde la sensación del tacto. Entonces, cuando algo dañino le sucede a sus manos o pies, no puede sentirlo, y eventualmente comienzan a perder los dedos a causa de heridas, quemaduras, cortadas y otros problemas los cuales no pueden sentir. Si tú y yo ponemos nuestra mano sobre el mechero, de inmediato la retiraremos porque sentimos dolor. El leproso no retira su mano del mechero hasta oler la carne quemándose, porque no lo puede sentir.

Por tanto, ¿es buena la función del dolor? ¿Es bueno tener la capacidad de sentir dolor? ¡Sí! Similarmente, ¿es buena la función de la enfermedad? ¿Es bueno tener la capacidad de enfermarse? Sí, pues tanto el dolor como la enfermedad nos informan que algo está mal. Si no tuviéramos esa capacidad, nos lastimaríamos irreparablemente en muy corto tiempo.

Pero al considerar la enfermedad más de cerca, necesitamos hacernos una pregunta. ¿Proviene la enfermedad simplemente de la nada?, o ¿existe una causa para la enfermedad? Y si la enfermedad tiene una causa, ¿cuál es? Para poder ayudarnos a entender la causa de la enfermedad, debemos empezar a razonar de causa a efecto o del efecto hacia la causa.

La Ley de Causa y Efecto (tomando el ejemplo de la Hipertensión)

Usemos como ejemplo la hipertensión o la presión arterial alta. ¿Cuál es la causa de la presión arterial alta? Sabemos que cuando los vasos sanguíneos presionan al torrente sanguíneo, aumenta la presión arterial. Por tanto, la vasoconstricción es la causa de la elevación de la presión arterial. Entonces, hemos resuelto el problema, ¿verdad? Hemos encontrado la causa de la presión arterial alta, ¿cierto?

Uno de mis colegas dice lo siguiente: “Las causas tienen causas”. Sólo por haber encontrado una causa del problema, no significa que hemos encontrado LA causa. Cada causa encontrada es provocada por otra, hasta que lleguemos a la causa primordial.

Por tanto, en el caso de la vasoconstricción, encontramos que es el resultado de la actividad aumentada del sistema nervioso simpático, que equivale a nuestro sistema de lucha o huida. Este sistema provoca el aumento del ritmo cardíaco, la constricción de los vasos sanguíneos y la liberación de una gran cantidad de adrenalina, aumentando así la presión arterial. Pero ¿cuál es la causa del aumento de la estimulación del sistema nervioso simpático?

Una de las causas es el aumento de leptina. Leptina es una hormona producida por las células de grasa en nuestro cuerpo (principalmente la grasa que rodea los órganos abdominales); y esta hormona circula en la sangre hacia una parte del cerebro llamada el hipotálamo, la cual posee receptores que reciben la leptina. Cuando hay más leptina llegando al hipotálamo, desencadena que el sistema nervioso simpático aumente su producción. Pero ¿cuál es la causa del aumento de leptina?

El aumento de leptina es causado por el aumento de grasa corporal, especialmente la grasa que rodea los órganos. Las células grasas, crecen principalmente a medida que uno aumenta de peso, y al agrandarse las células, eso dificulta que los nutrientes y gases se introduzcan hacia la parte central de la célula. En defensa, las células emiten leptina, y la leptina nos hace sentir una saciedad temprana, aumenta el ritmo metabólico, y estimula nuestro sistema nervioso simpático. Desafortunadamente, la temprana señal de saciedad y el aumento del ritmo metabólico se terminan, y lo que permanece es el estímulo simpático. Pero ¿qué provoca el aumento de grasa?

Es un balance calórico positivo. Eso significa que uno consume más calorías que las metabolizadas en ejercicio y la vida diaria. Pero ¿cuál es la causa del aumento calórico? Es un aumento de alimento con alta densidad calórica. Algunos alimentos tienen más calorías que otros. Por ejemplo, si deseas 200 calorías de mantequilla, te sirves sólo una cucharada. Pero si deseas 200 calorías de apio, ¡tendrás que consumir un kilo y medio! Por tanto, si consumes más alimentos altos en grasa o azúcar, habrá más alimento de densidad calórica alta que proveerá más calorías antes de que te sientas lleno. Pero ¿cuál es la causa del aumento de alimentos con densidad calórica alta en la dieta?

Es el gusto del paladar. Por tanto, ¿qué es lo que afecta el gusto? Son las repetidas preferencias y decisiones desarrolladas con el tiempo. En otras palabras, es desarrollado por los hábitos. Pero, ¿cuál es la causa de los hábitos?

Tiene que ver con los apetitos. Pero ¿cuál es la causa del apetito? Es el resultado de la naturaleza humana. Pero ¿cuál es la causa de la naturaleza humana?

Es el pecado. Finalmente, si tomamos cualquier enfermedad y usamos este mismo proceso de hacernos la pregunta, "¿cuál es la causa de esto? y ¿cuál es la causa de aquello?", siempre llegaremos a la misma conclusión: el pecado. Si no fuera por el pecado, no habría enfermedad. Ahora, no quiero que pienses que siempre es tu pecado lo que causa tu enfermedad. Sabemos que Job era un hombre justo, y no obstante le fue permitido que Satanás lo atormentara con una terrible enfermedad. Pero aún fue resultado del pecado. Fue el pecado del enemigo que causó la enfermedad de Job.

El pecado y la enfermedad

¿Qué es pecado? El pecado es la transgresión de la ley. Juan nos dice, "...pues el pecado es infracción de la ley."[1] ¿A qué ley se refiere aquí? A la ley de Dios, también conocida como los Diez Mandamientos. Pero ¿cuál es el fundamento de la ley de Dios? El fundamento de la ley de Dios es Su carácter, que es fundado en amor.

1. 1 Juan 3:4 RVR 1960.

Mateo nos dice: "Amarás al Señor tu Dios con todo tu corazón, y con toda tu alma, y con toda tu mente. Éste es el primero y grande mandamiento. Y el segundo es semejante: Amarás a tu prójimo como a ti mismo. De estos dos mandamientos depende toda la ley y los profetas".[2]

Como puede verse, el fundamento de Su ley es amor.

Y leemos que "La ley dada en el Sinaí era la enunciación del principio de amor, una revelación hecha a la tierra de la ley de los cielos".[3]

Entonces encontramos que en muchos casos la enfermedad es el resultado de un problema referente al *amor*.

"Dios ha señalado la relación que hay entre el pecado y la enfermedad. Ningún médico puede ejercer durante un mes sin ver esto ilustrado. Tal vez pase por alto el hecho; su mente puede estar tan ocupada en otros asuntos que no se dé cuenta de ello; pero si quiere observar sinceramente, no podrá menos que reconocer que el pecado y la enfermedad llevan entre sí una relación de causa a efecto".[4]

Esto es tan cierto. Como médico, no puedo sino ver que existe una conexión entre el pecado y la enfermedad de las personas. Sin embargo, no es tan fácil ayudar al paciente a ver esta conexión. Pero el poder razonar de causa a efecto suele ayudar en esto.

La Ley de Causa y Efecto

Podemos razonar de causa a efecto porque existe una ley de causa y efecto que gobierna la asociación de causas y sus efectos. La Ley de Causa y Efecto puede ser fácilmente entendida. Cada efecto debe tener una causa, y cada causa debe producir un efecto. La causa siempre llega antes o al momento de producirse

2. Mateo 22:37-40
3. Elena G. de White, El Discurso Maestro de Jesucristo, p. 44.
4. Elena G. de White, Consejos Sobre la Salud, p. 322.

el efecto, y el efecto siempre llega después o al momento de la causa. Si el efecto está presente, la causa o sus causas secundarias, también deben estar presentes, porque si la causa o sus efectos secundarios son eliminados, debe también cesar el efecto.

"La voluntad de Dios establece la relación entre la causa y sus efectos. Consecuencias temibles están vinculadas a la mínima violación de la ley de Dios. Todos procuran esquivar el resultado, pero no trabajan para evitar la causa que produce el efecto. Lo que está mal es la causa, no el efecto...".[5]

Como puede verse, el efecto nunca está mal. Es una consecuencia natural de la ley. Lo que está mal es la causa, la cual debiera ser buscada, identificada, y eliminada. No tiene sentido tratar sólo con el efecto, porque el efecto no es el problema, la causa sí lo es. Tratar los síntomas, a la larga, no produce un bien duradero a nadie. Debemos buscar la causa y eliminarla, entonces cesará el efecto. Lo que está mal es la causa, no el efecto.

Cuando consideramos la ley de causa y efecto, encontramos el motivo de su funcionamiento. La explicación proviene de una de las leyes de la termodinámica. Esa ley dice que "Toda energía necesaria para el funcionamiento de un sistema, debe originarse desde el exterior de ese sistema". Debido a esto, no se puede producir una máquina de movimiento perpetuo. No existe ninguna máquina que puedes poner en movimiento, esperando que siga funcionando indefinidamente, generando todo el poder que necesita. Esto es porque depende de energía del exterior para seguir funcionando.

Siendo que toda energía necesaria para el funcionamiento de un sistema (y toda la energía necesaria para el disfuncionamiento de un sistema) debe originarse desde su exterior, el efecto no puede crearse por sí mismo. Debido a eso, la causa debe ser buscada en el exterior del sistema bajo consideración. Por

5. Elena G. de White, An Appeal to Mothers, p. 26.

tanto, si alguna persona contrae cáncer en la mama izquierda, no debiera recurrir al cáncer de la mama izquierda en busca de la causa. La energía necesaria para causar la disfunción tuvo que originarse desde afuera del cáncer.

Leyes del funcionamiento

Ahora también existe una ley de funcionamiento. Y esa ley dice que todo lo que funciona es gobernado por leyes inmutables. Por ejemplo, los seres humanos poseen un saludable nivel sanguíneo de sodio, de 135-145 mEq/dL. Sea que la persona es de Australia, África, Antártica, o América, todo ser humano considerado normalmente saludable, posee un nivel sanguíneo de sodio cerca de 135-145. Pero si el nivel baja o sube demasiado, uno no puede permanecer saludable.

También, el pH sanguíneo para seres humanos es 7,35-7,45 en cualquier parte del planeta. Por tanto, si uno piensa que estaría mejor con un pH sanguíneo alcalino de 8,5, y llega a esa meta, estará muerto, porque la ley que gobierna la función del nivel pH sanguíneo en seres humanos determina que la salud normal se mantiene entre un pH de 7,35 y 7,45. Sea que a uno le agrade, o no; o si uno lo sabe o no, eso no importa. La ley es como es, y no puede cambiar sólo porque a uno le agrada, o no.

De manera similar, la temperatura corporal (la temperatura oral) se encuentra normalmente en el nivel de 37°C (98,6°F). Existe una leve variación entre algunas personas, pero nadie puede vivir con una temperatura corporal de 10°C (50°F), y nadie puede vivir con una temperatura de 65°C (150°F). Sea que uno sea de alta o baja estatura, sea flaco u obeso, negro, blanco o azul. La ley es como es, y no puede alterarse. Las leyes funcionales no cambian. Si nos trasladamos al ártico, no podemos simplemente escoger vivir en una temperatura corporal de congelación. Y si ingerimos mucha sal, no podemos escoger vivir en un elevado nivel de sodio, Funcionamos como funcionamos debido a las leyes que gobiernan nuestra función corporal, y esas leyes no están sujetas a cambios.

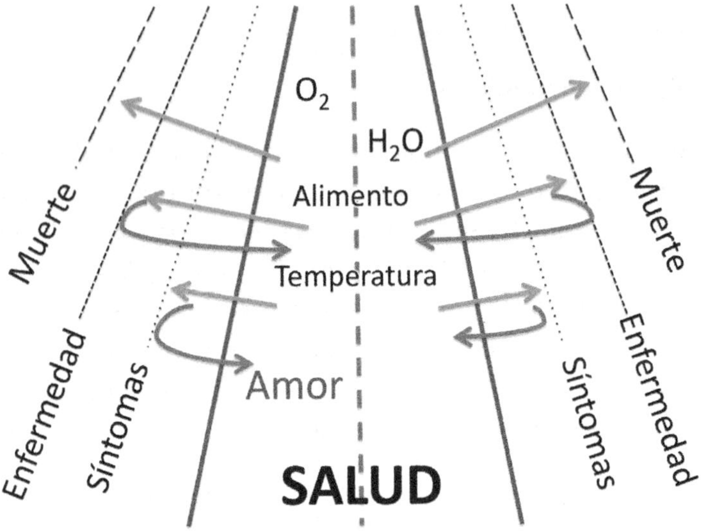

La Autopista de la Salud

Estamos hablando de la ley de la vida, y para ilustrar esta ley, consideremos la autopista de la salud. Imaginen conmigo por un momento, que existe un camino con una zanja a cada lado. La salud se mantiene si permaneces dentro del camino, pero si te desvías hacia cualquiera de las zanjas, tendrás problemas. Para comenzar, debemos definir lo necesario para mantener la salud. ¿Cuáles son algunas de esas necesidades?

Una es el oxígeno. ¿Qué más? También el agua. ¿Qué más? También se necesitan nutrientes o alimento. Pero ¿qué más? También necesitas cierta cantidad de calor para permanecer sano.

¿Qué sucede si la temperatura se eleva? Tendrías fiebre. ¿Y cómo te sientes cuando tienes fiebre? ¿Te sientes cómodo, o incómodo? Al sentirte incómodo, desarrollas síntomas. Esos síntomas te ayudan a saber que te encuentras fuera de los confines de la ley de una temperatura corporal normal; y tu respuesta a estos síntomas, como el sudor, ruborizarte, moverte a la sombra, encender un ventilador, etc., ayudan al cuerpo a regresar a una temperatura normal para así poder volver a los confines de la ley que gobierna la función normal de la temperatura corporal.

¿Pero, qué pasa si es lo contrario? ¿Qué pasa si la temperatura baja? Allí también surgen síntomas. Síntomas como piel de gallina y escalofrios. ¿Son cómodos estos síntomas, o incómodos? Incómodos. ¿Por qué? Porque te hacen saber que te has desviado de la ley.

La realidad es que no nos importa la ley en sí. Nos importa cómo nos sentimos. Si nos mantenemos en 'el camino correcto', eso promueve comodidad, la cual disfrutamos. Si nos desviamos del camino, eso produce un malestar, lo cual nos hace entender que algo está mal y que necesitamos corregirlo. Estos síntomas incómodos forman parte de nuestro intento de volver a nuestra temperatura corporal normal. Nos están devolviendo a la ley mediante la cual funcionamos para que podamos funcionar bien y sentirnos mejor.

¿Qué sucedería si te sintieras igual aunque se elevara o se bajara tu temperatura? Por ejemplo, si tu temperatura se elevara, te sientes acalorado. Pero ¿qué si cuando la temperatura bajara también te sintieras acalorado? Eso sería peligroso, porque no sabrías qué hacer para volver a alinearte con la ley de la temperatura corporal. Si tu temperatura estuviera bajando y sintieras calor, harías todo lo posible para hacer bajar más rápido la temperatura, y eso provocaría una muerte segura. Es una buena señal que nos "duela" de una forma cuando nos desviamos de la ley hacia una dirección, y nos "duela" de otra forma cuando nos desviamos hacia la otra dirección. Debido a esto, sabes qué hacer para regresarte a la temperatura normal.

Pero ¿qué tal si nos desviamos tanto de la ley que no solo manifestamos síntomas? Digamos que la temperatura se eleve mucho. En lugar de sólo tener síntomas, se desarrolla una enfermedad (una disfunción), como un agotamiento por calor o insolación.

Ahora te sientes realmente mal, ¿por qué? Porque eso muestra que estás realmente en problemas. En este caso te encuentras más allá de la ley que gobierna la temperatura de tu cuerpo. Pero la enfermedad, aunque es más severa, en sí es un esfuerzo para llamar tu atención para que puedas bajar la temperatura, haciéndola cumplir con la ley que gobierna la temperatura corporal.

Lo mismo se aplica en la dirección opuesta. Si tienes mucho frio, puedes desarrollar enfermedades, como congelación, sabañones o hipotermia. Esto también, aunque más severo, es un esfuerzo para hacerte regresar a las leyes mediante las cuales el cuerpo funciona, y así nuevamente poder experimentar salud y alivio.

Ahora, si no se termina con los síntomas y la enfermedad (disfunción), si nos seguimos desviando cada vez más de las leyes mediante las cuales opera nuestro cuerpo, eventualmente iremos de disfunción hacia ninguna función (muerte). El cuerpo sólo puede aguantar con cierta cantidad de disfunciones antes de darse por vencido.

Si la temperatura corporal sigue bajando, eventualmente habrá muerte por hipotermia y ritmo cardíaco anormal. Mientras nos mantenemos en el camino correcto, usualmente experimentamos comodidad. Pero al desviarnos del camino, se torna cada vez más incómodo para hacernos ver que algo no anda bien, y así podamos hacer algo para remediar la situación y regresar a las confines de la ley que gobierna nuestra función normal.

Al desviarnos de la ley hacia la muerte, eventualmente cruzamos el perímetro llamado el punto sin retorno. Aún estamos vivos, pero no vamos a volver a la normalidad. Ojalá, antes de cruzar este límite, cruzáramos la "línea del orgullo". La línea del orgullo es el límite donde los síntomas son tan malos que nos llevan a aceptar, o pedir ayuda, para recuperarnos de nuestra incomodidad y disfunción.

En mi experiencia como médico, he observado que las mujeres llegan a la línea del orgullo antes que los hombres. Es por eso que típicamente las mujeres procuran atención médica antes que los hombres. En algunas ocasiones, el orgullo masculino se aproxima tanto a la muerte, que llegan al punto sin retorno antes de buscar auxilio. Por decir poco, esto es lamentable.

Existe otro factor a considerar. Si todas las otras cosas que necesitas (el oxígeno, agua, y nutrientes) se encuentran dentro de los confines de las leyes que gobiernan su función, entonces cuando te desvías de la ley de una temperatura corporal normal, puedes ir más lejos del camino antes de desarrollar disfunción y muerte generalmente soportarás ir aún más allá del camino antes de desarrollar disfunción y muerte. Se puede manejar mejor una desviación en una sola área si todas las demás áreas se encuentran bien. Pero, si nos encontramos deshidratados, tenemos bajos niveles de oxígeno y los electrolitos no están en balance, la temperatura corporal no podrá subir o bajar mucho antes de la disfunción o la muerte.

Consideremos por un momento los medicamentos u otras formas de manejo sintomatológico en relación a esta autopista de la salud. Si la manifestación de dolor e incomodidad (síntomas negativos) tienen el propósito de hacernos saber que algo anda mal, y para motivarnos a hacer algo que nos haga regresar a los confines de la ley que gobierna nuestra función, y que protege nuestra comodidad y correcta función, ¿cuál es el peligro de los medicamentos para el dolor u otras formas de tratar síntomas que realmente no toman en cuenta el problema subyacente?

Digamos que nos desviamos de la ley y como consecuencia desarrollamos dolor. Si usamos medicamentos para el dolor, eso disminuye la intensidad del dolor, reduciendo así nuestra motivación a realizar algo para aliviarnos. Si administramos un medicamento cada vez más fuerte para enmascarar el dolor cada vez más fuerte, disminuimos nuestra motivación a cambiar la situación y seguiremos desviándonos cada vez más hacia la muerte, sin la motivación adecuada para hacer algo que elimine la causa.

Esto no significa que los medicamentos son inapropiados para el dolor en una situación aguda (trauma, cirugía, etc.). Pero el cuidado de los síntomas a largo plazo contrarresta los motivos que nos han sido dados para ayudarnos a cumplir con leyes que gobiernan nuestro ser; y nos hace más apáticos acerca de permanecer en un estado disfuncional e incómodo.

Ahora deseo hacer una pregunta: ¿Cuántos de ustedes necesitan amor? De los miles a quienes he hecho esta pregunta, aún no he encontrado una persona que no necesite amor.

Todos necesitamos amor, así como necesitamos oxígeno, agua, nutrientes, y calor. ¿Es posible que exista una ley que gobierne la función del amor; y si nos desviamos de esa ley, en cualquier dirección, desarrollaremos síntomas incómodos, y luego enfermedad (disfunción), y eventualmente la muerte? Les propongo que ciertamente éste es el caso. Y como mencionamos anteriormente, la ley que gobierna la función del amor es la ley de Dios—-los diez mandamientos. Después veremos cómo dicha ley gobierna la función del amor.

Por lo tanto, en esta ley de la vida, encontramos que la salud es la función apropiada y es el resultado cuando las leyes que gobiernan nuestra función son acatadas. Por el contrario, la enfermedad es una disfunción porque de una forma u otra hemos violado las leyes que gobiernan nuestra función.

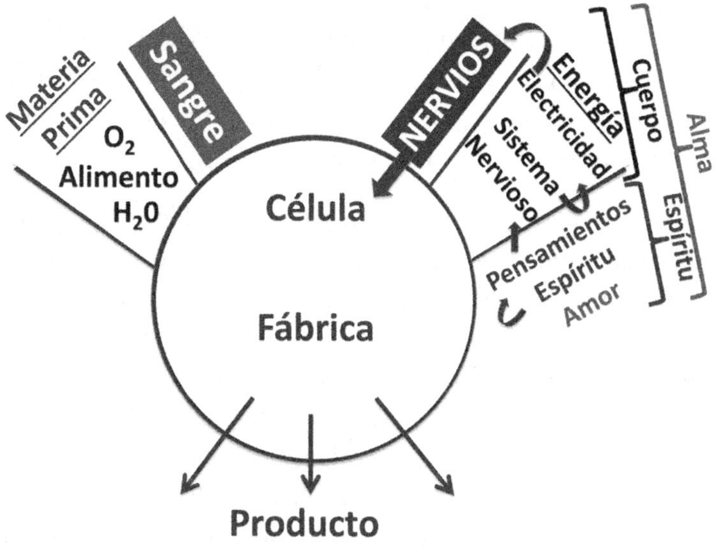

Fábricas de células

¿Cuántas células en nuestro cuerpo necesitan oxígeno? ¿Cuántas necesitan agua? ¿Cuántas necesitan alimento? Y ¿cuántas necesitan calor? Todas. ¿Y cuántas de nuestras células necesitan los efectos del amor? Cada célula de nuestro cuerpo necesita los efectos del amor. ¿Pero cómo hacemos llegar a las células lo que ellas necesitan?

Antes de contestar, veamos las células y su función. Las células son las unidades funcionales mas pequeñas de la vida. Son lo mas sencillo que pudieran ser y todavía contener, en un solo paquete, todas las funciones necesarias para la vida. Nuestro cuerpo está compuesto de 50-100 trillones de células, y la función de nuestro cuerpo depende del funcionamiento correcto de cada célula. Si suficientes células entran en disfunción, empezaremos a notar la disfunción. Y entre menos sea el número de células para una función específica, más pronto sentiremos una falta de función. Se ha dicho que uno puede perder hasta la mitad de las células existentes que son responsables para una función en particular, antes de tener síntomas notables relacionados con la pérdida de dicha función. Por ejemplo, si tuvieras 2 billones de células beta del páncreas, que son las responsables de producir insulina, necesitarías perder como 1 billón de ellas antes de empezar a desarrollar síntomas de diabetes.

Este es un concepto importante de entender al considerar la ley de causa y efecto. Si existe un efecto (diabetes), debe existir una causa que lo provoca. La causa estuvo antes de producirse el efecto. Estando presente la causa, ésta comienza a producir su efecto. Pero puede ser que el efecto no es suficientemente grande para ser notado de inmediato. Por ejemplo, si existe una causa que empieza a destruir células beta una por una, no lo notarás hasta haber perdido la mitad de tus células. Se estima que la diabetes ha estado en el proceso de desarrollo por un mínimo de 10 años antes de empezar a manifestarse como enfermedad. Por lo tanto, la causa puede estar allí mucho tiempo antes de que el efecto llega a ser suficientemente grande para ser notado.

Las células en nuestro cuerpo son como fábricas—fábricas de químicos. Ellas producen productos químicos. Sus productos pueden ser hormonas, como la leptina o la insulina que hemos mencionado. Producen proteínas, moléculas señalizadoras, y cualquier número de productos químicos.

Pero para que una fábrica saque un producto, ¿qué necesita tener? Debe tener materia prima. ¿Cuál es la materia prima usada por la célula? Usa oxígeno, agua, y nutrientes (todos siendo químicos). Por tanto, la célula toma materia prima, que son químicos, y la convierte en productos, que son químicos. Y ¿cómo hacemos llegar esta materia prima a todas las células del cuerpo? Eso se realiza a través del torrente sanguíneo.

Esto significa que la circulación sanguínea es de vital importancia para la salud. Si existe cualquier cosa impidiendo el flujo sanguíneo a una célula, tejido, órgano o sistema, habrá una disfunción en esa célula, tejido, órgano o sistema, al mismo grado que la circulación es deficiente en aportar las materias primas necesarias.

Pero si tenemos una fábrica con un plano, obreros y materia prima, aún no podemos hacer un producto. ¿Qué más se necesita?

Necesitamos tener energía o electricidad para poder funcionar. ¡Tenemos que conectar la fábrica a esa energía! Recuerda, toda la energía necesaria para la función de un sistema debe entrar desde afuera de ese sistema. En las células, ¿con qué forma de energía funcionan en última instancia las células? Esa forma de energía es la electricidad.

Las células mantienen una diferencia de carga a través de la membrana, con la parte interior siendo de más carga negativa, y la parte exterior siendo de más carga positiva. Partículas cargadas positiva y negativamente, y separadas por una membrana impermeable o selectivamente impermeable, forman una batería. Por tanto, nuestras células son como pequeñas baterías. Y la diferencia de carga es llamada voltaje. Si las partículas cargadas fluyen de un lado de la membrana celular hacia el otro, se llama corriente. Es esta actividad eléctrica en la membrana celular, la que dirige las funciones en la célula, aún en la descomposición de glucosa y otras moléculas, y en la producción de energía química o térmica.

Pero ¿de dónde reciben las células corporales el estímulo eléctrico para funcionar y para coordinar su función con otras células? Ese estímulo viene del sistema nervioso. Cada función corporal es regulada a través del sistema nervioso central. Todos los mecanismos que mantienen un balance de la función corporal (llamado homeostasis) son regulados a través del sistema nervioso central.

El cerebro genera energía eléctrica que es transmitida por los nervios hacia las diferentes partes del cuerpo, para estimular las células a funcionar correctamente, y para coordinar su función al aumentar o reducir su actividad.

"Se debería dar realce a la influencia que tiene la mente sobre el cuerpo, y éste sobre aquélla. La energía eléctrica del cerebro, aumentada por la actividad mental, vitaliza todo el organismo, y es de ayuda inapreciable para resistir la enfermedad".[6]

¿Cómo es que la energía del sistema nervioso llega a todas las células del cuerpo para controlar sus funciones? Es transmitida por los nervios hacia las diferentes partes del cuerpo.

"La mente rige al hombre entero... Sin embargo, muchos pasan toda su vida sin llegar a ilustrarse acerca del estuche [el cuerpo humano] que contiene dicho tesoro. Todos los órganos físicos son los servidores de la mente, y los nervios los mensajeros que transmiten sus órdenes a cada parte del cuerpo, dirigiendo los movimientos de la maquinaria viviente".[7]

Pero ¿de dónde obtiene el cerebro la electricidad que genera y envía por los nervios hacia el resto del cuerpo? Recuerda, toda la energía necesaria para el funcionamiento de un sistema, debe originarse desde afuera de ese sistema. La energía que mueve al cerebro viene de información espiritual, que, para simplificar, le llamaré pensamientos. Los pensamientos generan actividad eléctrica en la corteza cerebral, que luego es transmitida a través de los nervios hacia el resto del cuerpo.

La ciencia afirma que la actividad eléctrica es lo que causa el pensamiento, pero de hecho es el pensamiento lo que causa la actividad eléctrica. La ciencia cree que la actividad eléctrica, en el contexto de las redes neurales cerebrales, es lo que produce el pensamiento. En otras palabras, la ciencia cree que lo físico es lo que produce lo espiritual. Pero en la Biblia aprendemos que Dios (que es Espíritu) creó todo esto. Encontramos que lo

6. Elena G. de White, Consejos para la Iglesia, p. 378.
7. Elena G. de White, La Educación Cristiana, p. 292.

espiritual es lo que crea lo físico, y no al revés. No es la actividad eléctrica, en el contexto de la red neuronal del cerebro, lo que crea el pensamiento. Más bien es el pensamiento, aplicado a la red neurocerebral, lo que crea electricidad.

La Ley de la Conservación de la Energía afirma que la energía no se pierde, sencillamente es convertida de una forma a otra. Por ejemplo, la energía potencial de una pelota en la cima de un cerro, es convertida en energía cinética cuando empieza a rodar abajo hacia la base del cerro. La fuerza del agua en movimiento, que pasa a través de una turbina, se convierte en electricidad. La energía nuclear es convertida en energía térmica que a su vez es transformada en electricidad. En un animal, la energía química de la glucosa es convertida en función celular y en movimiento muscular. Y el poder de la información espiritual (pensamiento), al llegar a la estructura física cerebral, se convierte en energía eléctrica, para luego usarse en fortalecer y controlar al sistema entero.

El pensamiento no es físico. Es espiritual. Y para introducir al cuerpo algo espiritual, se necesita una parte nuestra que es espiritual, una parte capaz de recibir lo espiritual y aplicarlo al cuerpo. Y esa parte tuya que es espiritual, que, combinada con la estructura física del cerebro, convierte al pensamiento en actividad eléctrica, es tu espíritu.

Por lo tanto, tu espíritu transmite información espiritual, que es convertida en la corteza cerebral en impulsos eléctricos llevados a través de los nervios a cada una de las células del cuerpo, supliéndolas con impulsos eléctricos para que su función pueda ser controlada.

Recuerda, tu y yo necesitamos amor. Pero ¿acaso cada célula del cuerpo necesita amor? No. Ellas necesitan los resultados del amor (poder, control, coordinación). La parte de ti que necesita amor es tu espíritu.

Y si tu espíritu tiene el amor necesario (información espiritual), producirá los pensamientos necesarios que provean energía y coordinación para un funcionamiento celular correcto. Pero si el espíritu no tiene el amor que necesita, la energía y coordinación serán erróneas, y se manifestará una disfunción corporal.

Somos creados a la imagen de Dios (Génesis 1:27), Esto significa que fuimos creados para pensar como Dios piensa. "Dios es amor",[8] y los pensamientos de Dios son pensamientos de amor. "Yo sé los pensamientos que tengo acerca de vosotros, dice Jehová, pensamientos de paz, y no de mal, para daros el fin que esperáis".[9] Mientras pensemos de la manera como piensa Dios, eso promoverá la correcta energía y coordinación de las funciones corporales. Pero cuando nuestro pensamiento se desvía del pensamiento de Dios, esto causará disfunción corporal.

Por lo tanto, para que nuestras células fabriquen un buen producto, necesitan un diseño correcto para ese producto en el ADN, un apropiado ambiente en el cual trabajar, la correcta materia prima y la correcta energía o control.

Causas de la disfunción

Por tanto, ¿cuáles son algunas causas de la disfunción celular, y por ende la disfunción corporal? Una de las causas es la herencia. Enfermedades hereditarias son enfermedades manifestadas en el individuo como resultado de cambios en el código genético de nuestros padres, abuelos, etc., y manifestadas independientemente de factores ambientales o del estilo de vida. Estas incluyen condiciones como Corea de Huntington y Fibrosis cística—condiciones que conducen a la enfermedad y muerte prematura a pesar de todo intento en ser tratadas. Las causas heredadas de disfunción son problemáticas, porque no se pueden eliminar, porque la causa se encuentra en una generación

8. 1 Juan 4:8
9. Jeremías 29:11

previa. No se puede eliminar la causa secundaria (que es el cambio en la secuencia del ADN), porque la causa secundaria se encuentra en cada célula de tu cuerpo; y no tenemos manera de arreglar el ADN de todas tus células. Tu puedes intentar a tratar las manifestaciones de la enfermedad, pero no puedes eliminar la enfermedad porque no puedes llegar a la causa [tratándose de enfermedades hereditarias]. Esto, no obstante, no significa que Dios no puede eliminar la causa. Él no está limitado por el tiempo. Él es capaz de crearte de nuevo.

Esta definición es diferente con decir que una condición es genética. Muchas enfermedades de una u otra forma son genéticas, porque para poder manifestarse la enfermedad, tú tendrías que desregular o mutar genes correctos o deberías expresar los genes incorrectos.

Otra causa de disfunción es el ambiente. Las células funcionan dentro del contexto de ciertos parámetros ambientales. Tu puedes causar una disfunción debido a mucha o muy poca presión. Tu puedes ser golpeado por un carro, recibir un balazo, una puñalada, o tener una disfunción mientras practicas buceo submarino. Todos estos involucran demasiada presión que causa daño a las células. También puede existir un daño causado por muy poca presión (lesiones por vacío, enfermedad de altura, etc.). Se necesita cierta cantidad de presión ambiental para que las células funcionen apropiadamente; y cuando la presión es demasiado baja, puede resultar en disfunción. También, si la temperatura que rodea a las células es demasiado caliente o fría, no pueden funcionar apropiadamente, aunque tengan la materia prima y energía necesarias. Uno se puede quemar los dedos de las manos o congelar los dedos de los pies y causar disfunción.

Finalmente, nos encontramos rodeados de ondas electromagnéticas en varias formas, y la intensidad y frecuencia de esas ondas pueden causar daños. Desarrollar una severa quemadura solar causada por los rayos ultravioletas o recibir significante exposición a radiación de aparatos tipo rayos-x, derrames nucleares o bombas nucleares, puede dañar muchas células del cuerpo. Por tanto, presión, temperatura y radiación electromagnética, son asuntos ambientales que pueden impactar la función o la disfunción.

Otra causa potencial de disfunción es la materia prima. Uno puede recibir materia prima perjudicial, como toxinas, venenos, etc. Puede sencillamente tratarse de las materias primas equivocadas—por ejemplo, gaseosas en vez de agua, frituras en lugar de fruta, y nitrógeno en lugar de oxígeno. Puede ser demasiada sal, muy pocos carbohidratos, demasiada grasa, etc.

Si la causa de la disfunción se debe a la materia prima, el efecto eventualmente será generalizado. Ciertas células o tejidos pueden requerir cierta materia prima más que otras células, por lo tanto la manifestación de la disfunción puede empezar localmente (por ejemplo, hipotiroidismo causado por bajos niveles de yodo, muerte cerebral antes del desarrollo de daño en los pies cuando uno se ahoga, etc.), pero mientras la causa continúa o empeora, todas las células eventualmente se involucrarán cuando una cascada de consecuencias metabólicas se extienda a través de las otras células del cuerpo .

Pero la disfunción también puede ser causada por la energía. A diferencia de las cuestiones de la materia prima, las cuestiones de energía típicamente empiezan causando la disfunción local. Recuerda que las células funcionan mediante energía eléctrica, y esta energía eléctrica es estimulada y coordinada mediante el sistema nervioso; y el cerebro genera esa energía eléctrica mediante el pensamiento. El sistema nervioso es muy específico. Cierta área del cerebro controla o recibe información de un lugar específico en el cuerpo, y otro punto en el cerebro hace lo mismo para otra área específica en el cuerpo. Si tu desencadenas cierto problema eléctrico en alguna parte del cerebro, este puede transmitirse a través de los nervios hacia partes específicas del cuerpo y afectar esa ubicación en particular. Por lo tanto, si tu tienes un problema localizado no puede ser causado sólo por la materia prima.

Por ejemplo, algunos tienen problemas con una enfermedad llamada gota. Gota es una inflamación dolorosa de una coyuntura (o en ocasiones varias coyunturas). Esto se debe a que una sustancia llamada ácido úrico produce cristales en la coyuntura, y causa irritación, dolor, enrojecimiento, hinchazón, y calor. La mayoría de las personas con gota tienen elevados niveles de ácido úrico en la sangre; y cuando se les hace un examen de sangre, tomando la muestra del brazo, los niveles de ácido úrico son elevados. Por tanto, nosotros suponemos que la causa del problema es el ácido úrico; y administramos medicamentos para reducir el nivel de ácido úrico y la gota se elimina. ¿Pero la gota es causada solamente por el ácido úrico?

¿De dónde se obtuvo la sangre que mostró los niveles elevados de ácido úrico? Del brazo o de la mano. Debido a la ley de difusión, sabemos que las sustancias disueltas en agua se distribuyen igualmente a través del agua, de modo que la concentración de estas sustancias sería la misma en todo el cuerpo. Por lo tanto, sabemos que el nivel de ácido úrico, en la sangre del brazo, es casi igual al nivel de ácido úrico en la sangre del dedo del pie. Si el ácido úrico se encuentra elevado a través de todo el cuerpo, entonces ¿por qué causa un problema sólo en una coyuntura? Si la enfermedad es causada solamente por el ácido úrico, esto realmente no encaja. Tiene que existir otro factor causante. El ácido úrico debe ser sólo un cofactor.

Yo sospecho que la gota se debe principalmente a un problema de energía en el sistema nervioso. El ácido úrico es sólo un cofactor necesario para que se manifieste el problema. Este mismo concepto se puede aplicar al desarrollo de las placas u obstrucciones de colesterol en las arterias.

Ustedes se preguntarán: ¿cómo puede ser eso? La concentración de colesterol en la sangre es esencialmente la misma antes de la placa, donde está la placa, y después de donde esta localizada la placa. Entonces, ¿qué fue lo que causó una acumulación de colesterol aquí y otra allá; y el desarrollo de un 90% de bloqueo aquí, y un 75% de bloqueo allá? No pudo ser sólo la concentración del colesterol. Tuvo que haber algo más que contribuyera a la acumulación del colesterol.

Sabemos que la inflamación es esencial en el proceso de formación de las placas de colesterol, pero ¿qué es lo que realmente causa la inflamación? La ciencia asume que se trata de un daño local causado por un flujo sanguíneo anormal en el área de la arteria donde se desarrolla la placa, pero yo sospecho que son las señales enviadas a esa área de la arteria mediante un nervio específico originado como un pensamiento en una parte específica de la corteza cerebral.

¿Qué sabemos sobre la conexión entre los pensamientos y la función o la disfunción del cuerpo? Se llevaron a cabo una serie de experimentos entre los años 2000 y 2013. Los investigadores estaban estudiando un químico para ver si podía usarse como medicación antiinflamatoria. Como parte del proceso de probar el químico para uso humano, ellos necesitaban primero experimentar con muchos animales.

Una de esas pruebas se trató de inyectar el químico en el espacio líquido que rodea el cerebro (llamada una inyección intratecal). Esto se hizo para descubrir lo que sucedería si la sustancia pudiera atravesar la barrera cerebrovascular. Lo que encontraron los investigadores fue que cuando suministraron la inyección, las ratas cesaron de producir Factor de Necrosis Tumoral alfa (FNT alfa), un químico inflamatorio que es prominente en la respuesta inmune.

El aspecto confuso de esta respuesta fue que el FNT alfa no se produce significativamente en el cerebro. Después de varios años, los investigadores descubrieron que cuando el químico se inyectaba en el cerebro, eso cambiaba la señal enviada por el nervio vago hacia el bazo. En el bazo, esa señal fue recibida por las Células T ayudante (parte del sistema inmune), las cuales se comunicaban con las células asesinas naturales (otras células en el sistema inmune que predominantemente son responsables de producir FNT alfa), y las células asesinas naturales detuvieron su producción de FNT alfa.

Los investigadores deseaban saber si podían causar el mismo resultado sin el químico, y eventualmente lograron estimular al nervio vago con un estimulador eléctrico de nervios, ¡y produjeron el mismo resultado! Esto presentó muchas posibilidades de remediar varios problemas en el cuerpo mediante la manipulación de señales recibidas a través de los nervios.

Investigación reciente también muestra que existe un fuerte enlace entre el sistema nervioso y el cáncer. Las investigaciones han demostrado que el sistema nervioso puede influenciar cada paso en el desarrollo del cáncer, su crecimiento, y esparcimiento, promoviendo o limitando la metástasis del cáncer. Y ¿cómo es que nosotros controlamos esto cada día de nuestra vida? ¡Mediante nuestros pensamientos y actitudes! Quizá es por esto que después de un factor estresor, o una pérdida, vemos tantas personas desarrollando cáncer en el espacio de varios meses o años. Quizá es por esto que vemos tantas personas participando de una dieta a base de plantas y haciendo ejercicio regular, sin embargo desarrollando y muriendo de cáncer.

Finalmente, las disfunciones pueden ser causadas por el Enemigo. Vemos esto en la historia de la vida de Job. Él era un hombre justo, fiel en todo lo que hacía, pero el enemigo vino a Dios, quejándose que Dios no era justo—que Job no serviría a Dios si Dios dejaba de protegerlo. Por tanto, Dios permitió que el enemigo causara disfunción o enfermedad en Job. Ese no fue un asunto de herencia, no fue uno del ambiente, de materia prima, o de energía. Fue un ataque directo del enemigo. Lo mismo puede ocurrir hoy. Sin embargo, a diferencia de Job, muchas veces el Enemigo logra acceso a nosotros porque le entregamos ese acceso cuando participamos con él en el pecado.

CAPÍTULO 2

Aprendiendo de mis necesidades

	Necesidades Básicas	Via de Entrega			Acción	Capacidad de crear
Materia Prima	Oxígeno	Pulmones	→	Sangre	Respirar	No
	Agua	Estómago	→		Beber	No
	Alimento	Estómago	→		Comer	No
	Calor	Piel	→		Exponer/ Cubrir	No
	Sol	Ojos/Piel	→		Abrir/ Exponer	No
Energía	Dormir	Cerebro	→	Nervios	Cerrar los Ojos	No
	Amor	Espíritu	→		Pensar	No

Necesidades básicas

Veamos nuevamente nuestras necesidades básicas, pero desde un ángulo un poco diferente.

Existen necesidades básicas que tienen las células para poder funcionar, incluyendo la materia prima y la energía. Las materias primas incluyen oxígeno, agua, nutrientes, y calor, como ya hemos mencionado anteriormente. Pero también incluyen la luz solar y el sueño o descanso.

Y para que estas necesidades básicas lleguen a las células del cuerpo, deben ser introducidas al cuerpo mediante un órgano o sistema de órganos. Debemos de tener una manera de mover la necesidad básica desde donde se encuentra hasta donde necesita llegar—para esto necesitamos una vía de entrega.

Así que, ¿qué órgano o sistema de órganos es responsable de introducir al cuerpo el oxígeno que tú y yo necesitamos para vivir? Los pulmones.

Y ¿qué órgano o sistema de órganos es necesario para introducir al cuerpo el agua que necesitamos para poder vivir? - El estómago.

Y ¿qué órgano o sistema de órganos es necesario para introducir al cuerpo los nutrientes que necesitamos para poder vivir? - También es el estómago.

Y ¿qué órgano o sistema de órganos, es necesario para introducir al cuerpo el calor que necesitamos para poder vivir? - La piel.

Y ¿qué órgano o sistema de órganos es necesario para introducir al cuerpo la luz solar que necesitamos para poder vivir? - Los ojos y la piel.

Y ¿qué órgano o sistema de órganos es necesario para inducir en el cuerpo el sueño necesario para vivir? - El cerebro.

Como hemos notado anteriormente, una vez introducida esta materia prima en el cuerpo mediante sus respectivos órganos, o sistemas de órganos, necesitan ser entregados a todas las células del cuerpo para que las células puedan vivir.

Y ¿quién es el responsable de distribuir la materia prima a las células? - La sangre.

Y ¿quién es el responsable de distribuir poder o electricidad a las células para que tengan vida? - Los nervios.

Ahora, debemos considerar el hecho de que no sólo requerimos ciertas necesidades básicas, y no sólo necesitamos un medio para entregar esas necesidades a las células, sino también debe haber una acción requerida para introducir esas necesidades al cuerpo. Por tanto, ¿qué acción necesitan realizar los pulmones para introducir en el cuerpo el oxígeno que necesitas para vivir? - Los pulmones deben respirar.

Y ¿qué acción necesita realizar el estómago para introducir en el cuerpo el agua necesaria para vivir? - El estómago—que representa al sistema digestivo—debe beber.

Y ¿qué acción debe realizar el estómago para introducir en el cuerpo el alimento necesario para vivir? - El estómago debe comer.

Y ¿qué acción debe realizar la piel para introducir en el cuerpo el calor para vivir? - La piel debe exponerse o cubrirse.

Y ¿qué acción necesitan realizar los ojos y la piel para aprovechar de la luz solar necesaria para vivir? - Los ojos deben abrirse, y la piel debe exponerse.

Y ¿qué acción necesita realizar el cerebro para introducir en el cuerpo el sueño necesario para vivir? - El cerebro debe cerrar los ojos, acostarse, etc.

Para cada necesidad básica debe existir una acción que un órgano, o sistema de órganos, debe realizar para introducir la sustancia que se necesita al cuerpo, y luego debe ser distribuida a cada célula del cuerpo.

Pero existe algo más que todos necesitamos, que previamente hemos discutido. Todos necesitamos amor. Pero ¿qué acción es necesaria para introducir ese amor que necesitamos en el cuerpo? Esa acción se llama pensar. Es mediante el pensar que el amor es convertido en una energía apropiada, e introducido al cuerpo, transmitido a través de los nervios, y llevado a cada célula del cuerpo.

Examinemos más de cerca al amor. ¿Cuánto pesa el amor? ¿De cuántos protones, neutrones y electrones se compone? Dirás ¡pero eso es ridículo! El amor no es físico, ¿verdad? Por lo tanto, para poder introducir el amor, que no es físico, en el cuerpo, necesitamos un órgano que en sí no es físico. Ahora, ¿cuál es ese órgano? Es el espíritu. El espíritu, que no es físico, es el órgano que introduce el amor en el cuerpo, a través de la acción de pensar, para luego transmitirlo, mediante el sistema nervioso, a través de los nervios, y hacia todas las partes del cuerpo.

Ahora, debemos preguntarnos algo muy importante: ¿Puedes crear el oxígeno que tus pulmones necesitan para respirar y poder vivir? - No. Tu puedes usar químicos o máquinas, y extraer el oxígeno de otras moléculas, y concentrar el oxígeno en un contenedor pero tu no puedes crear el oxígeno de la nada.

De igual manera, ¿puedes crear el agua que tu estómago necesita beber para poder vivir? - No. Y ¿puedes crear los nutrientes que el estómago necesita comer para poder vivir? - No. Es cierto que puedes participar en el proceso del crecimiento de los alimentos a través de sembrar, regar, deshierbar, etc. pero no puedes dar vida a la semilla, y hacerla crecer y producir.

¿Puedes crear el calor al cual tu piel necesita exponerse o del cual tu piel necesita cubrirse, para poder vivir? - No.

Y ¿puedes crear la luz solar hacia la cual tus ojos necesitan estar abiertos, o tu piel necesita exponerse, para poder vivir? - No.

¿Puedes crear el sueño que el cerebro necesita organizar para poder vivir? Cualquiera que haya experimentado insomnio te dirá: "¡No!"

Y ¿puedes crear el amor que tu espíritu necesita para poder pensar y vivir? No, no puedes.

Acción contra necesidad básica

¿Podemos poseer salud si tenemos la sustancia equivocada, aunque nuestra acción sea la correcta? Por ejemplo, cuando respiramos aire cargado de oxígeno, mantendremos una buena salud. Pero si respiramos monóxido de carbono, ¿qué sucederá? ¡Eso nos mataría! La misma acción (respirar) con la fuente equivocada (monóxido de carbono), te puede llevar a la muerte.

Si bebemos el agua que nuestros cuerpos necesitan, estaremos saludables Pero si bebemos líquido anticongelante, eso nos matará. La misma acción (beber) con la fuente equivocada (anticongelante) nos llevará a la muerte.

Si comemos alimentos con los nutrientes apropiados, estaremos saludables. Pero si comemos veneno para ratas, eso nos matará. La misma acción (comer) con la fuente equivocada (veneno de rata), nos llevará a la muerte.

Si tenemos buenos pensamientos, basados en el amor, mantendremos una buena salud. Pero si tenemos malos pensamientos, eso nos matará. La misma acción (pensar) con la fuente equivocada (pensamientos que no están basados en el amor), nos llevará a la muerte.

Sólo si tenemos la acción correcta (respirar, beber, comer, pensar), con la fuente correcta (O2, H2O, alimento saludable, amor), podemos esperar tener una buena salud. Si tenemos la fuente correcta (nutrientes apropiados, O2, etc.), pero la acción equivocada (comer en exceso, hiperventilación, no comer, no respirar etc.), eso conducirá a la enfermedad y a la muerte. Si realizamos la acción correcta (respirar, beber, o comer), pero tomamos de la fuente equivocada (venenos, toxinas, etc.), nos llevará hacia la enfermedad y a la muerte. Y si tenemos la acción equivocada (comer en exceso) y la fuente equivocada (veneno), nos llevará a la enfermedad y a la muerte.

Lo que mis necesidades me dicen

Cuando pensamos seriamente acerca de nuestras diferentes necesidades, aprendemos algo acerca de nosotros mismos. ¿Puedes crear algo que necesitas? No. Si pudieras crearlo, no sería una necesidad. El cuerpo no puede crear lo que él necesita. Y el espíritu no puede crear lo que él necesita.

¿Necesitas amor? ¡Sí! ¡Absolutamente! Entonces, ¿podemos crear o producir amor? ¡No! Si pudiéramos crearlo, no sería una necesidad para nosotros. Ahora, ¿es esto un problema de cada individuo? ¿Somos solo tu y yo los que no podemos producir amor, o esto es cierto para toda la humanidad? Es un problema del ser humano, no solo tuyo y mío. Ningún ser humano puede crear o producir el amor. Necesitamos recordar esto, porque esto es el fundamento de muchos de nuestros problemas.

¿Alguien más puede respirar por mí? - No. Yo debo respirar por mí mismo. Sólo el oxígeno que yo mismo respire beneficiará mi cuerpo. ¿Alguien más puede beber agua por mí? - No. ¿Alguien más puede comer por mí? - No. Sólo mis propias acciones—no las acciones de otro individuo—afectan mi salud.

Otro ser humano no puede ser la fuente de lo que yo, como ser humano, necesito; porque él necesita precisamente lo mismo. Por tanto, permítanme hacer esta pregunta: ¿Puede otra persona ser mi fuente de amor? ¡No! Porque ellos mismos también necesitan amor.

La base de asuntos relacionales

Supongamos que tienes una vecina que siempre llega a tu casa para pedir algo prestado. Entonces un día, ella viene para decirte que su hija padece de una enfermedad letal que sólo puede ser tratada en un centro especial en Rusia, y el tratamiento costará $5.000.000. Debido a que es Rusia, se exige que se realice el pago completo antes de iniciarse el tratamiento. Entonces ella te pide los $5.000.000 para poder tener el tratamiento. Cortésmente le dices que no tienes el dinero, pero que le darás una donación para ayudarla a alcanzar su meta.

Pero cada día ella regresa e insiste en que le prestes los $5.000.000. Eventualmente, ¿qué es lo que haces cuando ella llega a tu casa y toca la puerta? ¡No abres la puerta!

Te frustras porque no tienes lo que ella necesita, y ella se frustra porque no recibe lo que ella necesita. Así sucede en las relaciones. Nos frustramos cuando otros no nos dan el amor que necesitamos, y ellos también se frustran porque no nos pueden dar el amor que necesitamos. Nosotros esperamos de otros lo que es imposible para ellos producir. El problema es que ¡estamos recurriendo a la fuente equivocada!

¿De quién es la responsabilidad?

¿De quién es la responsabilidad de que me llene de oxígeno? - Es mía. Y ¿de quién es la responsabilidad de que me llene de agua? - Es mía. Y ¿de quién es la responsabilidad de que me llene de los nutrientes apropiados? - Es mía.

¿Te has sentido, por cualquier período de tiempo, menos del 100% saciado cuando se trata de amor? Tengo una pregunta para ti. ¿A quién le corresponde la responsabilidad de que yo esté saciado de amor? ¿La responsabilidad es de Dios o es mía? ¡Es mi responsabilidad! ¿Qué sabemos de cómo Dios cumple sus responsabilidades? Se nos ha dicho que "Él hace todas las cosas bien". ¿Cuán bien hace todas las cosas? Las hace perfectamente bien. Y ¿cuán a menudo las hace bien? Todo el tiempo. Por tanto, si en algún momento, aun una sola vez, te sentiste menos del 100% saciado de amor, eso, en sí, es evidencia de que no es la responsabilidad de Dios saciarte de amor. Es tu responsabilidad tomar el amor que necesitas. Y es la responsabilidad de Dios asegurar que ese amor esté disponible.

Hace años, un grupo de personas se suicidaron mediante su propia acción de respirar. Ellos fueron llevados a una cámara de gas, y solo la acción de respirar los mató porque respiraron una sustancia nociva. Ellos no tenían opción, el ambiente había sido escogido para ellos, y como fue un ambiente nocivo, ellos murieron.

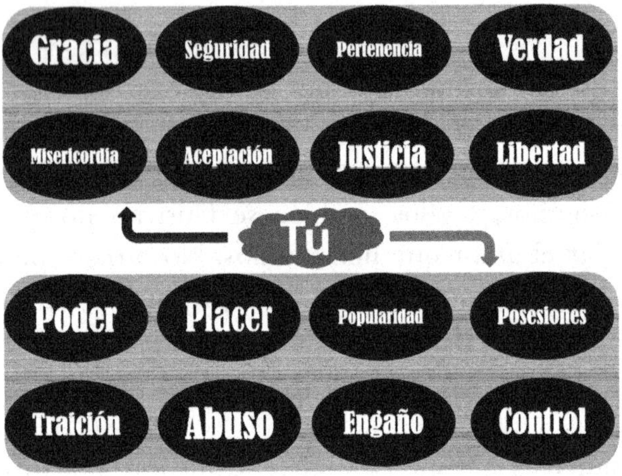

El bufet

Imagínate que has estado ayunando por varios días, y es tiempo de romper el ayuno. Te diriges hacia un restaurante tipo bufet en la ciudad, conocido por tener opciones sabrosas y saludables. Tomas tu bandeja, plato, tazón, cuchara, tenedor, cuchillo y servilleta, y caminas por el restaurante viendo las diferentes opciones para ver lo que comerás esta vez, y lo que pasarás por alto. Pero haces algo raro. Dejas la bandeja, el plato, el tazón, la cuchara, el tenedor, el cuchillo y la servilleta, y sales del restaurante. Y aún tienes hambre.

¿Quién tiene la culpa de que aún sientas hambre? Es tu propia culpa. No es responsabilidad del restaurante poner la comida en tu boca. Es responsabilidad de ellos asegurar que el alimento se encuentre disponible, y que cumpla con ciertos estándares, pero no es la responsabilidad de ellos poner el alimento en tu boca. Es tu responsabilidad tomar el alimento que deseas y comértelo.

Nuestro Padre Dios tiene un bufet. Su bufet implica cosas como gracia, seguridad, pertenencia, verdad, misericordia, aceptación, justicia y libertad. Todos estos son aspectos diferentes del amor. Mientras paso por el restaurante, tengo la oportunidad de llenar mi plato con cada una de las opciones disponibles, pero nadie puede obligarme. Yo pudiera caminar por el restaurante, oler los maravillosos olores y disfrutar las hermosas vistas y nunca agarrar un solo platillo. Es responsabilidad de Dios proveer el bufet del amor, pero es mi responsabilidad servirme del mismo y hacerlo propio.

Pero existen algunos aspectos del bufet divino de amor, que son diferentes de un restaurante regular. El bufet divino de amor siempre se encuentra abastecido. Nunca está vacío. Siempre está abierto. Nunca se encuentra cerrado. Siempre tiene lo que necesito. El alimento nunca es malsano. Y Dios ha pagado por todo para que sea gratis.

Dios nos dice: "No te desampararé, ni te dejaré".[10] "Con amor eterno te he amado; por tanto, te prolongué mi misericordia.".[11] "A todos los sedientos: Venid a las aguas; y los que no tienen dinero, venid, comprad y comed. Venid, comprad sin dinero y sin precio, vino y leche.[12] Nunca podemos estar en donde el bufet divino de amor no esté disponible para nosotros, por tanto, nunca podemos encontrarnos en una situación donde no tengamos acceso a la fuente correcta para tener pensamientos saludables.

Pero el bufet de Dios no es el único bufet disponible. Todos los demás tienen un bufet que también te ofrece opciones. Pero

10. Hebreos 13:5
11. Jeremías 31:3
12. Isaías 55:1

como otros también se encuentran en la misma situación del egoísmo igual como nosotros, sólo ofrecen bufets de egoísmo. Estos bufets ofrecen opciones de platillos como poder, placer, popularidad y posesiones, pero también ofrecen platillos como la traición, abuso, engaño y control.

Se dice que "eres lo que comes". Cuando uno come una manzana, los componentes de la manzana son descompuestos y asimilados para llegar a formar parte del cuerpo. De igual manera, cuando comemos del bufet de otros, asimilamos lo que ellos tienen, y eso forma parte de nuestro pensamiento.

¿Has notado alguna vez que cuando un amigo cercano se altera, tú también te alteras? ¿O cuando él se alegra, tú también te alegras? ¿O si se encuentra deprimido, tú también te deprimes? Es porque estamos comiendo de su bufet, y llegamos a ser como ellos. Pero no estamos obligados a comer de su bufet.

Como puedes ver, otros pueden proveer un bufet dañino, pero el hecho de que sea así no significa que el bufet divino de amor de repente desapareció. Su bufet de amor siempre está disponible, no importa qué o quién te rodee, o qué tipo de bufet ellos te ofrezcan.

Eres libre de tomar del bufet divino de amor, o de tomar del bufet egoísta que "ellos" te ofrecen. Y el bufet que decidas escoger, determinará tu resultado.

Pero antes de que empieces a reprocharte, recuerda que la naturaleza humana naturalmente toma de los bufets egoístas. Nos alimentamos naturalmente de allí. Y muchas personas no reconocen que existe un bufet de amor de Dios, que se encuentra disponible para ellos en todo momento. Por tanto, hemos, casi por defecto, tomado del bufet de otros.

Pero ahora que sabes, puedes empezar a tomar del bufet correcto. ¿Qué es lo que nos permite tomar de un bufet o de otro? Es la fe, la creencia y la confianza. El bufet en que crees y confías, de ese tomarás. De aquel en que no crees y del que no confías, no tomarás. Por tanto, tomar del bufet del amor de Dios requiere confiar y creer en Él. Platicaremos más detalladamente de esto después.

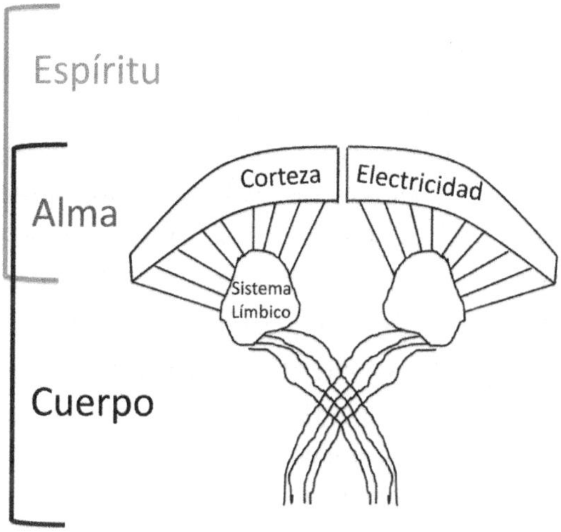

El cuerpo y el espíritu

Ahora consideremos de otra manera cómo fuimos creados, y cómo funcionamos. Éste es un sencillo dibujo del cerebro. La corteza se encuentra en la superficie del cerebro, y el sistema límbico está más interno. La corteza es el lugar donde ocurren el pensamiento, el razonamiento y otras funciones cerebrales superiores. Ella dirige el "trabajo" del sistema nervioso. Produce electricidad que a su vez es transmitida por cables (los nervios) hacia las diferentes partes del cerebro inferior y del cuerpo.

Podemos ver esta actividad eléctrica cuando hacemos un EEG (electroencefalograma). Los diferentes conductores puestos en el cuero cabelludo captan la actividad eléctrica generada y transmitida por la corteza; y podemos estudiar el patrón de dichos impulsos eléctricos para determinar si existen problemas específicos en el cerebro.

El sistema límbico, que se encuentra más internamente en el cerebro, debajo de la corteza, está primordialmente involucrado con las emociones, con el control de la reacción de lucha o huida, y con ayudar en la memoria. La corteza y el sistema límbico se conectan con el resto del cuerpo a través de un sistema de alambrado, que involucra los axones o los nervios.

El cerebro y el resto de nuestro ser físico con el cual se encuentra conectado, es el cuerpo. Pero ¿somos seres físicos? Cuando el hombre fue creado, fueron pocos los componentes reunidos para crearlo. Leemos en Génesis 2:7: "Entonces Jehová Dios formó al hombre del polvo de la tierra, y sopló en su nariz aliento de vida, y fue el hombre un ser viviente". Por tanto, Dios tomó el polvo, y le añadió su aliento, y esa combinación llegó a ser un ser viviente. El polvo correspondía al cuerpo. El aliento corresponde al espíritu. Y el ser viviente corresponde al alma. Es como si en la creación Dios hubiera casado el cuerpo y el espíritu.

En Génesis leemos: "Por tanto, dejará el hombre a su padre y a su madre, y se unirá a su mujer, y serán una sola carne".[13]

Sinergismo

Cuando el hombre se casa con una mujer, la combinación de ambos no es numérica. Es sinérgica. Numérica es uno más uno equivale a dos. La sinergia es uno más uno equivale a nueve. Como ves, como individuos, un hombre o una mujer no pueden reproducir. Pero como pareja, pueden. En nuestra familia, tenemos seis hijos; por tanto, en nuestro caso, 1 + 1 = 8. El total es mayor que la suma de las partes. Esto es sinergismo.

Conflicto

Del mismo modo, el aliento y el polvo son sinérgicos, formando un alma que es mucho más que la suma del cuerpo y el espíritu. Pero el alma aún involucra tanto al cuerpo como al espíritu.

13. Génesis 2:24

¿A cuántos de ustedes les agrada tener conflictos? De paso, ¿qué es un conflicto? Conflicto ha sido definido como un "Fuerte desacuerdo entre personas, grupos, etc., que a menudo resulta en argumento airado". ¿Puede existir conflicto involucrando sólo una cosa? ¡No! ¿Has tenido conflicto contigo mismo? ¿Cómo puedes tener un conflicto si sólo eres uno? ¿No se necesitan por lo menos dos para tener un conflicto? ¿Eres sólo uno? No. Somos seres físicos y somos seres espirituales.

Nuestro cuerpo incluye el cerebro y el resto del cuerpo. Es la parte que siente e interactúa con el mundo físico que forma nuestro entorno y nuestro interior. El espíritu es diferente. Es la parte de nosotros que comunica vida a nuestro ser físico, imparte poder espiritual, que es necesario para el funcionamiento del ser físico. El alma, sin embargo, no es una tercera entidad. Es la unión sinérgica entre lo físico y lo espiritual. El alma está consciente y alerta. Es lo que piensa y razona, interpreta y entiende. El alma es donde el poder espiritual se une con el cuerpo físico, capacitándonos para ser seres vivientes y pensantes. En nosotros, el alma está ubicada en el cerebro.

Puedes cortarte el dedo, y aún sigues siendo tú. Puedes cortarte el brazo, y aún sigues siendo tú. Puedes cortarte la pierna y aún eres tú. Y aun puedes remover tu corazón y sustituirlo con el corazón de alguien más, y sigues siendo tú. Pero no puedes darte el lujo de removerte la cabeza, y seguir siendo la persona que eres ahora. Allí es donde el alma está ubicada.

Diferentes necesidades

¿Son tus necesidades físicas y espirituales iguales? Tus necesidades físicas incluyen oxígeno, agua, nutrientes, calor, sueño y luz solar. Pero tus necesidades espirituales incluyen gracia, armonía, seguridad, pertenencia, aceptación, libertad, justicia, verdad y entendimiento. Todas estas necesidades espirituales son diferentes componentes del amor.

Por tanto, ¿cuáles necesidades son mayores: tus necesidades espirituales o las necesidades corporales? Para contestar esta pregunta, sencillamente necesitamos ver un ejemplo—el ayuno.

Cuando tú estás ayunando, ¿qué está "diciendo" tu cuerpo? Está diciendo: "Necesito comer". Y ¿cómo responde tu espíritu? "¡No!" Nuestras necesidades físicas incluyen alimento, pero nuestras necesidades espirituales incluyen libertad (de enfermedad, dolor, sufrimiento, opresión social, etc.) o una relación más profunda con Dios (mediante el ayuno, que ayuda a la mente a estar más clara y más disponible de escuchar al Espíritu Santo). Cuando el cuerpo envía una señal a la corteza cerebral, ¿es una orden o un pedido? ¿Tiene que cumplir el espíritu con la información enviada por el cuerpo? No. El espíritu tiene la decisión. Pero cuando el espíritu envía una señal al cuerpo, ¿es un pedido o una orden? Es una orden. El cuerpo no puede decidir rechazar lo que el espíritu le ordena.

Como vemos en el ejemplo del ayuno, tus necesidades espirituales—la necesidad de amor—son mayores que tus necesidades físicas. El espíritu está en control.

CAPÍTULO 3

Los engaños del amor

El regalo

Piensa en la persona que más amas en este mundo. Imagínate que se acerca un evento especial (cumpleaños, aniversario, etc.), y deseas sorprender a esta persona con algo que realmente le agrada. Dedicas tiempo y esfuerzo para encontrar el regalo correcto. Gastas tu dinero que ganaste con sacrificio en el regalo; y lo envuelves tan lindo para esa persona. Cuando llega el tiempo llevas el regalo a su casa, tocas la puerta, y ella abre la puerta, recibe el regalo, y lo tira en el suelo, lo pisotea, y regresa a la casa, cerrando fuertemente la puerta. ¿Cómo te sientes? ¿Por qué te sientes así?

Veamos otra escena. Esta vez, necesitas dinero extra, y consigues empleo en el servicio de transporte UPS. Te asignan tu ruta y llegas a una de las direcciones para hacer la entrega. Tomas el paquete, lo llevas a la casa, y tocas la puerta. La persona viene a la puerta, firma su nombre, toma el paquete, lo lanza en el suelo, lo pisotea, regresa a su casa, y cierra fuertemente la puerta. ¿Cómo te sientes? ¿Por qué te sientes así? ¿Cuál es la diferencia entre el primer escenario y el segundo?

En el primer escenario, el motivo de sentirme ofendido es porque pienso que, "es mío". Es mi presente que yo regalé. Fue mi dinero con lo que compré el regalo. El regalo representa mi amor. Y esa persona era un ser querido (cónyuge/amigo/padre/hijo/etc.). Mientras que, en el segundo escenario, no se trata de mi regalo. No es mi dinero. No representa mi amor. Y ni conozco la persona.

Si considero el regalo como mío, quedo personalmente dolido cuando es rechazado. Si no pienso que es mío, no me duele si es rechazado. Pero además de eso, cuando yo doy, tengo expectativas. Yo, como ser humano, doy para luego poder recibir. Y en el primer escenario, quedé herido porque no recibí lo que yo esperaba.

Es que el amor humano da para recibir. Es una inversión. Una inversión es dar algo de valor con la expectativa de obtener un reembolso mayor. Has oído la frase: "Sin ataduras", ¿cierto? En la humanidad no existe tal cosa. Siempre existen "ataduras". Como seres humanos, damos con la expectativa de recibir algún tipo de recompensa. Y nuestras expectativas determinan cuánta recompensa se necesita para quedar satisfecho con nuestra inversión.

El corazón – humano

El corazón del cual estaremos hablando no es tu músculo que bombea sangre. El corazón es el centro de la mente donde se hacen decisiones (decisiones subconscientes). Tú y yo hacemos decisiones basadas en sólo dos criterios. Todas las decisiones que hacemos en el corazón, emergen de estos dos criterios. Un criterio sobre el cual están basadas las decisiones es la ganancia, y el otro criterio sobre el cual están basadas las decisiones es la pérdida. Y tú y yo fuimos creados de tal forma que siempre respondamos "sí" a la ganancia, y siempre con "no" a la pérdida.

Realmente es algo más complicado que eso. Es que nosotros escogemos entre diferentes pérdidas y ganancias. Escogeremos una ganancia mayor sobre una ganancia menor. Y escogeremos una menor pérdida sobre una mayor pérdida. Y pesamos esas ganancias y pérdidas, y medimos su tamaño, basado en nuestro sistema de valores, o tesoros. La Biblia nos dice: "Porque donde esté vuestro tesoro, allí estará también vuestro corazón".[14] Dios nos diseñó para ganar siempre, para progresar siempre, para

14. Mateo 6:21

siempre crecer en experiencias positivas. El Cielo será de continuo ganancia, aprendizaje, crecimiento, y mejoramiento. A través de la eternidad progresaremos cada vez más.

Por haber sido creados para siempre decir "sí" a la ganancia y "no" a la pérdida, el enemigo no puede tentarnos en ofrecernos una pérdida. Eso no es tentación alguna para nosotros. Si tengo una copa que tiene algo que parece agua, pero de hecho está llena de mercurio, estricnina, arsénico, y otros venenos que ciertamente causarán la muerte; si sabes que es venenoso y mortífero, ¿te sientes tentado a tomarlo y beberlo? No, eso no es para nada una tentación. El enemigo no podía venir a Eva con el fruto prohibido y decir: "Mira, come esto para que mueras". Eso no sería ninguna tentación. Lo que Lucifer tuvo que hacer fue engañarla haciéndole creer que pérdida equivalía a ganancia, y ganancia a pérdida.

Ya ves, en el Huerto del Edén, Dios dijo a Adán y Eva, si coméis del fruto del árbol del conocimiento del bien y del mal, perderéis (moriréis). Pero si no coméis de él, ganaréis (viviréis).

Génesis capítulo 3 nos cuenta la historia: "Pero la serpiente era astuta, más que todos los animales del campo que Jehová Dios había hecho; la cual dijo a la mujer: ¿Conque Dios os ha dicho: No comáis de todo árbol del huerto? Y la mujer respondió a la serpiente: Del fruto de los árboles del huerto podemos comer; pero del fruto del árbol que está en medio del huerto dijo Dios: No comeréis de él, ni le tocaréis, para que no muráis. Entonces la serpiente dijo a la mujer: No moriréis; sino que sabe Dios que el día que comáis de él, serán abiertos vuestros ojos, y seréis como Dios, sabiendo el bien y el mal."[15]

El enemigo dijo a Eva exactamente lo opuesto de lo que Dios le había dicho. Probablemente añadió que él había estado comiendo del árbol ya por meses o años, y que él no había

---

15. Génesis 3:1-5

muerto; y de hecho, él hasta había obtenido la habilidad de hablar. "Nada mal te sucederá, Eva. De hecho, te sentirás mejor de lo que ahora te sientes si comes del fruto, porque serás como Dios".

Dios dijo: "Si comes de él, perderás". El enemigo dijo: "Si comes ganarás". Dios dijo: "Si no comes, ganarás". El enemigo dijo: "Si no lo comes, perderás". ¿Y qué hizo Eva?

"Y vio la mujer que el árbol era bueno para comer, y que era agradable a los ojos, y árbol codiciable para alcanzar la sabiduría; y tomó de su fruto, y comió; y dio también a su marido, el cual comió así como ella.".[16] Eva fue engañada. Ella creyó la mentira del enemigo; y una vez convencida que comer equivalía a ganar, ella lo comió. ¿Por qué? Porque ella fue creada para decir "sí" a la ganancia.

El enemigo prometió a Eva que, si comía del fruto prohibido, ella sería como Dios. ¿Podría ser que tú y yo creemos la misma mentira hoy?

En el corazón humano, albergamos ciertas expectativas, y estas expectativas se encuentran estrechamente vinculadas al amor mediante el cual funcionamos.

El amor, en un contexto pecaminoso, caído, y humano, siempre da para recibir. Nosotros damos a otros con la expectativa de recibir. Este amor es como si fuera una inversión. Invertimos algo de valor en otra persona, para poder recibir algo de mayor valor. Podemos regalar rosas, peluches, o poemas, pero lo hacemos buscando aceptación y armonía, queriendo pertenecer.

Y si doy para poder recibir, entonces mi ganancia es el recibir. Pero ¿cuánto necesito recibir para poder estar satisfecho, para poder obtener una ganancia? Me consideraré haber ganado mucho si recibo en mayor cantidad algo similar a lo que regalé (dos abrazos a cambio de uno); o si recibo algo diferente de

16. Génesis 3:6

lo que regalé, pero que es de mayor valor para mí de lo que fue regalado (aceptación o sentido de pertenencia a cambio de una rosa). Pero también he ganado si recibo por lo menos suficiente por lo que he invertido.

Si recibo, pero recibo menos de lo esperado, percibo que he perdido. Y si no recibo cosa alguna por mi inversión, me encuentro aún en mayor pérdida. También, si mi tesoro me es quitado (se incendia mi casa, mi auto es robado, mi esposa me abandona por alguien mas, mi hijo fallece, etc.), también tengo la sensación de haber perdido.

Si tengo grandes expectativas, a menudo tendré pérdidas. Pero si reduzco mis expectativas, no perderé tanto porque es más fácil alcanzar mis expectativas. En el amor humano, necesito bajar mis expectativas para poder limitar mis pérdidas.

Consideremos una pareja joven. Cierto día el joven ve a una dama joven, y siente una atracción. Él la ve, interactúa con ella, y empieza a pensar, "Ella es una ganancia". Pero no está seguro, porque ganancia es recibir, y él le regala algo para ver si recibe algo de ella. Él le regala una sonrisa, tiempo, conversación, y ella regresa el favor. ¡Ganancia! Él estaba dando (invirtiendo), y ella estaba recibiendo, y entonces eso era una ganancia para ella. Por lo tanto, él invierte un poco más, y ella responde con lo mismo. Ambos están felices porque ambos están teniendo ganancias, porque ambos están recibiendo. Ambos continúan elevando las expectativas al compartir cartas, flores, peluches, tiempo, interés, compañía, etc.

Eventualmente el joven se siente seguro de que ella es una ganancia permanente, pero él no está seguro si ella piensa que él es una ganancia permanente. Finalmente, él le propone matrimonio. Ella, habiendo recibido tanto de él, también cree que él es una ganancia permanente, y le dice que sí. Y así continúa la vida hasta que un día...¡ellos se casan! Luego, el esposo tiene que ir a trabajar. Recuerda sus anteriores pasatiempos, como deportes, la pesca, etc., y recuerda que también tiene amigos. Por lo tanto, las cartas, las flores, y los peluches ya no llegan tan a menudo. Ella ahora tiene una sola forma de mitigar sus pérdidas—debe reducir sus expectativas. Si no las reduce, quedará con pérdidas, y el corazón siempre dice "no" a la pérdida.

Así, con el tiempo, él le da cada vez menos, y para permanecer en ganancia, ella tendrá que rebajar sus expectativas cada vez más. Pero eventualmente ella se cansa y dice: "Basta ya," y deja de rebajar sus expectativas. Si él sigue comportándose debajo de sus expectativas, ella continuará con pérdidas, y el corazón siempre dice "no" a la pérdida; por lo tanto, finalmente buscará otra forma de ganar, o "reducir (o cortar) sus pérdidas" y separarse o divorciarse.

Así es como funciona el corazón humano, y es por eso que se ven tantos matrimonios terminando en divorcio. Todo tiene que ver con ganancia y pérdida.

El problema con el amor humano, el motivo por el cual nos sentimos personalmente heridos, es porque pensamos que es mío. Y eso de "es mío" tiene varios componentes: "Lo tengo", significando que es mi posesión, que me pertenece a mí. "Lo puedo", significando que yo fui quien lo produjo, que vino de mí. Y "yo soy", significando que yo soy un ser autónomo que a nadie tengo que dar cuenta, y que soy el único responsable por la producción y el uso de aquello que está en juego.

Desde el punto de vista del amor, yo creo que yo poseo amor, porque creo que yo lo produje, porque yo soy autónomo, y soy capaz de crear amor en mí mismo para así poderlo dar a otros. Pero permítanme preguntar esto: ¿cuánto de lo que posees realmente te pertenece? Se nos dice: "Mía es la plata, y mío es el oro, dice Jehová de los ejércitos.".[17] ¿Incluye eso el oro y la

17. Hageo 2:8

plata de mi cuenta bancaria? Sí, así es. Todo pertenece a Dios. ¿Cuánto de eso has creado tu? Nada. Por tanto, ¿puedes tu reclamar algo de ello como si fuera tuyo? No. Dios es el Creador, por tanto, todo le pertenece. Todo lo que nosotros tenemos es del Señor. Él es Aquél que posee todo. Nosotros somos sólo los mayordomos.

Pero cuando yo pienso que todo es mío, cuando pienso que todo procede de mi persona, y cuando pienso que a nadie tengo que rendir cuentas, lo tomo muy a pecho cuando mi regalo es rechazado. Me siento herido emocionalmente cuando no soy reconocido, o apreciado; y cuando el regalo que ofrezco es rechazado. ¿Por qué? Porque hago que todo gire en torno a mí; es decir, creo que todo me pertenece.

Si hay dos niños en un parque de juegos infantiles, jugando con el camioncito que trajo uno de ellos, y el otro niño toma el camión y empieza a jugar con él como si fuera suyo, sin compartir con el niño que es el dueño, entonces decimos que el niño que tomó el juguete es egoísta. Tratar las cosas (incluso el amor) como si fueran nuestras, cuando en realidad pertenecen a Dios, equivale a egoísmo. 1ª Corintios 4:7 nos dice: "¿Qué tienes que no hayas recibido? Y si lo recibiste, ¿por qué te glorías como si no lo hubieras recibido?" No trates la propiedad de Dios como si fuera tuya. Le pertenece a Él, no a ti.

¿Cuál es la cualidad de carácter que forma la base del pensamiento de que *yo puedo*, por mí mismo, producir, crear, o hacer cualquier cosa, y que soy autónomo y puedo hacer lo que quiero con mi persona? Es el orgullo. Por tanto, encontramos que en el núcleo de nuestro corazón humano, somos egoístas y orgullosos. De hecho, el egoísmo y el orgullo son las únicas motivaciones que el pecaminoso y caído corazón humano puede presentar para todo lo que hace. El amor humano dar con el motivo de recibir siempre es motivado por el egoísmo y el orgullo; y siempre tiene expectativas relativas al ego. Yo tengo expectativas para mí mismo, y lo que reciba a cambio de aquello que he invertido.

No te equivoques. El egoísmo es capaz de dar. El orgullo puede sacrificar. Pero lo hace con el propósito de recibir mayores recompensas. El amor que yo tengo por mis amados (esposa, hijos, padres, amigos, mascotas, etc.) es un amor egoísta. Tú y yo no podemos presentar cosa alguna que sea diferente. En el lugar más recóndito de nuestro ser, encontramos egoísmo y orgullo. Dios nos dice la verdad acerca de nosotros mismos en la Biblia cuando dice: "Si bien todos nosotros somos como suciedad, y todas nuestras justicias como trapo de inmundicia; y caímos todos nosotros como la hoja, y nuestras maldades nos llevaron como viento.".[18] En nosotros mismos nada bueno tenemos. Nuestra justicia es como trapos menstruales. Esto es lo único que tenemos para ofrecer. Por tanto, cuando ofrecemos a Dios el regalo de nuestro corazón, no estamos ofreciendo nada de gran valor. Estamos ofreciendo sólo basura. Pero Dios se pone feliz cuando le ofrecemos nuestros corazones, porque entonces él puede entrar en nuestro corazón y recrearnos de nuevo a Su imagen, e inculcar en nuestro ser lo que realmente es de valor.

Aunque sea doloroso, lo siguiente quiero dejarlo muy en claro. Éste es el corazón humano, y así es como funciona en cada ser humano pecaminoso que haya vivido desde la caída de Adán. Lo mejor que tú y yo tenemos; lo mejor que podemos hacer; el amor que tenemos por nuestros hijos, padres, esposos, amigos, u otros; la motivación de todo lo bueno que hacemos; los regalos que damos; o los sacrificios que hacemos; todo es motivado por el egoísmo y el orgullo. Así es. No hay nada más. No existe nada más que egoísmo y orgullo como motivaciones en el pecaminoso corazón humano.

Pero eso no es todo. ¡Es peor aún! ¿Puedes dar algo que no tienes? No. Primero debes tomar de alguien o de algún lugar

18. Isaías 64:6

para poder tener algo que dar. ¿Quién, en todo el universo, puede dar sin primero tomar? Sólo Dios. Por tanto, cuando primero doy con el motivo de recibir, me ubico en el lugar de Dios. Me considero como si fuera Dios, pensando que soy yo quien poseo, o quien en primer lugar produje "eso" para poder luego darlo y recibir una recompensa. Estoy viviendo según la mentira que el enemigo dijo a Eva en el Huerto, "seréis como Dios".

Por tanto, cuando tú y yo damos para recibir, lo que estamos revelando es que creemos que "yo soy Dios"; que yo tengo la capacidad (que solamente Dios tiene) para crear el amor, que luego doy a otros, para así poder recibir más amor a cambio. Este corazón es motivado por egoísmo y orgullo; y me pone en el lugar de Dios. Y esto siempre viola el primer mandamiento. "No tendrás dioses ajenos delante de mí".[19]

¿Cuál es el dios que más comúnmente tenemos delante de Dios, aquello que nos hace violar el primer mandamiento a diario? Es el ego. Yo soy el número uno en mi vida. Mis deseos, mis anhelos, mis ambiciones, y mis necesidades, son lo primero. Ponemos a Dios en algún lugar de menos importancia

Y este corazón—que se cree Dios, que se motiva por egoísmo y orgullo, cuya ganancia es recibir, y cuya pérdida es no recibir, no recibir lo suficiente, o perder su tesoro este corazón es un esclavo de otros. Como ves, mi ganancia o pérdida depende de si "ellos" dan o no, y en cuánto ellos dan. Y a ellos yo no los puedo controlar. No puedo hacer que den, pero dependo de lo que dan para poder ganar. No puedo controlar si ellos me rechazan, si me abandonan, o si se mueren. Soy esclavo de otros, porque dependo de ellos y de lo que ellos me dan para yo poder ganar. Y porque sentimos la necesidad de controlar cualquier fuente en que no confiamos, y porque ningún humano es completamente confiable, tú y yo siempre intentamos controlar a otros para así controlar nuestras ganancias y pérdidas.

19. Éxodo 20:3

Podemos procurar controlar por medio de lo bueno (elogios, gratitud, regalos, etc., para de esta manera recibir cosas similares a cambio); o podemos tratar de controlar por medio de lo malo (coerción, complejos de culpabilidad, vergüenza, acusación, abuso, etc.), para forzarlos a permanecer como nuestra fuente y continuar dándonos. Pero sea que fuera mediante lo bueno o lo malo, procuramos controlar a otros, porque ellos son nuestra fuente, y no podemos confiar en ellos. Somos esclavos de otros.

El corazón - engañado

Hemos estado considerando al corazón y su funcionamiento desde la perspectiva del amor humano. Pero quiero que sepan esto: ¿cómo sé si Cristo mora en mi corazón? Leamos: "¿Cómo he de saber que Cristo mora en mi corazón? Si, cuando eres criticado o corregido en tu forma de ser, y las cosas simplemente no resultan como piensas que debieran, si entonces permites que surja tu pasión en vez de soportar la corrección y ser paciente y amable, Cristo no está habitando en el corazón".[20]

¡Oiga! ¿Será posible que esto sea cierto? Entonces ¿qué hay de mi y de ti? ¿Dónde nos encontramos nosotros? ¿Cómo podemos estar en tal posición miserable cuando pensábamos que estábamos por lo menos algo bien? Esto es porque.... "Engañoso es el corazón más que todas las cosas, y perverso; ¿quién lo conocerá?"[21] ¿Qué significa que el corazón es engañoso sobre todas las cosas, y perverso? Significa que el corazón humano está loco. Es más loco que cualquier otra cosa.

No sé si hayas encontrado a alguien que está loco. Durante mis rotaciones en la facultad de medicina, realicé rotaciones con pacientes psiquiátricos internados y ambulatorios, donde me encontré con personas que tenían distorsiones de la realidad muy interesantes. Encontré muchas otras cuando estaba estudiando

20. Elena G. de White, "Union with God", Review & Herald, 12 de julio de 1887, párrafo 9.
21. Jeremías 17:9

y practicando como médico en la sala de emergencias. Algunos pacientes creían que un microchip había sido implantado en su cerebro, y que los militares enviaban señales a través de ese microchip, obligándolos a que hicieran ciertas cosas. Otros creían que poseían súper poderes, y que podían caminar a través de las paredes. Otros creían que el reportero les hablaba directamente a través de la televisión, dándoles mensajes secretos que sólo ellos entendían.

Después de atender a muchos individuos que tenían distorsiones de la realidad muy significativas, llegué a entender algo. No pude disuadir a nadie de creer en su realidad distorsionada. Estaban tan convencidos de que su realidad alternada era real, como yo estaba convencido de que mi realidad era real. Lo único que los podía despertar para ver una realidad diferente, era un medicamento muy fuerte.

¿Podrá ser lo mismo contigo y conmigo? ¿Qué tal si todos estuviéramos locos? ¿Qué tal si todos tuviéramos la misma condición delirante, y creíamos la misma realidad distorsionada? ¿Cómo podríamos saber si estuviéramos sanos o locos? Si todos con quienes consultáramos creyeran esencialmente lo mismo como nosotros, y todos estuviéramos equivocados, ¿cómo podríamos saberlo?

Lo que Dios está procurando decirnos es que estamos locos. El núcleo de quiénes somos, nuestro corazón, ¡se encuentra loco! Y su locura tiende hacia una dirección en particular. Tiende hacia la maldad. Es como poner una pelota sobre una cuesta. Cuando sueltas la pelota, siempre rodará hacia abajo. Nunca rodará hacia arriba. No importa cuántas veces lo intentas, siempre rodará hacia abajo. Cuesta abajo está la maldad. Cuesta arriba está la justicia.

El corazón humano no sólo rodará hacia abajo, hacia la iniquidad, pues si no se lo restringe, siempre irá a lo profundo del estanque de maldad. ¿Por qué es esto? Imagínate que has nacido en un mundo que se encuentra al revés. Siempre ha estado al revés; y por haber estado así siempre, a ti te parece como si estuviera de la manera correcta. Dios te ha creado con un deseo de ganar, lograr, crecer, aprender, mejorar, etc. Tú ves una montaña a la distancia, y deseas escalar hacia su cima, y lo haces. Pero ¿qué sucede si te encuentras al revés? Entre más subes, más estás bajando y pensando que estás alcanzando grandezas; pero estás llegando a lo más profundo. Esta es la locura/ engaño del corazón humano, porque siempre se dirige hacia lo profundo del estanque de maldad. ¿Qué significa ser perverso? Significa correr desesperadamente tras la maldad. Imagínate estar en un desierto. Has estado allí un par de días sin agua, y estás por morir. Tus labios están partidos y sangrando. Tu lengua está seca y pegándose al techo de la boca.

Tienes un terrible dolor de cabeza y te sientes fatigado y mareado. Y a la distancia ves una mesa, y sobre la mesa una jarra de vidrio llena de agua, brillando en el sol, luciendo los hielitos adentro.

Ahora imagínate que en medio de ti y el agua se encuentra un campo de cactus. ¿Te atreverías a cruzar ese campo de cactus para poder llegar al agua? Sí. Sí lo harías. ¿Por qué? Porque estás desesperado por beber agua. Así es como el corazón humano se relaciona con la maldad. ¡La quiere desesperadamente!

Tú y yo tenemos una capacidad asombrosa de ser engañados. No sabemos qué hay en nuestros corazones. Nosotros no nos conocemos a nosotros mismos. Podemos ver con algo de claridad lo que está mal en otros; pero en lo que concierne a nosotros mismos, estamos ciegos.

Esto lo vemos claramente señalado por Jesús en el sermón del monte. Él dice: "¿Y por qué miras la paja que está en el ojo de tu hermano, y no echas de ver la viga que está en tu propio ojo? ¿O cómo dirás a tu hermano: Déjame sacar la paja de tu ojo, y he aquí la viga en el ojo tuyo? ¡Hipócrita! saca primero la viga de tu propio ojo, y entonces verás bien para sacar la paja del ojo de tu hermano.".[22]

Podemos ver el más mínimo problema en nuestro prójimo, pero podemos tener una viga atravesando nuestra cabeza, y no tener idea de lo que está pasando. ¿Cómo puede ser esto? Permítanme ilustrarlo con un ejemplo.

Cuando compré mi primer par de lentes, me incomodaban. Se sentaban sobre mi nariz, lastimaban mis orejas, y hacían que todo se viera algo distorsionado. No me gustaban, pero necesitaba poder ver, y por ende los toleraba. Cierto día, yo no podía encontrar mis lentes. Los busqué por todas partes, sin poderlos encontrar en ninguno de los lugares que solía encontrarlos. Eventualmente pedí a mi esposa que me ayudara a encontrar mis lentes. Ella me vio directamente a mis ojos, y me dijo: "Amor, ¡los tienes puestos!" ¡Qué pena! Ahí me encontraba yo, buscando mis lentes por todas partes, mientras estaban en mi propia nariz. Tanto me había acostumbrado a ellos que mi mente ignoró toda señal de su presencia.

De hecho, justo el otro día estaba con mi familia teniendo el culto vespertino, y una de mis hijas no se encontraba con nosotros. Miré alrededor del cuarto para ver dónde estaba. Los demás notaron que estaba desconcertado, y preguntaron el por qué. Les dije la razón, ¡y todos se empezaron a reír! La niña que faltaba ¡estaba sentada en mi regazo!

Tú y yo hemos vivido con nosotros mismos por tanto tiempo, que ya existe mucho acerca de nosotros mismos ¡que no notamos! ¿Cuándo fue la última vez que notaste tus pestañas cuando estabas viendo? Ellas siempre están allí, en el camino de tu visión periférica (y a veces central). ¿Pero acaso las notas? No.

---

22. Mateo 7:3-5

¿Por qué? Por haber formado parte de ti mismo por tanto tiempo, tiendes a ignorar su presencia (hasta que una pestaña cae y entra en el ojo). Nosotros tenemos serias fallas de carácter, pero simplemente no las vemos. Si naciéramos con una viga saliendo de nuestra cabeza, nos acostumbraríamos tanto a ello, que no lo notaríamos (hasta golpear algo contra ella).

¿Es posible que nuestra habilidad de ser engañados es tan grande que aun Dios podría vernos de frente, decirnos nuestras fallas, y aun no le creeríamos? Si dices que no, ¿estarías seguro? ¿Eres mejor que los discípulos de Cristo?

En Marcos 8:29, Pedro y los discípulos declaran que Jesús es el Cristo—el Mesías—y justo a las dos semanas después, ese mismo Jesús mira a Pedro y a los discípulos, y dice "'Todos os escandalizaréis de mí esta noche; porque escrito está: Heriré al pastor, y las ovejas serán dispersadas…' [¿Le creyeron?] Pedro le dijo: 'Aunque todos se escandalicen, yo no.' Y le dijo Jesús [el mismo Jesús que según la afirmación de ellos, era Dios]: 'De cierto te digo que tú, hoy, en esta noche, antes que el gallo haya cantado dos veces, me negarás tres veces.' [Cristo está viendo a Pedro y los discípulos de frente, y diciéndoles las fallas de sus caracteres, y ¿acaso le creen?] Mas él [Pedro] con mayor insistencia decía: 'Si me fuere necesario morir contigo, no te negaré.' También todos decían lo mismo".[23]

Aun si Dios te viera de frente y te dijera tus fallas, probablemente no le creerías. Como puedes ver, estamos locos, y tu no puedes convencer a nadie que está loco sólo con decírselo. Necesitas un medicamento poderoso para despertarles y mostrarles que están locos. En la vida, ese medicamento se llama demostración.

Estamos engañados. Así que, ¿cuál es la solución? Necesitamos que Dios nos muestre, mediante la demostración, las fallas

23. Marcos 14:27-31

de nuestro carácter. Tu y yo no conocemos nuestro corazón. Pero existe alguien que sí. Jeremías 17:10 nos dice: "Yo, el Eterno, examino el corazón, y pruebo la mente, para dar a cada uno lo que merece, según sus obras".

Dios conoce nuestros corazones, y debemos venir a Él para que nos revele (demuestre) lo que existe ahí.

David, el hombre conforme al corazón de Dios, pudo haber entendido débilmente que existía algo en su corazón cuando hizo esta oración en el Salmo 139:23-24: "Examíname, o Dios, y conoce mi corazón; pruébame, y reconoce mis pensamientos. Mira si voy en mal camino, y guíame por el camino eterno". Si Dios hubiera visto a David directamente en su cara, diciéndole que él era un asesino dominado por la lascivia, probablemente David hubiera discutido con Él.

"El hacer tú voluntad, Dios mío, me ha agradado, Y tu ley está en medio de mi corazón.[24] "Nada inicuo pondré ante mis ojos; aborrezco a quienes se apartan; ellos no estarán conmigo".[25]

Pero David, en el Salmo 139, pide al Señor "pruébame" [es decir, "examíname"]. Y es en esta prueba donde descubrimos lo que existe en el corazón.

Cierto día, David estaba caminando por su palacio, cuando ve a una hermosa mujer bañándose en el tejado. Quizá él dijo rápidamente: "¡Uy!", y pensó en huir de allí. Pero David miró una segunda vez, ¡Huy! Luego preguntó a alguien cuál era su nombre. Y luego la invitó a su palacio. Y una cosa llevó a la otra; y un año después David había cometido adulterio con Betsabé, había causado la muerte deliberada del esposo de ella, tuvo un hijo con ella, y se encaminaba velozmente hacia la ruina.

Luego llega el profeta Natán con una historia de un hombre rico que poseía muchas ovejas, y un hombre pobre que sólo

24. Salmo 40:8
25. Salmo 101:3

poseía una oveja, y la ama y comparte con ella su hogar. Un extraño viene al hombre rico, y el hombre rico, evitando sacrificar una oveja de su propio rebaño, toma la oveja del hombre pobre y la sacrifica para dar de comer al extraño. David, en su ira, pronuncia maldiciones sobre el hombre rico en la historia, y luego Natán señala a David, diciéndole: "¡Tú eres ese hombre![26] En ese momento, debido a la prueba y las palabras del profeta, los ojos de David son abiertos, y él ve lo que existe en su corazón. No hay nada bueno. Ahora sabe que algo le falta.

Ahora, encontramos a David haciendo otra oración acerca del corazón: "Crea en mí, oh Dios, un corazón limpio, y renueva un espíritu recto dentro de mí. No me eches de tu presencia, y no quites de mí tu Santo Espíritu. Restaura en mí el gozo de tu salvación, y sostenme con tu Espíritu generoso".[27]

David ahora sabe, sin lugar a dudas, que él necesita un nuevo corazón. Cuando Dios permite que nos llegue la prueba, y esa prueba refleja lo que tenemos adentro, y nos revela lo que tenemos en el corazón, entonces reconocemos que desesperadamente necesitamos un nuevo corazón. Y cuando nosotros, como David, sabiendo que necesitamos un nuevo corazón, venimos a Dios y suplicamos que nos dé un nuevo corazón, Dios nos contesta.

"Os daré un corazón nuevo, y pondré un espíritu nuevo dentro de vosotros. Quitaré de vuestra carne el corazón de piedra, y os daré un corazón de carne. Pondré mi Espíritu dentro de vosotros, y haré que andéis en mis Mandamientos, que guardéis mis normas, y las cumpláis".[28] Dios conoce el corazón del ser humano. Él sabe cuán horrible es. Él sabe todo acerca del egoísmo, el orgullo, y el querer ubicarnos en el lugar de Dios. ¡Él lo sabe! Y Él sabe que necesitamos un nuevo corazón; y él murió en el Monte Calvario para ganar el legítimo derecho

26. 2 Samuel 12:7
27. Salmo 51:10-12
28. Ezequiel 36:26,27

de darnos un nuevo corazón—es decir, Su corazón., ¿deseas hoy tener ese corazón?

"Señor, veo cuán malo es mi corazón. Veo que todo es motivado por egoísmo y orgullo. No tengo nada, absolutamente nada, para ofrecerte. Pero necesito un nuevo corazón—tu corazón. ¿Desearías darme ese nuevo corazón, y poner Tu Espíritu dentro de mí? Gracias, Jesús, por hacerme ese favor; no porque lo merezco, sino porque Tú me amas. Amén".

CAPÍTULO 4

La ley de la vida: Tomar para dar

¿Dar o tomar?

Ahora, tratándose del amor, ¿en primer lugar puedo darlo? o ¿tengo recibirlo primero? ¿Puedes dar lo que no tienes? No. Primero debemos recibir para luego poder dar. De otra forma, estaremos ocupando el lugar de Dios, creyendo que producimos y poseemos lo que entregamos. Esto es cierto a través de toda la creación. ¿La semilla que es plantada en el suelo, ¿primero entrega algo a la tierra, para poder crecer?, o será que primero recibe del suelo para poder crecer. La semilla primero recibe. Ella recibe humedad, temperatura, y nutrientes; y mientras crece y rompe el suelo, también recibe luz solar. Ella recibe y crece, y recibe y crece. Supongamos que la semilla produce un árbol de naranja. ¿Para quién produce fruto el árbol? ¿Para sí mismo? No. El árbol no recibe ganancia personal del fruto que produce. ¿Pueden otros árboles de naranja beneficiarse de lo que el mismo produce (aparte de otros árboles creciendo de sus semillas)? No.

El árbol toma de lo que existe en el suelo, para así poder dar a otras especies. Aún las naranjas que caen en el suelo no benefician inmediatamente al árbol. Esas naranjas primero deben "dar" a las bacterias u hongos, u a otras criaturas que eventualmente darán algo al suelo, quienes después darán algo al árbol. La semilla toma del suelo para poder producir una flor que da su polen a la abeja. La abeja toma el polen para poder dar miel al oso. El oso toma la miel poder dar al escarabajo estercolero.

El escarabajo toma el estiércol para poder dar a la lombriz. Y la lombriz toma de los provisto para poder dar algo al suelo. Vemos esta Ley de la Vida—este circuito de beneficencia—ejemplificado en la vida de Cristo. "Mirando a Jesús vemos que es la Gloria de nuestro Dios dar. "Yo nada de mí mismo..." "No busco mi propia gloria, sino la gloria de Aquél que me envió". En estas palabras es expuesto el gran principio que es la ley de la vida para el universo. Cristo recibió todas las cosas de Dios, pero las tomó para dar. Así también en los atrios celestiales, en Su ministerio en favor de todos los seres creados por medio del amado Hijo, la vida del Padre fluye hacia todos. Por medio del Hijo, vuelve, en alabanza y servicio gozoso, como una marea de amor, hacia la gran Fuente de todo. Y así por medio de Cristo el circuito de beneficencia está completo, representando el carácter del gran Dador, la ley de la vida."[29] Al igual que el circuito de la vida, el circuito de beneficencia, tomar para dar, es la ley de la vida.

29. Elena G. de White, El Deseado de Todas las Gentes, p. 12.

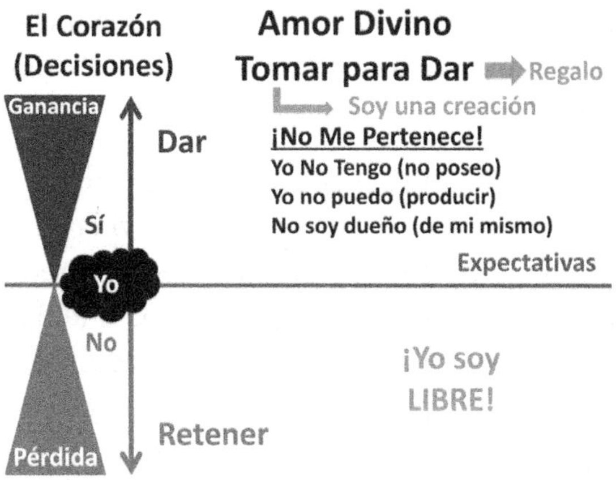

El divino—corazón

Dios desea darnos un nuevo corazón. Él no nos diseñó para que tuviéramos el corazón viejo de amor humano. Más bien Él se propuso que operáramos mediante el amor divino. Y el amor divino no da para recibir, pues su esencia es la Ley de la Vida—tomar para dar. En lugar de invertir en otros, esperando una ganancia de lo que doy, el amor divino entrega sin expectativa de recibir (para mí mismo). Aún tengo expectativas, pero mis expectativas son para tu beneficio, no para el mío.

Espero que mi esposa me ame, porque sé que, si me ama, eso significa que está conectada con Dios. Él está en control de su vida, y esa conexión le produce vida, amor, gozo, y paz. Por lo tanto, para su propio bien, espero que ella me ame. Pero yo no tengo esa expectativa para mí mismo.

Yo no necesito que ella me ame para mi propio bien, porque ella no es mi fuente. Dios es mi fuente, y yo tomo todo lo necesario de Él; y luego lo entrego a mi esposa y a otros.

Nunca se me agotará ese amor porque estoy conectado con la fuente que nunca se agota, y mientras tomo ese amor y me lleno de él, tengo todo lo necesario para dar a otros sin quedarme vacío.

Y si tomo para poder dar, entonces mi ganancia es dar. Y si mi ganancia es dar, entonces mi pérdida sucede cuando lo mantengo para mí mismo.

Esto sigue una ley divina bosquejada en Juan 12:25: "El que ama su vida, la perderá; y el que aborrece su vida en este mundo, para vida eterna la guardará". Lo que Cristo está enseñándonos aquí es que, en realidad, si deseo guardar algo, tengo que entregarlo, porque el momento en que lo resguardo, y lo tengo para mí mismo, entonces lo pierdo. Entonces, si necesitas aceptación, ve a Dios y tómala de Él. Él tiene toda la aceptación que necesitas, pues Él es la fuente de ella. Pero si deseas que la aceptación siga siendo tuya, debes entregarla a otros—debes aceptarlos.

Si necesitas tener el sentido de pertenencia, ve a Dios y toma esa aceptación de Él. Él tiene todo el sentido de pertenencia que necesitas, pues Él es la fuente de ella. Pero si deseas que ese sentido de pertenencia sea tuyo, debes darlo a otros—debes dejarlos ser parte de ese sentido de pertenencia. Si necesitas perdón, ve a Dios y toma Su perdón. Él tiene todo el perdón necesario, pues Él es la fuente de ello. Pero si deseas que el perdón sea tuyo, debes entregarlo a otros—debes perdonarlos.

Ahora, ¿qué hay acerca de Dios? ¿Puede Él retener Su amor para Sí Mismo o debe darlo? ¡Él debe regalarlo! Su precisa naturaleza es dar. Si lo mantuviera para Sí Mismo, Él perdería, y Dios no pierde. Él siempre gana, por lo tanto, Él siempre da. Se nos dice: "Él hace que Su sol salga sobre malos y buenos, y envía lluvia sobre justos e injustos".[30] Su naturaleza de dar no se basa en ti, más bien se trata de Él y de Su carácter, pues es un reflejo de Su corazón.

Lo mismo es cierto para ti y para mí cuando Cristo vive en nuestros corazones mediante la fe. Aseguramos nuestra recompensa cuando damos. "La ley del sacrificio propio es la ley de la

30. Mateo 5:45

conservación. El labrador conserva su grano arrojándolo lejos. Así sucede en la vida humana. Dar es vivir. La vida que será preservada es la que se haya dado libremente en servicio a Dios y al hombre. Los que por amor a Cristo sacrifican su vida en este mundo, la conservarán para la eternidad".[31]

Este corazón de amor divino me recuerda que "No me pertenece". Yo no lo tengo, ni lo poseo. Sencillamente no me pertenece. Le pertenece a Dios. Yo nada puedo producir. No soy un creador. Sólo Dios lo es. Por tanto, todo lo que tengo viene de Él—aún mi creatividad. Y yo no soy dueño de mí mismo para hacer lo que me plazca conmigo mismo. No me pertenezco, porque fui comprado a un precio.[32] Pertenezco a Dios y a Él debo rendir cuentas.

Y así como el hombre de entrega de la empresa UPS, si el regalo es rechazado o destruido, o no apreciado, eso no me afecta a mí personalmente, porque no es mío, y no me representa a mí. No soy personalmente herido por la respuesta de otros hacia mi amor, porque no dependo de ellos—dependo de Dios—y lo que ellos hagan con el regalo es su problema (es un reflejo de su propio corazón), no el mío. Y, además, de todos modos, el regalo no era mío; pues vino de Dios.

El ejemplo – Jesús

Tomemos a Jesús como nuestro ejemplo. ¿Creyó Él que poseía algo propio? No. Él dijo: "Las zorras tienen cuevas y los pájaros tienen nidos, pero el Hijo del Hombre no tiene dónde recostar la cabeza".[33] Él reconoció que todo lo que tenía venía de su Padre. Él nada poseía.

¿Creía Jesús que podría realizar mucho por sus propias fuerzas? No. Él dijo: "De mí mismo nada puedo hacer".[34] Él

31. Elena G. de White, El Deseado de Todas las Gentes, p. 576.
32. 1 Corintios 6:19,20
33. Mateo 8:20
34. Juan 5:30

reconoció que todo Su poder y capacidades venían de Su Padre. ¿Creía Jesús que se mandaba a Sí mismo, que tenía el derecho de hacer consigo mismo como le placía? No. Él reconoció, así como lo hizo Pablo, que Él no se mandaba a sí mismo. "O no sabéis que vuestro cuerpo es el templo del Espíritu Santo que está en vosotros, que recibisteis de Dios, y que no sois vuestros? Pues habéis sido comprados con precio; por tanto glorificad a Dios en vuestro cuerpo y en vuestro espíritu, que son de Dios".[35]

Por lo tanto, Jesús por sí mismo no poseía, no producía y no se mandaba a sí mismo. Jesús fue el mejor mensajero de la empresa UPS. ¿Era Jesús egoísta? ¿Pensaba sólo en sí mismo, o estaba enfocado en otros? Se nos dice: "El vivió, pensó y oró, no para sí mismo, sino para los demás".[36]

Si Jesús estaba convencido que Él era sólo un mensajero, si estaba convencido que nada le pertenecía, que todo lo que podía realizar se debía a su Padre, y que él ni siquiera se mandaba a sí mismo, entonces ¿qué podía causarle una herida personal? ¡Nada! Estar personalmente herido equivale a pensar solo en uno mismo—enfocarse en lo que me hicieron y lo que significa para mí. Jesús nunca pensó en Sí Mismo. Él se preocupaba por los demás.

En Juan, capítulo 6, cuando Jesús estaba hablando de sí mismo siendo el pan de vida, y muchos de sus seguidores lo abandonaron para no seguirle mas, ¿quedó personalmente herido, o se entristeció por ellos? Sintió compasión por ellos, y en lo que significó para ellos esa decisión. Cuando Judas traicionó a Jesús con un beso, ¿sintió autocompasión por ser traicionado por su amigo? No. Él sintió compasión por Judas, y lo que esa traición significaría para Judas. Y cuando Pedro le negó con blasfemias frente a la sirvienta, ¿sintió Jesús compasión por sí mismo, o más bien por Pedro y lo que la negación de Pedro significó para él? -Jesús se entristeció por Pedro, no por sí mismo.

35. 1 Corintios 6:19,20
36. Elena G. de White, Palabras de Vida del Gran Maestro, p. 105.

No me malentienda. Jesús sí sintió dolor. Él fue varón de dolores y acostumbrado al quebranto. Pero su dolor no fue hacia sí Mismo, fue por otros. Su dolor por nosotros fue en proporción a Su amor por nosotros; y siendo que amó infinitamente más de lo que nosotros podemos amar, él sintió dolor infinitamente más fuerte que el dolor nuestro. En Su niñez, "Jesús no contendía por sus derechos. Con frecuencia su trabajo resultaba innecesariamente penoso porque era voluntario y no se quejaba. Sin embargo, no desmayaba ni se desanimaba. Vivía por encima de estas dificultades, como en la luz del rostro de Dios. No ejercía represalias cuando le maltrataban, sino que soportaba pacientemente los insultos".[37]

Al llegar Jesús a edad adulta y entrar en las escenas de Su ministerio, encontramos que, "En el corazón de Cristo, donde reinaba perfecta armonía con Dios, había perfecta paz. Nunca le halagaban los aplausos, ni le deprimían las censuras o el chasco. En medio de la mayor oposición o el trato más cruel, seguía de buen ánimo".[38]

"La vida terrenal del Salvador, aunque transcurrió en medio de conflictos, era una vida de paz. Aun cuando lo acosaban constantemente enemigos airados, dijo: 'El que me envió, conmigo está; no me ha dejado solo el Padre, porque yo hago siempre lo que le agrada' (Juan 8:29). Ninguna tempestad de la ira humana o satánica podía perturbar la calma de esta comunión perfecta con Dios".[39]

Al llegar al final de Su vida, y el peso del pecado empezó a sentirse en Sus hombros, Su preocupación no era por Sí Mismo. "Estaba ahora en la misma sombra de la cruz, y el dolor torturaba su corazón. Sabía que sería abandonado en la hora de su entrega. Sabía que se le daría muerte por el más humillante procedimiento aplicado a los criminales. Conocía la ingratitud y

37. Elena G. de White, El Deseado de Todas las Gentes, p. 68.
38. Elena G. de White, El Deseado de Todas las Gentes, p. 297.
39. Elena G. de White, El Discurso Maestro de Jesucristo, p. 18.

crueldad de aquellos a quienes había venido a salvar. Sabía cuán grande era el sacrificio que debía hacer, y para cuántos sería en vano. Sabiendo todo lo que le esperaba, habría sido natural que estuviese abrumado por el pensamiento de su propia humillación y sufrimiento. Pero miraba como suyos a los doce que habían estado con él y que, pasados el oprobio, el pesar y los malos tratos que iba a soportar, habían de quedar a luchar en el mundo. Sus pensamientos acerca de lo que él mismo debía sufrir estaban siempre relacionados con sus discípulos. No pensaba en sí mismo. Su cuidado por ellos era lo que predominaba en su ánimo".[40]

¿Cómo era que siempre respondía a los problemas? "El Señor jamás murmuró; jamás manifestó descontento, disgusto o resentimiento. Nunca se descorazonó, se desanimó, se enojó o se enfureció. Era paciente, tranquilo y lleno de dominio propio en medio de las circunstancias más enfadosas y difíciles. Realizaba todas sus obras con una tranquila dignidad y con suavidad, no importa qué conmoción se pudiera estar produciendo a su alrededor. El aplauso no lo entusiasmaba. No temía las amenazas de sus enemigos. Se movía en un mundo de excitación, violencia y crimen, tal como el sol se mueve entre las nubes. Estaba por encima de las pasiones humanas, los disturbios y las pruebas. Avanzaba como el sol por encima de todo ello. Pero no era indiferente a los males de la humanidad. Su corazón se conmovía por los sufrimientos y las necesidades de sus hermanos como si él mismo fuera el afligido. Poseía una gozosa calma interior, una serena paz. Su voluntad siempre estaba subordinada a la de su Padre. 'No se haga mi voluntad, sino la tuya', fueron las palabras que surgieron de su labios pálidos y temblorosos".[41]

Aun en su enjuiciamiento, Él mantuvo su confianza serena en Su Padre. "Uno de sus oficiales, lleno de ira al ver a Annás

40. Elena G. de White, El Deseado de Todas las Gentes, p. 599.
41. Elena G. de White, Cada Día con Dios, p. 261.

reducido al silencio, hirió a Jesús en la cara diciendo: '¿Así respondes al pontífice?' Cristo replicó serenamente: 'Si he hablado mal, da testimonio del mal: y si bien, ¿por qué me hieres?' No pronunció hirientes palabras de represalia. Su serena respuesta brotó de un corazón sin pecado, paciente y amable, a prueba de provocación".[42]

Y cuando Pedro lo negó con blasfemias, ¿por quién se condolió Jesús? "Mientras los juramentos envilecedores estaban todavía en los labios de Pedro y el agudo canto del gallo repercutía en sus oídos, el Salvador se desvió de sus ceñudos jueces y miró de lleno a su pobre discípulo. Al mismo tiempo, los ojos de Pedro fueron atraídos hacia su Maestro. En aquel amable semblante, leyó profunda compasión y pesar, pero no había ira. Al ver ese rostro pálido y doliente, esos labios temblorosos, esa mirada de compasión y perdón, su corazón fue atravesado como por una flecha".[43]

Y ¿cuál fue Su respuesta cuando se encontraba bajo el más intenso sufrimiento físico? "Mientras los soldados estaban realizando su terrible obra, Jesús oraba por sus enemigos: 'Padre, perdónalos, porque no saben lo que hacen'. Su espíritu se apartó de sus propios sufrimientos para pensar en el pecado de sus perseguidores, y en la terrible retribución que les tocaría. No invocó maldición alguna sobre los soldados que le maltrataban tan rudamente. No invocó venganza alguna sobre los sacerdotes y príncipes que se regocijaban por haber logrado su propósito. Cristo se compadeció de ellos en su ignorancia y culpa. Sólo exhaló una súplica para que fuesen perdonados, 'porque no saben lo que hacen'".[44]

¡Qué maravilloso amor por los que lo aborrecieron! ¡Él jamás albergó un pensamiento, o emoción negativa hacia ellos!

42. Elena G. de White, El Deseado de Todas las Gentes. p. 649.
43. Elena G. de White, El Deseado de Todas las Gentes, p. 659.
44. Elena G. de White, El Deseado de Todas las Gentes, p. 693.

La profundidad de Su amor no sólo nos deja pasmados. También asombra a los ángeles. "Con asombro, los ángeles contemplaron el amor infinito de Jesús, quien, sufriendo la más intensa agonía mental y corporal, pensó solamente en los demás y animó al alma penitente a creer".[45]

"Aunque desde la cuna hasta el sepulcro lo abrumaron las calumnias y la persecución, Jesús no les hizo frente sino expresando su amor perdonador".[46] A esto se asemeja el nuevo corazón que opera con amor divino.

¿Jesús sufrió?

¿Escapó Jesús en esta vida sin sufrir? ¡No! Él sí sufrió. "Pues fue necesario que Él, para quien, y mediante quien, existen todas las cosas, al llevar muchas almas a la gloria, hacer perfeccionar al capitán de su salvación mediante sufrimiento".[47] Jesús fue perfeccionado mediante el sufrimiento. ¿Pero por quién sufrió Él? "Que aquellos a quienes se había comprometido a salvar, aquellos a quienes amaba tanto, se uniesen a las maquinaciones de Satanás, esto traspasaba su alma".[48]

Él sufría por ellos, no por sí mismo. Jesús, como nosotros, compartió nuestra humanidad, y la humanidad añora pertenecer, ser entendida, y ser acompañada. Jesús compartió con nosotros esa ansia. "El corazón humano anhela simpatía en el sufrimiento. Este anhelo lo sintió Cristo en las profundidades de su ser".[49]

"Pero una angustia más intensa desgarraba el corazón de Jesús; ninguna mano enemiga podría haberle asestado el golpe que le infligió su dolor más profundo. Mientras estaba soportando las burlas de un examen delante de Caifás, Cristo había sido negado por uno de sus propios discípulos".[50]

---

45. Elena G. de White, El Deseado de Todas las Gentes, p. 699.
46. Elena G. de White, El Discurso Maestro de Jesucristo, p. 62.
47. Hebreos 2:10
48. Elena G. de White, El Deseado de Todas las Gentes, p. 638.
49. Elena G. de White, El Deseado de Todas las Gentes, p. 639.
50. Elena G. de White, El Deseado de Todas las Gentes, p. 657.

Es cierto que Jesús no pensó en Sí Mismo, y él no sintió autocompasión. Pero al igual que nosotros, Jesús sintió más dolor por quienes se encontraban más cerca de Él, que por los de afuera. Su capacidad para sufrir fue mayor que la nuestra, así como en el mismo grado de Su habilidad de amar fue mayor. Su amor por Sus hijos fue mucho más grande que el nuestro, así como su sufrimiento por ellos también fue más grande. Y el grado al cual aprendemos a amar como El ama, será el grado al cual seremos capaces de sufrir como Él sufrió.

Como puede verse, "Despreciado y desechado entre los hombres, varón de dolores, experimentado en quebranto. Y como escondimos de él el rostro, fue menospreciado, y no lo estimamos. Sin embargo, él llevó nuestras enfermedades, y sufrió nuestros dolores. Y nosotros lo tuvimos por azotado, por herido de Dios y abatido".[51]

Ciertamente Él fue varón de dolores y acostumbrado al quebranto, ¡pero no fue para sí mismo; fue para otros!

¿Qué hay acerca de mí?

Este es Jesús. Él fue perfecto. Pero ¿qué acerca de ti y de mí? ¿Cómo debemos reaccionar en circunstancias similares? "Cristo no desmayó ni se desalentó, y sus seguidores han de manifestar una fe de la misma naturaleza perdurable.... No han de desesperar de nada, sino esperarlo todo".[52]

"Si las obras de los embajadores de Cristo son hechas en Dios, ellos no serán exaltados por alabanza de labios humanos; ni se deprimirán al pensar que no son apreciados".[53]

"Si tiene el Espíritu de Cristo, no tomará en cuenta el menosprecio ni dará demasiada importancia a las supuestas injurias".[54]

51. Isaías 53:3,4
52. Elena G. de White, El Deseado de Todas las Gentes, p. 634.
53. Elena G. de White, "In Demonstration of the Spirit", The Review & Herald, Septiembre 4, 1888, párrafo 3.
54. Elena G. de White, Liderazgo Cristiano, p. 34.

"Es el amor a uno mismo lo que destruye nuestra paz. Mientras viva el yo, estaremos siempre dispuestos a protegerlo contra los insultos y la mortificación; pero cuando hayamos muerto al yo y nuestra vida esté escondida con Cristo en Dios, no tomaremos a pecho los desdenes y desaires. Seremos sordos a los vituperios y ciegos al escarnio y al ultraje".[55]

"El hombre cuyo corazón se apoya en Dios es, en la hora de las pruebas más aflictivas y en las circunstancias más desalentadoras, exactamente el mismo que cuando se veía en la prosperidad, cuando parecía gozar de la luz y el favor de Dios. Sus palabras, sus motivos, sus hechos, pueden ser desfigurados y falseados, pero no le importa; para él están en juego otros intereses de mayor importancia. Como Moisés, se sostuvo "como viendo al Invisible" (Heb. 11:27), no mirando "las cosas que se ven, sino las que no se ven" (2 Cor. 4:18). Cristo sabe todo lo que los hombres han entendido mal e interpretado erróneamente. Con buena razón, por aborrecidos y despreciados que se vean, sus hijos pueden esperar llenos de confianza y paciencia, porque no hay nada secreto que no se haya de manifestar, y los que honran a Dios serán honrados por él en presencia de los hombres y de los ángeles".[56]

Cuando Dios vive en nosotros, la vida de Cristo es vivida a través de la nuestra.

El corazón - divino

Este amor divino, que toma para dar, nos da la clave para introducirnos en la vida de Cristo. Al igual que Jesús, yo reconozco que sólo soy el mayordomo de los recursos otorgados por Dios. Me corresponde primero venir y tomar de Dios, para así tener amor con el cual amar a los demás. Y el amor que doy a otros es un regalo, no una inversión. Ese amor nos llega sin ataduras. Personalmente no me duele si ellos pisotean el regalo

55. Elena G. de White, El Discurso Maestro de Jesucristo, p. 19.
56. Elena G. de White, El Discurso Maestro de Jesucristo, p. 31.

y se van. No me siento mal por mí mismo, porque no estoy pensando en mí mismo. Me entristezco, y me preocupo por ellos.

Entonces este corazón, que se reconoce a sí mismo como un ser creado, y no como Dios, ¡se encuentra verdaderamente libre! No dependo más de otros. No dependo más de lo que otros hacen y dicen para obtener ganancias. Mi ganancia se deriva sencillamente de dar, y soy yo quien decide si dará o no; por tanto, mis ganancias y pérdidas las controlo yo. Yo no necesito controlar a otros, porque ellos no son mi fuente. Dios es mi fuente, y no necesito controlarlo a Él porque sé a ciencia cierta que en él yo puedo confiar. ¡Él es una Fuente confiable!

Las otras ganancias y pérdidas del corazón caído—recibir, no recibir, no recibir suficiente, o que te sea quitado—ni siquiera entran en la ecuación del amor divino en el nuevo corazón. Mi gozo, mi progreso, mi ganancia, se encuentran sencillamente en dar. En esto consiste el amor divino, y no es posible que tú y yo produzcamos este amor. Ese mismo amor es el regalo de Dios, y de Dios dependemos para poderlo recibir. Debemos venir a Dios y recibir de Su amor—del bufet de amor provisto por Él—para que así sea nuestro. El grado en que me llene de este amor, es el grado en que pueda compartirlo con otros.

CAPÍTULO 5

Un tesoro que decide

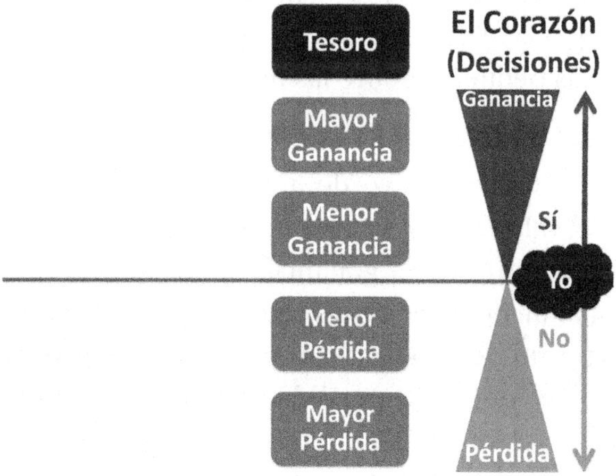

El tesoro

Jesús nos dice: "Porque donde esté vuestro tesoro, allí también estará vuestro corazón".[57] ¿A qué se estaba refiriendo? ¿Cuál es vuestro tesoro, y que tiene que ver eso con tu corazón? El tesoro es el sistema mediante el cual tú y yo determinamos qué valor posee alguna cosa, y si esa cosa puede ser una ganancia o una pérdida para nosotros. Y este sistema de valorización

57. Mateo 6:21

es una función del corazón. Y ahora que entendemos bien acerca del corazón y sus funciones, enfoquémonos un poco más en el tesoro y el proceso de toma de decisiones.

Si te presento la opción de recibir $1.000, o pagar $1.000, ¿cuál escogerías? Desde luego que escogerías recibir $1.000. ¿Por qué? Es porque siempre escogemos ganancia sobre pérdida. Ahora, cambiemos un poco el escenario. Esta vez, puedes recibir $1.000, o recibir $10. ¿Cuál opción escogerías? Escogerías recibir $1.000. ¿Pero por qué? Es porque siempre escogemos una mayor ganancia sobre una más pequeña.

Ahora veamos un tercer escenario. Esta vez, puedes escoger si me pagarás $1.000, o si me pagarás $10. ¿Cuál escogerías? Escogerías pagarme $10. ¿Por qué? Es porque siempre escogemos pérdidas más pequeñas sobre las mayores.

Por tanto, vemos que tenemos un sistema mediante el cual evaluamos el valor relativo de algo—sea una ganancia o una pérdida, y el valor que tiene para nosotros, comparado con otras cosas. La magnitud de la ganancia se encuentra directamente proporcional al valor del tesoro que se está ganando, mientras que la magnitud de la pérdida es directamente proporcional al valor del tesoro que se ha perdido. Pero en nuestros corazones, el valor no es absoluto. Yo determino el valor de algo en base a múltiples criterios. Existen varios componentes que ayudan a determinar el valor relativo de lo cuestionado, y todos esos factores se combinan para determinar si algo es considerado como ganancia, o si se considera como pérdida.

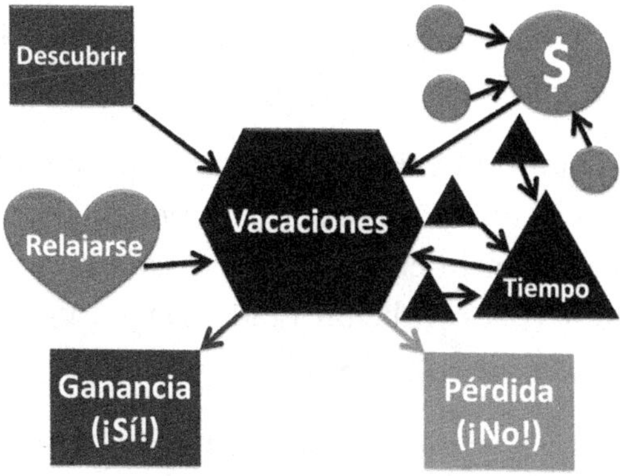

Tomemos como ejemplo la decisión de ir o no ir de vacaciones. Pudiéramos desear descubrir nuevos paisajes y experiencias. Pero cuesta dinero viajar, y yo pudiera incurrir en pérdidas monetarias mientras viajo. Me gustaría salir y relajarme un poco. Pero solo tengo cierta cantidad de tiempo para terminar el proyecto en que estoy trabajando, y es un proyecto importante.

Si el explorar y relajarme son mayores ganancias para mí que la pérdida de dinero y tiempo, entonces escogería decir sí a las vacaciones. Pero si no lo son, escogeré no ir de vacaciones.

Si tengo suficiente dinero ahorrado, si tengo tiempo vacacional disponible de modo que no quedarme sin pago; y si recién recibí un bono a en mi trabajo, eso pudiera cambiar cómo decido referente a las vacaciones. Y si el tiempo límite del proyecto es aplazado, y otra persona es añadida al proyecto de modo que no depende tanto de mí, o yo decido que mi tiempo es mejor gastado en las vacaciones que en el proyecto, eso también influirá si decido ir de vacaciones o no.

Como puede verse, nuestro sistema de evaluación no es absoluto. Es subjetivo. Se encuentra basado sobre nuestras creencias y convicciones tocante a diferentes variables involucradas en el proceso de realizar las decisiones. Pero la valorización sí es absoluta. La valorización es asunto objetivo. Y la verdadera valorización se encuentra fundamentada en Dios y Su Palabra.

Mi percepción del valor de algo puede cambiar si cambio lo que creo referente a esa cosa. Y mi percepción de sí algo es ganancia o pérdida, puede cambiar si cambio lo que creo. Y cuando el valor o la condición (ganancia vs. pérdida) de algo cambia, las decisiones basadas sobre esa cosa también cambian.

Por ejemplo, si se está viendo en una relación matrimonial con alguien que no está dando suficiente amor, atención, respeto, etc., estarías naturalmente en pérdida. Ahora digamos que el concepto del divorcio cruza tu mente, y crees que viviendo en tu actual situación de no recibir suficiente amor equivale a mayor pérdida que un divorcio. ¿Qué decisión tomarás? Aunque consideres el divorcio como pérdida, buscarás un divorcio. ¿Por qué? Porque siempre preferirás la menor pérdida sobre una pérdida mayor, y consideras el divorcio como una menor pérdida.

Pero añadamos otro factor a la ecuación. Imaginemos que leemos Malaquías 2:16: "Porque Jehová Dios de Israel ha dicho que él aborrece el repudio [divorcio], y al que cubre de iniquidad su vestido...". Y, porque respetas a Dios y lo que Él piensa, porque Dios es una mayor ganancia para ti, y Su aprobación es más importante para ti, el divorcio es la mayor pérdida, porque representa la pérdida del favor de Dios. Si, debido a esta nueva información referente a cómo Dios aborrece el divorcio, ahora consideras el divorcio como una mayor pérdida, y tu actual situación de no ser suficientemente amado por tu cónyuge como menor pérdida, ¿qué harás? Permanecerás en la relación donde no estás recibiendo suficiente amor de tu cónyuge, porque al hacerlo así estarás evitando la mayor pérdida causada por el divorcio.

Recuerda, que yo puedo permanecer en una pérdida percibida sólo si en esa forma estoy evitando una pérdida mayor. Y sólo puedo evitar algo percibido como pérdida si creo que de esa forma evito una pérdida mayor.

Demos otra mirada a este proceso de toma de decisiones. Esta vez te encuentras viviendo en una relación en donde tu cónyuge no te está dando suficiente amor, y esto para ti es una pérdida. Pero en lugar de considerar el divorcio, estás ahora contemplando ir a encontrar otra ganancia—otra persona que te de el amor que estás buscando. El divorcio es una pérdida, pero la infidelidad, en muchas formas, es una ganancia. Te ofrece placer, atención, emoción, etc. Entonces, si ves tu actual relación como pérdida, y consideras la infidelidad como ganancia, ¿qué harás? Preferirás la infidelidad sobre la fidelidad a tu cónyuge. Podrás "saber" que eso está mal, pero mientras crees que es ganancia (en tu corazón), siempre la preferirás sobre una pérdida (permanecer fiel a tu cónyuge que no te está proporcionando suficiente amor).

Ahora, consideremos esto desde una perspectiva diferente. Imagínate que estás leyendo Apocalipsis 2:22: "He aquí, yo la arrojo en cama, y en gran tribulación a los que con ella adulteran, si no se arrepienten de las obras de ella", y descubres que Dios aborrece el adulterio. Porque amas y respetas a Dios, entiendes que, en lugar de ser ganancia, la infidelidad es una pérdida. Y crees que es una pérdida mayor que la de permanecer fiel al cónyuge que no te está dando suficiente amor. ¿Qué harás? Escogerás permanecer fiel a tu cónyuge en lugar de ser infiel.

Por tanto, cuando Dios es el mayor tesoro en tu vida, cuando manteniendo una conexión con Él y reteniendo Su favor se encuentra primordial en tu lista de ganancias, las cosas cambian. La infidelidad, que habías considerado ganancia, ahora, al ver que Él aborrece el adulterio, ya no es una ganancia. Se transforma en una pérdida. Dios por ser el mayor tesoro en nuestra vida, ya no consideramos la infidelidad como ganancia, y ya no es una opción que escogeremos. Pero ¿qué hay acerca del divorcio, que es una pérdida? Cuando tenemos a Dios como nuestro mayor tesoro, y cuando entendemos que Dios aborrece el divorcio, el divorcio ya no sigue siendo mayor ganancia que el vivir con nuestro cónyuge que no está dándonos suficiente amor, porque participando en el divorcio, significaría la pérdida de nuestro mayor tesoro—el favor de Dios.

Así que, ya que Dios es el mayor tesoro de nuestro corazón, el divorcio y la infidelidad ahora son una pérdida. Pero no sólo eso, si viviendo con nuestro cónyuge, (que no está dándonos suficiente amor) significa que se nos permite guardar nuestro mayor tesoro (el favor de Dios), entonces viviendo con ese cónyuge se transforma en una ganancia, porque de esa forma podemos retener nuestro mayor tesoro. Entonces en lugar de creer que estamos viviendo en una pérdida, más bien creemos que nos encontramos ganando, porque retenemos nuestro más grande tesoro.

Para dejar de hacer algo que hemos percibido como ganancia, debemos: (1) adoptar una mayor ganancia en su lugar, o (2) creer que es una pérdida al conectarlo con una mayor pérdida. Aquí es donde las consecuencias entran en la ecuación.

Imaginemos por un momento que el yo se encuentra en el trono de mi corazón y estoy orientado en mi mismo. Hago lo que quiero porque así me place. Y digamos que me gusta manejar mi auto velozmente, a pesar del límite establecido en la carretera. Mientras acelero y me salgo con la mía, veo el acelerar como ganancia.

Pero cuando me detiene el policía, y entonces tengo que pagar una multa, ir a la escuela de manejo, y pagar una aseguranza mas cara-cuando recibo consecuencias negativas por mi decisión-esa consecuencia es una pérdida.

Esa sola vez cuando fui agarrado y multado, y recibí consecuencias negativas por mi decisión, pudiera ser suficiente para considerar eso como una pérdida. Pero pudiera ser que no. Pudiera ser que me tengan que agarrar varias veces, y multarme, antes que finalmente crea que manejar a alta velocidad sea una pérdida, pero sólo la considero una pérdida cuando pienso que me pudieran agarrar. Aun me agrada manejar a gran velocidad cuando pienso que no me pueden agarrar; así que manejo con un detector tipo radar, y bajo la velocidad cuando veo un policía de tráfico, etc. O, temo que me pueden agarrar en cualquier tiempo, y conduzco bajo el límite de velocidad por temor a ser agarrado. Pero si alguna vez llego a un momento cuando pienso que no me pueden agarrar, yo acelero la velocidad porque aún lo considero como ganancia.

Pero cuando me convierto a Cristo, cuando Dios es mi mayor tesoro, y cuando conozco la verdad de Romanos 13:1: "Sométase toda persona a las autoridades superiores; porque no hay autoridad sino de parte de Dios, y las que hay, por Dios han sido establecidas", y cuando entiendo que Dios siempre está mirando lo que hago, entonces creo que manejar a alta velocidad es una pérdida, porque sería rebelión contra Dios y contra las autoridades que Él ha puesto sobre mí. No es pérdida temporal, sea que me agarren o no. Es una pérdida permanente por encontrarse relacionada con Dios, y Dios no cambia.

Ahora, ¿qué si me encontrara viviendo con mi cónyuge que no me ama lo suficiente, y pienso que el divorcio es menos pérdida, y la infidelidad es una ganancia comparado a eso? Y existe cierto caballero, llamado Bob; y llego a conocerlo. Yo no sé quién es Bob, y él no ejerce influencia alguna en mi vida. Pero Bob dice que él aborrece el adulterio, y él aborrece el divorcio. ¿Cambio por eso mi tesoro para así tomar decisiones diferentes? No, no cambio mi tesoro. Me importa menos lo que piensa Bob. Su pensamiento no impacta mis decisiones, porque él no es un tesoro para mí, y por tanto su opinión no tiene peso para cambiar mi tesoro y por ende mis decisiones.

A nadie naturalmente le agrada negarse a sí mismo. A todos naturalmente nos agrada complacernos a nosotros mismos. Para nosotros es una ganancia. Por tanto, siendo que siempre preferimos una ganancia sobre una pérdida, siempre preferiremos complacencia sobre abnegación. Pero, si aprendemos (y creemos) que la autocomplacencia es ganarse un boleto al infierno, entonces la autocomplacencia se vuelve una pérdida.

¿En cuánta pérdida se convierte? El infierno representa la pérdida de la vida eterna, del cielo, de la aprobación divina; de la pérdida de una eterna comunión con Dios, los ángeles, y los amigos, etc. Ahora, el grado con que atesoramos las cosas que perdemos cuando ganamos el infierno, es el grado que el infierno representa una pérdida para nosotros.

Siendo que la pérdida del infierno equivale a una mayor pérdida que negarse a sí mismo, escogeremos la abnegación sobre la autocomplacencia para poder mantener nuestras mayores ganancias (vida eterna, el cielo, la eterna comunión con Dios, la aprobación de Dios, etc.); y evitar la pérdida de esos tesoros (el infierno). Al asociar la abnegación con la mayor ganancia del favor divino, la abnegación se vuelve una ganancia, y no más una pérdida.

Para hacer algo que se ha percibido como pérdida, uno debe: (1) adoptar una mayor pérdida como alternativa, o (2) creer que es ganancia al relacionarlo con una mayor ganancia.

Sin embargo, si mi mayor tesoro es la complacencia (pecaminosa), entonces una completa abnegación sería considerada una pérdida. La lascivia sería considerada como una ganancia, pues existe mucho placer asociado con la lascivia. Y debido a que la lascivia fue considerada como ganancia (por ser asociada con mi tesoro que es placer); y la abnegación completa fue considerada como una pérdida, entonces el corazón automáticamente escogería la lascivia sobre abnegación completa, porque el corazón siempre prefiere ganancia sobre pérdida.

Con el placer (pecaminoso) siendo mi mayor tesoro, yo creería que la abnegación completa sería una pérdida. Y también consideraría la abnegación parcial como una pérdida. Pero para mi corazón pecaminoso, la abnegación parcial no es una pérdida tan grande como la abnegación completa. Por tanto, en mi corazón pecaminoso, aún pudiera escoger la abnegación parcial, aunque para mí es una pérdida. Pero sólo puedo hacer eso para evitar una completa abnegación, que para mí es una mayor pérdida. Así que, teniendo el placer o pecado como mi tesoro, preferiría la lascivia, o la abnegación parcial, sobre la abnegación completa.

Pero si el placer y el pecado, como tesoro, son reemplazados por Dios y Su favor, el pecado ahora se vuelve una pérdida, porque representa para mí la pérdida del favor de Dios, quien es mi mayor tesoro. Pensar, decir, y hacer lo recto se vuelve una ganancia para mí, porque eso mantiene mi mayor tesoro—el favor de Dios. Por tanto, teniendo a Dios como mi tesoro, preferiré pensar, decir, y hacer lo que es correcto; y evitaré el pecado, porque el corazón siempre prefiere una ganancia sobre una pérdida.

Ahora veamos otro aspecto. A nadie le agrada sufrir. Dios nunca se propuso que el hombre sufriera, y el sufrimiento es el resultado del pecado; pero en el contexto de un mundo pecaminoso, es posible sufrir por amor a Dios, por ponerse de parte de la justicia para ganar el tesoro de la comunión con Dios. Y si creo que sufrir por Dios es menos pérdida que el pecado, preferiré sufrir por Dios en lugar de pecar, porque siempre escogemos una menor pérdida sobre una mayor. Cuando relaciono sufrir por Dios como la retención de mi mayor tesoro—el favor de Dios—entonces el sufrimiento se transforma en una ganancia.

Esto lo vemos en la vida de Pablo. "Y ciertamente, aun estimo todas las cosas como pérdida por la excelencia del conocimiento de Cristo Jesús, mi Señor, por amor del cual lo he perdido todo, y lo tengo por basura, para ganar a Cristo".[58]

Previamente, en la vida de Pablo, él consideró muchas cosas como ganancia (riquezas, aprobación humana, placer, justicia propia, etc.). Pero cuando Cristo se volvió el mayor tesoro de su vida, esas cosas que habían sido consideradas ganancia, y que de hecho eran contrarias a Cristo, ahora fueron consideradas pérdida, porque causarían la pérdida de su mayor tesoro, que era Cristo. Pablo perdió todas las cosas que en tiempo pasado él había considerado ganancia; porque ahora que Cristo había llegado a ser su mayor tesoro, la pérdida de esas cosas no fue más considerada una pérdida, porque estaba eliminando pérdidas (no tesoros), y estaba ganando su tesoro (Cristo).

De esta manera, teniendo a Dios como mi mayor tesoro, mi voluntad se alinea con la voluntad de Dios, y automáticamente escojo lo que Dios prefiere, porque mi tesoro es Dios. Su sistema de valoración se vuelve mi sistema de valoración, y prefiero pensar, decir, y hacer, lo recto; y sufro por Dios, y evito el pecado, porque Él (Cristo) es mi tesoro.

Cuando el yo es mi mayor tesoro, la complacencia se vuelve mi mayor ganancia. Hago lo que deseo, cuándo deseo hacerlo, y cómo deseo hacerlo para mis propias razones egoístas. El orgullo y el egoísmo son los motivos subyacentes de mi vida, y veo a otros como fuentes de lo que necesito; por tanto me dirijo hacia otros para poder obtener lo que deseo o necesito. Lo que otros piensan y cómo ellos responden, es importante para mí, porque creo que necesito lo que ellos tienen; y me encuentro como esclavo de otros, procurando conseguir de ellos lo que necesito, pero nunca siendo capaz de controlarlos. El dolor, la frustración, la ira, la manipulación, y la contienda, etc., son el resultado.

58. Filipenses 3:8

Hasta puedo ubicar a Dios en la misma categoría, tratando de manipularlo para que me dé lo que considero necesario. Pero la motivación del corazón aún es para mí mismo. Veo a Dios como una fuente de lo que necesito, por lo tanto, mi egoísmo procura obtener de Él las bendiciones. Pero aún no valorizo la abnegación, y el yo aún es el dios en el trono del corazón. Mi servicio a Dios no es porque Él se encuentra en el trono, sino porque lo veo como un medio para conseguir lo que deseo y necesito. Mi servicio a Él es una forma de manipulación—una herramienta de trueque por decirlo así—mediante la cual procuro realizar lo correcto para poder recibir las bendiciones. Veo y trato a Dios como una especie de genio en una lámpara, procurando frotar la lámpara justo en la forma correcta para poder recibir mis deseos.

Y si el yo es mi mayor tesoro, entonces la abnegación, sea parcial o completa, no es deseable. Es una pérdida. No es deseable que se me diga que no puedo comerme el pastel para autosatisfacerme, que no se me permita tomar el auto para pasear en el vecindario con mis amigos, cuando yo deseo, el dejar que alguien más reciba la promoción que he estado esperando, todo esto no es deseable. Todo esto evito si es posible. Un corazón orientado en sí mismo es la condición de la humanidad.

Pero cuando Dios se vuelve el mayor tesoro de mi vida, todo cambia. En vez de ser orientado egoístamente, llego a ser orientado divinamente. Primero, y primordialmente, me preocupa lo que Dios desea, y hago lo que Él desea, cuándo él lo desea, cómo Él lo desea, y lo hago motivado por el amor que le tengo. El amor de Dios es mi motivación, y veo que el yo se encuentra en conflicto con Dios; por tanto, niego al yo para ganar el mayor tesoro de Dios. Veo la abnegación como ganancia, porque se encuentra asociada con mi mayor tesoro.

No soy más esclavo de la gente, porque reconozco que ellos no son mi fuente; y ellos no poseen lo que necesito. Dios es mi

Fuente. Él tiene todo lo que necesito. Otros están allí simplemente para poder darles lo que tomé de Dios. Ya no estoy orientado hacia ellos como para tratar de controlarlos o manipularlos, y así conseguir lo que necesito; sino estoy orientado hacia ellos porque me gozo en ayudarles al darles lo que he recibido de Dios. Los amo porque Dios los ama, y yo amo a Dios. Son valiosos para mí porque son valiosos para Dios. Lo que ellos hacen con el regalo no es mi problema, y personalmente no me afecta. Yo no les doy para recibir de ellos. Lo hago porque he recibido lo que necesito de Dios, y de todos modos me agrada regalarlo. El resultado es amor, gozo, paz, paciencia, benignidad, bondad, fe, mansedumbre, y dominio propio—los frutos del Espíritu.

Y mi servicio para Dios no es un medio para manipularlo y conseguir lo que deseo o necesito. Es una respuesta de gratitud a Él por el amor y las bendiciones que Él ya me dio. Amor a Dios, no egoísmo, se torna en mi motivación cuando Dios es mi mayor tesoro.

Quiero destacar un último punto aquí. Cuando Dios es el mayor tesoro de mi vida, cualquier asunto que pertenece a Dios, cualquier cosa que se encuentra alineada con Su voluntad, cualquier cosa que involucra Su reino, es considerada una ganancia. Y cualquier cosa que se encuentra contra Dios, cualquier cosa que se opone a Su voluntad, cualquier cosa que me separa de Su reino, es considerada una pérdida. Juan lo dice así: "No améis al mundo, ni las cosas que están en el mundo. Si alguno ama al mundo, el amor del Padre no está en él".[59] No se puede amar al mundo (que está controlado por el enemigo, y que está armonía con él), y las cosas del mundo (diversiones mundanas, modas, posesiones, placeres, popularidad, poder, posiciones, y principios) cuando Dios es el mayor tesoro del corazón, cuando Dios es tu Dios. Todas esas cosas serán consideradas pérdidas para el corazón donde reina Dios.

59. 1 Juan 2:15

Pero cuando el pecado y el yo es el mayor tesoro de mi vida, cualquier cosa que atañe al yo y al pecado, cualquier cosa alineada con la voluntad del enemigo, cualquier asunto que involucre al mundo y las cosas del mundo, es considerada ganancia. Y cualquier cosa que está contra el yo y el pecado (justicia, juicio, consecuencias, etc.), cualquier cosa opuesta a mi voluntad (humildad, abnegación, amor abnegado, etc.), y cualquier cosa que me niega el mundo se considera una pérdida. No podemos amar a Dios y las cosas de Su reino cuando el yo y el pecado es el mayor tesoro del corazón, cuando el yo es nuestro dios. Todas estas cosas serán consideradas pérdidas para el corazón donde reina el egoísmo. Es absolutamente cierto que cualquiera que ama al mundo, "el amor del Padre no está en él." Este es un problema del corazón—un problema del tesoro. Y la única solución para eso es un nuevo corazón.

"Toda verdadera obediencia proviene del corazón. La de Cristo procedía del corazón. Y si nosotros consentimos, se identificará de tal manera con nuestros pensamientos y fines, amoldará de tal manera nuestro corazón y mente en conformidad con su voluntad, que cuando le obedezcamos estaremos tan sólo ejecutando nuestros propios impulsos. La voluntad, refinada y santificada, hallará su más alto deleite en servirle. Cuando conozcamos a Dios como es nuestro privilegio conocerle, nuestra vida será una vida de continua obediencia. Si apreciamos el carácter de Cristo y tenemos comunión con Dios, el pecado llegará a sernos odioso".[60]

Un cambio en nuestras creencias conduce a un cambio en nuestro sistema evaluativo, lo cual conduce a un cambio en nuestras decisiones, y conlleva a un cambio en nuestra conducta y acciones. Pero este cambio es sólo temporal. Depende en lo que creo, y lo que creo puede cambiar. Si deseo un cambio permanente, necesito otro componente.

60. Elena G. de White, El Deseado de Todas las Gentes, p. 621.

Una convicción conduce a un cambio en nuestro sistema de valoración, lo cual conlleva a un cambio en nuestras decisiones, lo cual conduce a un cambio en nuestra conducta y acciones. Y este cambio es permanente. No cambiará a pesar de las amenazas o los incentivos. No puedes hacer que alguien cambie su mentalidad de una convicción, pues es una configuración permanente del tesoro en el corazón, lo cual resulta en una configuración permanente en las decisiones hechas y basadas en ese tesoro.

Apocalipsis, capítulo 7, nos introduce al grupo de los 144.000, que será fiel a Dios en el tiempo del fin—los que son representados en Apocalipsis 14:12 como "los que guardan los mandamientos de Dios y la fe de Jesús". Apocalipsis 7, versículos 3 y 4, nos dice que los que forman parte de los 144.000 son los que son sellados en sus frentes. ¿Qué es este sello?

Este sello es la convicción basada en la verdad, de tal modo que no podemos ser persuadidos a cambiar nuestros pensamientos o decisiones a pesar de la presión enfrentada. "Tan pronto como el pueblo de Dios sea sellado en su frente—no se trata de un sello o marca que se pueda ver, sino un afianzamiento en la verdad, tanto intelectual como espiritualmente, de modo que los sellados son inconmovibles—, tan pronto como sea sellado y preparado para el zarandeo, éste vendrá. Ciertamente ya ha comenzado. Los juicios de Dios están viniendo".[61]

Esa convicción, ese sello, es tan firme, que ni siquiera la amenaza de muerte sacudirá nuestra decisión, ni nos inducirá a pecar. "Los que estén dispuestos a morir antes que cometer un mal acto, son los únicos que serán hallados fieles".[62] Esta es la condición de los 144.000 que estarán preparados para el retorno del Señor, y esta es una condición del corazón, del tesoro, **basada en convicción**. Esta es la condición que deseo tener establecida ahora, ¿tu, no?

---

61. Elena G. de White, Maranata: El Señor Viene (11 de julio). APIA.
62. Elena G. de White, Testimonios para la Iglesia, Tomo 5, p. 50.

Por tanto, estando convencido que Dios es el mayor tesoro de mi vida, eso alinea permanentemente mi voluntad con la voluntad de Dios; y no pecaré porque permanentemente veo el pecado como la mayor pérdida (aunque aún me ofrezca placer, poder, posición, prestigio, etc.), porque representa la pérdida de mi mayor tesoro. Esa convicción es tan fuerte, que ni la amenaza de la muerte me llevará a pecar. Me encuentro colocado en la verdad. Dios es mi tesoro. Y nada puede cambiar eso.

Ahora, ¿cómo hago a Dios mi tesoro? Primero, puedo leer la palabra de Dios con el propósito de conocerlo y amarlo. No lea sólo para acumular información. Lea con el propósito de entender quién es Dios, cómo es Él, cómo es Su carácter revelado, y cómo es una relación con Él.

Segundo, puedo pasar tiempo frecuente y sincero en oración. Así como cualquier relación, toma tiempo. Hagamos el hábito de empezar el día con oración antes que cualquier otro pensamiento, o distracción ocupe la mente. Salgamos a la naturaleza y sincera y fervorosamente procuremos conocerlo. Hablémosle de nuestras dificultades y problemas. Pidámosle que conteste nuestras oraciones. Mantengamos un diario de nuestras conversaciones con Dios, de pedidos hechos, y de respuestas a esos pedidos. Agradezcámosle por las bendiciones en nuestra vida. Simplemente hablémosle como hablaríamos con un amigo.

En tercer lugar, contemplemos la vida de Cristo, especialmente las escenas finales de su vida. Pensemos en cómo fue estar con Él en cada historia que leemos. Pensemos en lo que cada uno de los personajes en la historia pudieran haber estado pensando o sintiendo. Pensemos en el amor que Jesús estaba manifestando en ese tiempo. Y especialmente tratemos de entender cuánto amor hubo en Su sacrificio desde el huerto del Getsemaní hasta la cruz. Allí veremos más claramente el maravilloso amor de Dios. Y viendo y conociendo ese amor, se creará en nosotros un amor hacia Dios.

Cuarto, contemplemos las bendiciones de Dios. Contemplemos lo que significa ser perdonado de todos nuestros pecados, y ser perfeccionados delante de Dios, debido a Su sacrificio. Contemplemos lo que el Cielo será, y los gozos eternos, y descubrimientos del universo. Contemplemos cómo será estar con Jesús a través de toda la eternidad, creciendo en una relación con Él y otros. Consideremos la bendición que Su vida sacrificial ha sido, y continuará siendo en nuestra vida.

Quinto, repite, prueba, y cree Sus promesas. Escudriñemos la Biblia en busca de promesas que se relacionan con los asuntos que estamos enfrentando, y leámoslas con frecuencia, escribámoslas, memoricémoslas, probémoslas en diferentes circunstancias; y hagáis todo esfuerzo en tu mente para creer en ellas.

Y sexto, pida al Espíritu Santo que haga de Dios tu tesoro; y luego cooperemos con Su obra en nuestro corazón, permitiéndole pleno acceso para lograr eso en nosotros.

"Además, el reino de los cielos es semejante a un tesoro escondido en un campo, el cual un hombre halla, y lo esconde de nuevo; y gozoso por ello va y vende todo lo que tiene, y compra aquel campo".[63]

"También el reino de los cielos es semejante a un mercader que busca buenas perlas, que habiendo hallado una perla preciosa, fue y vendió todo lo que tenía, y la compró".[64]

"Es el Espíritu Santo el que revela a los hombres el carácter precioso de la buena perla. El tiempo de la manifestación del poder del Espíritu Santo es el tiempo en que en un sentido especial el don del cielo es buscado y hallado".[65]

63. Mateo 13:44
64. Mateo 13:45,46
65. Elena G. de White, Palabras de Vida del Gran Maestro, p. 90.

Una experiencia atesorada

Para quienes están buscando el tesoro escondido y la Perla de gran precio (Mat. 13:44-46), deseo animarlos con mi testimonio.

He buscado este tesoro toda mi vida, en ocasiones con mayor pasión y en otras con menos. Lo busqué en la iglesia. Lo procure mediante la oración. Lo busqué estudiando la Biblia. Lo busqué mediante acciones de servicio. Lo busqué en muchos lugares y en diferentes tiempos a través de mi vida, pero hasta recientemente no había visto en qué realmente consiste.

El Señor ha sido tan bueno conmigo a través de los años. Él se ha revelado a mí en oración. Se me ha revelado a través de otros. Me ha perseguido toda mi vida (Luc. 15). Él es un Dios maravilloso que me ama mucho (Juan 3:16). Pero la mayor parte de mi vida yo no estaba dispuesto a hacerle una entrega completa de mi ser. Siempre me reservaba algo para mí mismo. Hace como 10 años el Señor me permitió llegar a un tiempo muy oscuro y desesperante en mi vida, un tiempo cuando finalmente perdí la esperanza. Me estaba destruyendo a mí mismo y a mis seres amados, y veía que no tenía poder para librarme de lo que me tenía esclavizado (Rom. 7:15-24). En mi desesperación Dios me pidió que le entregara mi vida entera, que le permitiera a Él tomar el control. (Mateo 11:28-30, Lucas 9:23) Esa fue una perspectiva aterradora para mí, porque yo siempre había estado al control. Yo no sabía si podía confiar en Dios o no. Pero finalmente, sin esperanza alguna en mí mismo, sin habilidad alguna para salir de la confusión en que me encontraba, decidí entregarle todo a Él. Le dije:

"Señor, haré todo lo que me pidas, no importa cuán vergonzoso o penoso sea. Iré dondequiera que me envíes, a pesar de lo renuente que me sienta. Abandonaré lo que me pidas abandonar, a pesar de cuán valioso me parezca. Si seguirte significa perder mi familia, te seguiré. Si significa pasar vergüenza, te seguiré. Si significa perder mi profesión, reputación, o aún mis habilidades, te seguiré. Lo que tu pidas, yo lo haré. Sólo te pido que me saques de esta confusión."

Dios me presentó un cuadro de una cuerda floja que atravesaba un cañón; y Jesús, como el experto equilibrista, se encontraba allí con una carretilla sobre la cuerda, y las manijas sostenidas con Sus manos. Y me pidió subir a la carretilla (Mat. 19:21). Estando solo, lo único que podía hacer era caer sobre el precipicio del cañón hacia una muerte segura (Rom. 3:23; 6:23). Pero sentado en Su carretilla (que mi mente representó fe y completa entrega), habría oportunidad de poder cruzar el cañón con seguridad (Juan 6:39).

Cuando Jesús me pidió sentarme en la carretilla, yo forcejee, viendo que en cualquier hora que yo tratara de tomar el control en mis manos, la carretilla se volcaría, y yo caería (Mat. 14:30). Vi que una vez estando sentado, me quedaría allí o caería a la muerte. Vi que tendría que entregar el control de mi vida para siempre (Rom. 6:16). Y no estaba seguro si podía confiarle a Jesús ese tipo de control. Él me recordó que ciertamente me destruiría a mí mismo si yo permanecía teniendo el control de mi vida (Jer. 17:9), y de nuevo, gentilmente me invitó a subir a Su carretilla. Finalmente subí a Su carretilla, ¡y mi vida nunca ha sido igual!

Encontré que Él tiene mil formas de librarme de aquello de lo cual yo no veía ninguna vía de escape (Heb. 7:25). Encontré que todas las cosas en que me había esforzado para venir a Jesús (oración, estudio de la Biblia, servicio, obediencia) eran las mismas cosas que ahora yo realizaba naturalmente, voluntariamente, y con gozo (Rom. 8:26, 27). La vida ahora era nueva, diferente, alentadora, liberadora, y victoriosa.

Al pasar el tiempo, me volví cada vez más consistente en la oración y en el estudio de Su palabra. Mis hábitos y preferencias cambiaron. Cambió mi dieta, entretenimiento, vestimenta, recreación, amigos, deseos, y pensamientos. Dios estaba transformándome en una nueva creación en Cristo Jesús (2 Cor. 5:17).

A través de los últimos años, el Señor me ha llevado a un lugar de consistencia en la oración. A pesar de cómo me siento o cuánto deseo seguir en mi cama, me levanto temprano por la mañana para pasar tiempo con el Señor en oración. Él me ha estado revelando mucho en cuanto a Su amor, y las ideas de Su amor y misericordia han crecido en mi mente (Ef. 3:17-19). He tenido el privilegio de enseñar a miles acerca de este amor, y cada vez que enseño, aprendo más tocante a lo mismo.

Cada miércoles oro y ayuno con unas pocas personas, durante nuestro período de almuerzo, y en lugar de comer pasamos el tiempo juntos en oración. Me ha sido muy animador involucrarme en esto con otros, buscando al Señor juntos y presentando nuestras peticiones y desafíos ante Él (Mat. 18:19, 20). El episodio que mencionaré en seguida sucedió un jueves de mañana después de la oración y ayuno del miércoles. Creo que hay una conexión.

Cierto jueves de mañana, como es mi costumbre, desperté temprano, me vestí, y salí para caminar y orar (he notado que no me quedo dormido mientras camino, y cuando estoy cansado es muy fácil dormirme durante la oración). Al salir de la casa y mirar hacia el cielo, vi miles de estrellas resplandeciendo sobre mí.

El día anterior no había sido un día bueno, y lo primero en mi agenda para la hora de oración esa mañana, después de alabar a Dios por la vida y otro día de oportunidades provistas (Sal. 9:1), fue pedir perdón por mi actitud y respuestas del día previo (1 Juan 19). Otra vez, yo había representado mal al Señor, y tomado las cosas en mis propias manos. Durante un par de semanas antes que ocurriera esto yo había recibido la convicción de que debía volver a subirme en la carretilla (Prov. 24:16), y el Señor me estaba mostrando con mayor claridad cómo volver a subirme. Como por una semana, también, fui convencido que yo no tenía creencia propia, y necesitaba a Dios para recibir fe que me haría creer (Mar. 9:24). También había estado estudiando sobre el tesoro escondido y la perla de gran precio; y empecé a meditar acerca de este tesoro, la Perla, que es Jesús (Mat. 13:44-46).

Al estar afuera en lo oscuro de la madrugada, con las estrellas resplandeciendo, oré fervientemente al Señor en busca del don de la fe, para poder creer que Jesús realmente sería valioso en mi vida por lo que Él realmente vale.

Bajo esas estrellas, empecé a pensar sobre cuán grandes eran y cuánta distancia había entre ellas. Pensé sobre cuánto tiempo se llevaría viajar hacia la estrella más cercana, y luego cruzar la galaxia Vía Láctea. Pensé acerca de cuán vasto es el universo visible, reconociendo que existe un infinito más allá de lo visible. Medité en cuanto al hecho de que Dios es más grande, que Su creación; y que un Dios infinitamente grande es también un Dios que es infinitamente poderoso (Sal. 89:8). Pensé en cómo Dios amó a una criatura tan pequeña e insignificante como yo.

Pensé en cómo ese Dios infinito me amó tanto como para venir a este planeta tan pequeño para rescatarme. Pensé en ese Dios estando dentro de una sola célula en el vientre de María, transformándose en la más pequeña y vulnerable forma de vida. ¿Y para qué? ¡Para salvarme a mí (Juan 3:16)!

El Espíritu Santo estaba obrando en mi corazón, otorgándome el don de la fe mientras yo continuaba pensando en cuán valioso es Jesús. Pensé en el hecho que el carácter de Dios es dar (Mat. 5:45); y que Su gozo se encuentra en dar. Y sin embargo, cuando se trató de rescatar a un mundo rebelde, hubo tres reuniones entre Jesús y el Padre, antes de que el Padre consintiera en entregar a Su Hijo como rescate para nuestra raza. Si la naturaleza de Dios es dar, pero Él vaciló en entregarnos a Jesús, entonces ¿cuán grande es ese regalo?

Con un sentido consiente de la grandeza de ese regalo entregado para mi rescate, con un sentido consiente de cuán valioso es Jesús, y cuán infinitamente valioso Él es, quedé abrumado por el pensamiento, y comencé a llorar, cayendo de rodillas sobre el suelo. Lo único que podía pensar y orar/llorar era: "Quién soy yo para que tú (el Padre Celestial) entregaras a Jesús por mí? ¿Quién soy yo?"

Perdido en el asombro de ese pensamiento abrumador, la única respuesta apropiada fue: "¡Gracias! ¡Gracias! ¡Gracias!" Después de unos minutos, me levanté del suelo, sacudí mi ropa, y seguí caminando, y sólo recreándome en el pensamiento del infinito amor de Dios hacia mí. Mientras caminaba en lo oscuro de la madrugada, era como si estuviera yo caminando justo a las orillas de los portales del Cielo. Fue una experiencia muy singular y maravillosa. Nunca había yo experimentado cosa alguna como esa.

Empecé a pensar en Moisés y su experiencia con Dios. Él quiso ver a Dios, y Dios lo puso en la hendidura de la roca, puso Su mano sobre él, y pasó a su lado con Su espalda hacia Moisés (Ex. 33:18-23; 34:5-8). Él reveló a Moisés toda la gloria que Moisés pudo soportar. Sentí que el Señor me estaba revelando Su gloria al grado que podía yo soportar. ¡Era hermoso, muy hermoso!

Supe que esto era un regalo de Dios, que Él me había concedido el regalo de la fe para poder creer que Jesús era tan valioso como realmente es. Y cuando llegué a creer, todo cambió. Caminé hacia mi auto, y me recosté sobre el maletero, mirando las estrellas en el cielo, y pensando en cuán grande y maravilloso es Dios, y cuán infinito es Su amor hacia mí. Y nuevamente empecé a llorar al pensar que tal amor existía, y que fue ejercitado a mi favor.

Pensé en el sacrificio de Jesús. Pensé en cómo Él fue malentendido, padeció abuso, rechazo, burla, golpes, crucifixión, separación de Su Padre, y aparentemente abandonado, ¡todo por mí! Pensé en cómo él amó a quienes vino a salvar (Rom. 5:8), y cuántos rechazaron el regalo eterno que Jesús vino a dar (Juan 6:66). Pensé en cuánto tuvo que haber sido herido el corazón de Dios, el hecho de que Su infinito amor fuera rechazado de esa forma. Pensé en cuánto Jesús amó a cada uno de los que vino a salvar, y cuánto debió haber sido torturado Su corazón cuando Sus hijos rechazaron el amor de Su Padre (no que se haya sentido herido por ellos, porque no fue así, sino que se entristeció por ellos, y lo que ese rechazo significó para ellos).

Luego pensé en todas las ocasiones en que yo había rechazado Su amor por mí, y preferido hacer mi propia voluntad. Y empecé a llorar de nuevo al pensar en el dolor que yo había causado al Señor mediante mi terca desobediencia y amor por el pecado. ¡Cuán aborrecible me fue el pecado en ese momento! Desafió al Dios que tanto me amó. Me separó de Él para que no pudiera lograr en mi vida lo que él deseaba lograr. Perjudicó y mató a los hijos que tanto amó, que dejó el cielo para venir a rescatarlos. ¿Cómo podría yo amar al pecado en vista de tal amor—en vista del infinito valor de Jesús?

Me levanté de mi auto y empecé nuevamente a caminar, y mientras caminaba, pensé en lo que el pecado realmente ofrecía. El pecado ofrecía poder, posiciones, posesiones, placer, y popularidad. Pero al lado de Jesús, nada de esto tuvo valor. Era como si esas cosas valían entre $1.000 y $10.000, y dependiendo de mi personalidad y deseos, el valor de esas cosas variaba. Yo pudiera desear placer sobre popularidad, posición sobre posesiones, etc. Y para mí, el placer pudiera ser la mayor ganancia ofrecida por el pecado, que simbólicamente valía $10.000. Pero en comparación, Jesús valía $1.000.000.000.000.000.000.000. Yo siempre había entendido esto sólo intelectualmente, pero ahora Dios me otorgó el regalo de creer; pues ahora yo realmente lo creí.

Reconocí que el pecado realmente nada me ofrecía, y en ese momento, creyendo que Jesús valía lo que realmente vale, el pecado perdió su atracción. Pensando en lo que antes había sido tentación para mí, ahora nada de eso me apelaba ni atraía. Vi que al reconocer plenamente quién es Jesús, y cuán valioso Él es, el pecado pierde su poder de atraer y tentar (Fil. 3:7,8). En ese momento, el pecado perdió su poder y su atracción sobre mí; y ya no me fue tentación. (Sal. 17:3). ¿Por qué? Porque el valor infinito de Jesús me fue presentado en claridad inequívoca, y lo creí. Y en el reconocimiento de ese valor infinito de Jesús, yo morí al pecado (Rom. 6:10), pues sólo me ofrecía el perder a Jesús, lo cual significaba la pérdida de todas las cosas (Fil. 3:8).

Pensando en cuán infinitamente valioso es Jesús, mi corazón fue transformado. No más me atraía el pecado. No más me fue difícil obedecer a Dios. Me deleité en Su ley, y en seguir Su voluntad (Sal. 40:8). No me sentí atraído al pecado y a este mundo, sino sentí una intensa atracción hacia Jesús y el Cielo (Rom. 6:16). "Cuando el pecador recibe un vistazo del incomparable encanto de Jesús, el pecado ya no parece atractivo para él; pues contempla al Señalado entre diez mil, al que es todo codiciable. Se da cuenta por experiencia personal el poder del evangelio, cuya amplitud de diseño es comparada a su valioso propósito".[66]

Nuevamente me sentí como si estuviera caminando justo frente a los portales del Cielo, y no pude sino pensar nuevamente: "Señor, ¿quién soy yo para que me reveles tan hermosa verdad? ¿Quién soy para que me des tal experiencia? ¿Quién

66. Elena G. de White, "Accepted in Christ," The Signs of the Times, Julio 4, 1892, párrafo 5.

soy yo?" Varias veces detuve mi caminata, arrebatado en el asombro del valor infinito de Cristo, y lo que significaba en relación a todo lo demás de la vida.

Luego empecé a pensar de las cosas malas de la vida. ¿Qué si me tocara perder a LeEtta (mi esposa)? ¿Qué si me tocara perder a mis hijos (tengo seis)? ¿Qué si hubiera un incendio y la casa entera desapareciera, perdiendo todo lo que teníamos? ¿Qué si pierdo mi empleo, y nunca más pudiera trabajar en mi carrera (soy un médico misionero)? ¿Qué si tengo un accidente, o me enfermo, y quedo paralizado, sin poder hacer nada, necesitando que otros me atiendan? ¿Qué si me llevan cautivo y me torturan por mi fe? Todas estas escenas atravesaron mi mente, pero para cada una, mi respuesta fue la misma, eso no me haría apartarme del Señor. Sencillamente de nada serviría para hacerme desistir de los caminos del Señor. Aún tendría a Jesús, y sería infinitamente valioso para mí.

La pérdida de cualquier cosa y todo lo que tenía no era nada en comparación con tener a Jesús. Si lo perdiera todo, pero aún tuviera a Jesús, estaría completamente bien. Contemplando cada uno de esos potenciales desafíos, tuve perfecta paz y gozo indescriptible (Rom. 15:13). Reconocí que podría enfrentar la pérdida de todo, y atravesar tortura física, y aún tener perfecta paz y gozo abundante. No solo lo sentí intelectualmente; esa mañana en realidad lo experimenté. Dios me dio un vistazo de lo que pudiera ser al otorgarme el regalo de fe para creer que Jesús era el todo para mí, como El realmente es.

En esa condición mental—en medio de esa experiencia—nuevamente reconocí que el pecado no tenía absolutamente ningún atractivo para mí, y no había nada, absolutamente nada que pudiera perturbar la paz que sentía en ese momento, porque Jesús era mi infinito tesoro. Me di cuenta que esta fue la experiencia de Jesús mientras vivió en carne humana. A él nunca le atrajo el pecado. Siempre le fue repulsivo, porque significaba la pérdida de todo—la pérdida de Su Padre. Nada podía perturbar Su paz, porque nada podía separarlo de Su Padre (hasta que llegó a ser pecado por nosotros en la cruz, 2 Cor. 5:21). Por tanto, Su vida fue una vida de paz, gozo, y completa victoria sobre el pecado.

Y por unos momentos, Dios me permitió entrar en esa experiencia también. Fue un regalo—un regalo de la gracia divina hacia una criatura pecaminosa que ha estado procurando conocer y amar a Dios. Al transcurrir los momentos, podía sentir que la experiencia se desvanecía. Sólo seguí diciendo a Dios: "Me agrada esta experiencia. Muchas gracias por revelarme esto. ¡Deseo más! Quiero que esta no sea la única experiencia de este tipo y magnitud".

Moisés tuvo esa experiencia inicial con Dios en la montaña, pero su comunión con Dios creció, y se le permitió conversar cara a cara con Dios. Dios se acercó tanto a él, que el mismo rostro de Moisés resplandeció con brillo que era doloroso ser visto por seres humanos (Exo. 34:29-35). Supliqué que el Señor siguiera revelándose a mí más consistentemente, y más profundamente, para poder permanecer constantemente en esta experiencia.

"Deseo más y más de ti, Jesús. Quiero conocer que eres tan valioso como realmente eres. Te pido un corazón que crea que Tú vales lo que realmente vales. Quiero ser sostenido por ti en paz, gozo, y completa victoria sobre el pecado, porque tú eres el infinito tesoro de mi corazón. Guárdame mediante tu amor, para poder permanecer en ti, la Vid viviente (Juan 15:4)".

CAPÍTULO 6

Dejando a un lado tu bagaje

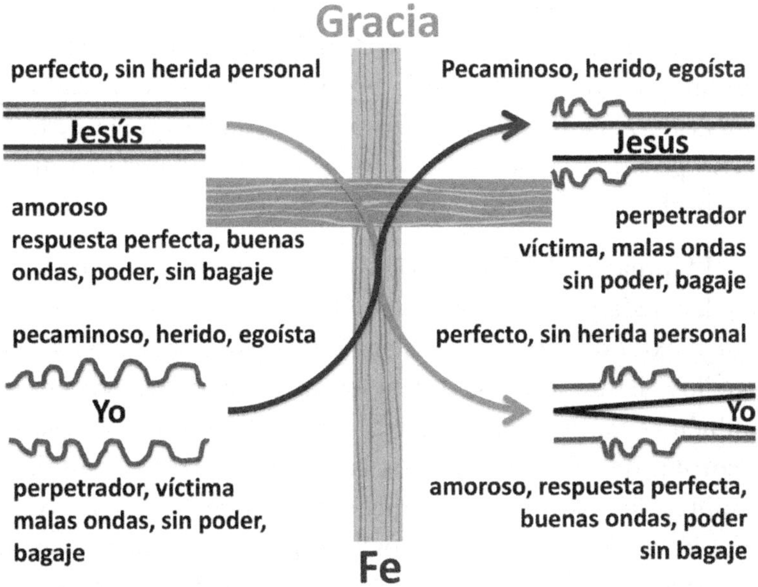

Traicionado

Tú y yo tenemos un pasado, y cada pasado es único. Ninguno de nosotros ha tenido las mismas dificultades y pruebas; y sin embargo existen muchas similitudes en nuestras experiencias. Desafortunadamente, ese pasado tiene la tendencia de determinar la dirección de nuestra vida futura. ¿Por qué desafortunadamente? Porque la mayoría de nuestras experiencias pasadas nos dirigen por el camino equivocado, enviándonos en la dirección equivocada.

¿Qué hacemos con el pasado? ¿Existe una solución a las cosas que ya hemos padecido? ¿Existe libertad del bagaje que hemos cargado por años y años? Sí, y la solución se encuentra en la cruz.

Jesús, el siervo incansable de la necesidad humana, Aquél que derramó su vida en la doliente humanidad para elevarnos de la caída, Aquél que sacrificó todo el Cielo y la constante adoración de la hueste angelical, Aquél que creó todas las criaturas grandes y pequeñas, Aquél que vino para revelar a Dios al hombre, y restaurar la brecha hecha por el pecado; ese Jesús cargó la culpa de nuestro pecado. Y más que esto, Él fue hecho pecado por nosotros. Y lo hizo para que nosotros fuéramos hechos Su justicia.

"El inmaculado Hijo de Dios pendía de la cruz: su carne estaba lacerada por los azotes; aquellas manos que tantas veces se habían extendido para bendecir, estaban clavadas en el madero; aquellos pies tan incansables en los ministerios de amor estaban también clavados a la cruz; esa cabeza real estaba herida por la corona de espinas; aquellos labios temblorosos formulaban clamores de dolor. Y todo lo que sufrió: las gotas de sangre que cayeron de su cabeza, sus manos y sus pies, la agonía que torturó su cuerpo y la inefable angustia que llenó su alma al ocultarse el rostro de su Padre, habla a cada hijo de la humanidad y declara: Por ti consiente el Hijo de Dios en llevar esta carga de culpabilidad; por ti saquea el dominio de la muerte y abre las puertas del Paraíso. El que calmó las airadas ondas y anduvo sobre la cresta espumosa de las olas, el que hizo temblar a los demonios y huir a la enfermedad, el que abrió los ojos de los ciegos y devolvió la vida a los muertos, se ofrece como sacrificio en la cruz, y esto por amor a ti. El, el Expiador del pecado, soporta la ira de la justicia divina y por causa tuya se hizo pecado".[67]

Una cosa es cargar el pecado. Puedo entender vagamente el concepto de cargar el pecado. ¿Pero hacerse pecado? Esto no puedo comprender. Pensar que Jesús, el Hijo de Dios, quien nunca había estado separado de Su Padre a través de toda la eternidad, se hizo en alguna forma la misma cosa que Su Padre aborrecía, precisamente lo que nos separa de Dios. Pero ¿por qué? ¿Por qué hizo eso? Lo hizo porque deseaba lograr algo igualmente incomprensible.

Él nos dice en 2 Corintios 5:21: "Al que no tenía pecado, Dios lo hizo pecado por nosotros, para que nosotros seamos hechos justicia de Dios en él". Aquí se nos dice el motivo por el cual Él se hizo pecado. Se hizo pecado para que nosotros fuéramos hechos la justicia de Dios en Él. Esto no lo puedo comprender tampoco. Me conozco a mí mismo. Sé cuánto he fallado. Conozco mis pensamientos errantes, errores y rebeliones. Conozco mi voluntad terca. ¡Y no obstante, Jesús se hizo pecado para que yo fuera hecho la justicia de Dios! No quiero decir que Jesús haya sido culpable de pecado, o que lo haya cometido, sino que, en alguna forma "extraña", se le permitió ser hecho pecado, para que yo, en una manera similar y "extraña" fuera hecho la justicia de Dios *en Él*. ¡Qué amor maravilloso tiene Él por mí! Pero, para poder lograr esta hazaña incomprensible, Él tuvo que ir a la cruz.

<u>Antes de la cruz</u>

¿Cómo era la vida de Cristo antes de la cruz? ¿Era plenamente Dios? Sí. ¿Era plenamente hombre? Sí. Él tenía una naturaleza doble, y era perfecto. ¿Cuán lleno de perfección es "perfecto"? Completamente lleno. Así que, ¿cuánto espacio existía para el pecado en Su vida? No existía espacio ni siquiera para un solo pecado.

---

67. Elena G. de White. El Deseado de Todas las Gentes, p. 703.

Él no sufría por heridas personales. Él era como el repartidor de la empresa UPS, llevando el amor de Su Padre a quienes Él contactaba. Y si ese amor era rechazado, no lo tomaba personalmente, ¡ni una sola vez! Sí le dolió, pero el dolor fue por otros, no por Él mismo. Él amaba con un amor abnegado y sacrificado. Él siempre respondió perfectamente a lo que le sucedía, aunque muchas cosas que le sucedían eran cosas malas. Él tenía poder de Su Padre para vencer toda tentación y pecado. Y Él producía ondas buenas.

¿Qué quiero decir con "ondas buenas"? Si uno tira una piedrecita en un estanque, la salpicada inicial de la piedra se transforma en ondas aumentadas que viajan mucho más lejos que el impacto original. Las ondas representan no sólo lo que se dijo e hizo, sino la influencia ejercida por esas cosas sobre otros. Por ser Jesús quien fue, y cómo vivió, cada palabra y acción de Su vida resultó en ondas que viajan a través de el tiempo y espacio, e impactan positivamente a cada persona que jamás haya vivido. Adán y Eva se beneficiaron de Sus ondas, y tú y yo actualmente nos beneficiamos de ellas. Aún los ángeles se benefician de las ondas de la vida de Cristo. Debido a Su vida perfecta, e influencia perfecta, ejercida por ella, Jesús no tenía bagaje. Y esa vida gana la bendición de la vida eterna.

Pero ¿qué en cuanto a ti y a mí? ¿Cómo es nuestra vida antes de la cruz? Somos un poco diferente de Él. De hecho, para encontrar una descripción correcta de nuestro carácter, lo que necesitamos hacer es tomar cualquier descripción verdadera de Cristo, e ir al diccionario, y encontrar la sección llamada "antónimos". Allí encontraremos una descripción correcta de nosotros mismos. Cristo fue perfecto, sin lugar para el pecado. Nosotros somos pecaminosos, sin lugar para la justicia.

Cristo *nunca* tomó personalmente lo que otros le dijeron o le hicieron. Nosotros *siempre* tomamos personalmente lo que otros dicen y hacen. Cristo tenía un amor abnegado y sacrificado.

Nosotros tenemos un "amor" egoísta, motivo por el cual tomamos las cosas personalmente, y deseamos defendernos inmediatamente.

Cristo siempre respondió perfectamente a cada persona y situación. Nosotros hemos actuado pobremente hacia los demás, ofendiéndolos con nuestras palabras, acciones, o influencia. Y también somos víctimas, habiendo recibido muchas ofensas sobre las cuales no teníamos control, y a las cuales respondimos pobremente. Cristo tenía poder para vencer cada tentación y pecado. Realmente, somos incapaces de vencer alguna tentación y pecado desde un motivo puro, por tanto, nuestra "victoria" sobre la tentación es a través de motivos equivocados, que en sí equivale a pecado.

En lugar de tener ondas buenas, tenemos ondas malas. Si alguna vez te preguntas si tienes ondas buenas, debes de tener hijos. En ellos verás los efectos de tu influencia al ver tus tendencias y debilidades manifestadas en ellos. Lo que decimos y hacemos ejerce un impacto, o influencia, negativa sobre otros más allá de nuestros hijos. Y esas ondas malas no pueden regresarse. Cada vez que uno procura agarrar esas ondas malas, hacemos nuevas que se extienden aún más. Y todo esto llena nuestra maleta pesada que es nuestro bagaje. Y esta vida se gana el castigo de la muerte.

La humanidad se encuentra tan esclavizada por nuestro pasado. Es como si nuestra experiencia pasada determinara nuestra trayectoria futura. Es como si las experiencias del pasado forman el cañón o la mira de nuestras vidas, y la bala de nuestra vida siempre viaja en dirección del cañón. Quienes recibieron abusos cuando fueron niños, tienen la tendencia a ser abusivos cuando crecen.

El servicio del santuario

¿Qué nos ofreció Jesús en la cruz? ¿Qué logró Él allí? Para entender esto, primero necesitamos entender la cruz en el contexto más amplio del plan de redención, según fue trazado en el servicio del santuario del Antiguo Testamento.

¿Cuál fue el propósito del servicio del santuario del Antiguo Testamento? Uno de los propósitos fue revelarnos cómo Dios se propuso atender el problema del pecado.

Si alguien pecaba, llevaba un sacrificio sin mancha (cordero, cabra, toro, etc. Ver Levítico, capítulo 4) al santuario ubicado en el centro del campamento. Una vez dentro del atrio, él ponía su mano sobre la cabeza del animal y confesaba su pecado sobre él, y luego lo degollaba con una navaja.

La sangre del cordero era puesta en un tazón por el sacerdote, y llevada al altar de sacrificio en el atrio exterior, y puesta sobre los cuatro cuernos del altar. Un sacrificio similar era hecho por el sacerdote en la mañana y en la tarde, por los pecados de Israel; y esta vez la sangre era llevada por el sacerdote hacia el lugar santo del santuario, y puesta sobre los cuatro cuernos del altar de incienso. En sentido figurado, el pecado era transferido del pecador, hacia el animal sacrificado, hacia el sacerdote, y luego hacia el santuario.

Una vez al año, se realizaba una ceremonia en el Día de Expiación (ver Levítico, capítulo 16.), donde dos machos cabríos eran llevados al atrio exterior, y se echaba suerte para ver cuál sería el macho cabrío del Señor, y cuál sería el macho cabrío expiatorio. El macho cabrío del Señor y un becerro se mataban de una manera similar, y esta vez, el sumo sacerdote tomaría toda la sangre hasta el lugar santísimo del santuario.

El arca del pacto, que era el único mueble en el lugar santísimo, era un cofre cubierto de oro, que contenía los Diez Mandamientos—la Ley de Dios. Encima de este cofre se encontraban dos ángeles intrincadamente esculpidos; y en medio de los ángeles, en el centro del cofre, se encontraba una tapa de oro, o un asiento, llamado El Propiciatorio. Aquí es donde la presencia de Dios residía en el templo.

El sumo sacerdote entraba en el lugar santísimo una vez al año, en el Día de Expiación, y esparcía la sangre sobre el propiciatorio. Él luego salía hacia el atrio exterior, ponía sus manos sobre la cabeza del chivo expiatorio, confesaba los pecados de Israel acumulados en el santuario del año entero; y luego ordenaba que el chivo expiatorio fuera llevado al desierto para morir solo y nunca más regresar al campamento de Israel.

Esto ilustra cómo Dios lidiará con el problema del pecado. El pecador confiesa su pecado, Jesús (el Cordero de Dios) toma ese pecado como Suyo (desde el fin de la última cena hasta Su muerte en la cruz), y muere bajo su castigo. Jesús, después de resucitar a una nueva vida, es ahora nuestro Sumo Sacerdote, oficiando en el santuario celestial (ver el libro de Hebreos). Como nuestro Sumo Sacerdote, Él toma nuestros pecados confesados, por los cuales pagó con Su propia sangre hace 2.000 años; y los transfiere al santuario celestial, esperando el día cuando los pecados acumulados serán puestos sobre Satanás—el instigador del pecado—y Satanás pagará por todo el pecado que hizo cometer a los hijos de Dios. Y cuando Satanás sea destruido, el pecado también será destruido con él. Este es el plan de Dios para tratar el problema del pecado.

<u>En la cruz y después de la cruz</u>

Ahora, en la cruz, Jesús asume nuestro lugar. Él toma nuestro lugar en el cañón de nuestras vidas y recibe el balazo que nuestras vidas debían merecer. Él toma la responsabilidad por nuestra pecaminosidad y egoísmo. Él toma nuestros resultados para que nosotros no tomemos las cosas personalmente. Él asume el castigo de ser el culpable y también las consecuencias de ser la víctima. Él toma la débil carne humana para así vencer la tentación y el pecado. Él no sólo asume la responsabilidad por lo que haya sido dicho y hecho, sino también la responsabilidad por las ondas—la influencia negativa y los efectos que eso ha ejercido, y ejercerá en otros. Él toma nuestro bagaje por nosotros. La muerte que merece nuestra vida, Jesús la sufre.

Además de hacer todo esto por nosotros, Jesús hace algo más. Al tomar nuestro lugar en el cañón de nuestras vidas, y recibir la fuerza de todo lo que eso merece, él suavemente pone nuestras vidas en el cañón de Su vida. Al hacer eso, nosotros recibimos la vida eterna y todas las demás bendiciones y beneficios que mereció Su vida perfecta. Y el cañón de Su vida, guía la bala directamente hacia el ojo del blanco, que es santidad. Nosotros recibimos Su poder para vencer toda tentación y pecado. No más necesitamos ser controlados por nuestro pasado y nuestras respuestas negativas. Podemos ser controlados por el pasado de Jesús, y Sus respuestas perfectas, llenas de Su poder.

Cuando entramos en la experiencia de este intercambio divino de vida por vida, historia por historia, pasado por pasado—ofrecido a nosotros debido al sacrificio de Dios en la cruz—el registro de Jesús llega a ser nuestro en los libros del cielo. Somos considerados perfectos. No tenemos ya heridas personales. Somos perfectamente amorosos. Hemos respondido perfectamente a todo lo que nos ha sucedido en el pasado. Tenemos poder para vencer. Tenemos ondas perfectas que se han extendido a través de todo tiempo y espacio, influenciando positivamente a todos los que entran en contacto con esas ondas. Y ya no tenemos mas bagaje.

Jesús nos dice: "De cierto os digo que en cuanto lo hicisteis a uno de estos mis hermanos más pequeños, a mí lo hicisteis".[68] Esto significa que, si lo hiciste a alguien mas, tu lo hiciste a Él. Pero es igualmente cierto que, si ellos te lo hicieron a ti, se lo hicieron a Jesús. Tanto Jesús se identifica a Sí Mismo con nosotros y nuestros dolores y pecados, que Él, en manera muy real, asume nuestro lugar. Es como si esas cosas que nos hicieron, también fueron hechas a Él.

68. Mateo 25:40

En la cruz, Dios nos ofrece un intercambio divino de vida por vida. Este intercambio divino solo se hace posible mediante la gracia de Dios. El precio pagado por Él en la cruz, fue el precio por cada uno de nuestros pecados. Él sufrió no solo bajo el peso del mundo, sino de cada pecado específico que tú y yo hemos cometido o cometeremos. Él pagó el precio por todo aquél que aceptaría el regalo, y Él pagó el precio por todo el que rechazara el regalo. Él pagó el precio por todos.

Pero solo porque Él pagó el precio por cada uno, no significa que todos se beneficiarán de ese regalo. Habrán muchos que se perderán, pues aún esta faltando una parte de la ecuación.

La fe es necesaria para que el regalo de gracia sea mío. Como puede verse, el regalo de este intercambio divino de vida por vida, es justo como el bufet del amor de Dios. Él ha hecho ese bufet gratis y accesible a cada uno de nosotros, pero si no tomamos personalmente lo provisto, de nada nos servirá. La fe es nuestra acción que toma lo que Dios proveyó, y lo hace nuestro. Es creer que el regalo de Dios de este intercambio divino, es para mí. Es aceptar ese regalo como mío, y confiar que eso es cierto para mí. "Porque de tal manera amó Dios al mundo que ha dado a Su Hijo unigénito, para que todo aquel que en él cree no se pierda mas tenga vida eterna".[69]

¿Cómo sucede este intercambio en la vida real? Imaginemos que años atrás estuviste en una discusión con alguien, la discusión se tornó muy acalorada que lo siguiente que te das cuenta es que la otra persona se encuentra muerta en el piso. ¡Tú lo mataste! Piensas "¡Uy, no! Esto no está bien. No quiero ir a la cárcel". Así que, eliminas la evidencia, y evitas encarcelamiento. Nadie descubre que fuiste tú el asesino. Te encuentras libre, ¿cierto? No. Puedes estar libre físicamente, pero eres un esclavo en tu mente, siempre temiendo que alguien se entere, siempre rodeado de culpabilidad.

---

69. Juan 3:16

Pero imaginemos que hoy te enteras de este intercambio divino hecho posible para ti en la cruz. Reconoces que Jesús está ofreciendo entrar en la línea de tiempo de tu vida, y asumir las consecuencias del asesinato y toda la culpa y temor debido a ello; y pagar por ti el castigo que mereces. Como intercambio, has sido puesto en la línea de tiempo de Su vida, y recibes todas las consecuencias de Su vida perfecta, y las ondas perfectas que eso ha creado a través de todo el tiempo y espacio.

Decides que deseas recibir este regalo, y la fe acepta este regalo hecho posible por gracia. Lo aceptas como propio, creyendo que eres el que recibe de todo lo que la vida de Jesús merece, mientras Él recibe todo el castigo de todo lo que tu vida mereció. Tu pecado es luego transferido por el Sacerdote Celestial, Jesús, hacia el santuario celestial, esperando el día cuando será puesto sobre el Azazel (chivo expiatorio), Satanás, y sea destruido junto con él. También confiesas tu pecado a quienes fueron perjudicados por él (la familia del asesinado, etc.), y pasas a "ser limpiado" de lo que hiciste.

Después de entrar en este intercambio divino, ¿En dónde recaerá la culpabilidad del asesinato? No en ti. Se encuentra en el santuario celestial, esperando el día cuando sea puesto sobre Satanás para que él lo pague. Tú quedas libre de culpabilidad.

Y si la familia busca justicia, y reporta el asesinato a la policía antes que tú lo hagas, y en la investigación te encuentras "culpable", y eres puesto en prisión, de acuerdo al registro del cielo, ¿eres culpable? ¡No! Eres inocente, porque la culpa te ha sido quitada mediante el sacrificio hecho a tu favor en la cruz. Cuando eres puesto en la prisión por el crimen, puedes estar totalmente libre en tu mente, sabiendo que eres inocente en el registro del cielo.

Te encuentras en la misma situación opuesta a la que tenías antes de venir a la cruz. Antes, estabas libre físicamente, y cautivo mentalmente. Ahora te encuentras libre mentalmente, pero cautivo físicamente. Y esa es una libertad mucho mejor. Como Pablo y Silas, puedes cantar alabanzas e himnos a Jesús aun estando en prisión, sabiendo que eres inocente debido al regalo otorgado en la cruz.

La cruz no sólo nos libra de lo que hayamos hecho a otros, también nos libra de lo que otros nos hicieron. No existe nadie que haya tenido padres perfectos. Tampoco los miembros de nuestra familia han sido perfectos. No hemos tenido amigos perfectos. Y debido a esto, nos encontramos como víctimas de lo que otros han dicho y hecho a nosotros.

En mi trabajo, tengo la oportunidad de escuchar las historias de muchas personas. A veces soy el único con quien ellos han compartido sus secretos. Otros han mantenido su historia dentro de un pequeño círculo de personas de confianza. He escuchado historias de abandono, abuso, negligencia, tortura, rechazo, divorcio, y mucho más, y sé que he escuchado sólo una pequeña parte de esas historias.

Sé que en un grupo pequeño de como cinco personas, es probable que exista uno en el grupo que haya sido abusado sexualmente cuando era niño. Sé que en un grupo tan pequeño como el dos parejas de casados, un matrimonio terminará en divorcio. Y sé que en un grupo tan pequeño como de uno, existe una historia de rechazo, dolor, chasco, etc. Esta es nuestra experiencia universal en este mundo de pecado.

Por tanto, imaginemos que has padecido negligencia, abuso, rechazo, abandono, y maltrato, en el pasado. Imaginemos que es difícil que te relaciones bien y no ames a quienes te hirieron. Pensemos que has vivido hasta cierto punto con resentimiento, dolor, vergüenza, y amargura; y cuántas veces has tratado de librarte de esto, cuando ves de nuevo, esto aún se encuentra allí.

Y luego hoy, te enteras acerca de la cruz. Te das cuenta que Dios hizo posible que te libraras de todo eso. Jesús ofrece entrar en la línea de tiempo de tu vida—en tu cañón—y recibir el golpe del resentimiento, dolor, vergüenza, amargura, y todo lo que se te hizo, y también la muerte que eso merece. Y haciéndolo así, Él suavemente te introduce en el cronograma de Su vida—Su cañón—y recibes todas las bendiciones que Su vida mereció, incluyendo un registro limpio y vida eterna. Al contemplar este intercambio injusto, piensas, *¿Cómo puede ser esto posible?*, y Jesús contesta: "Ciertamente, te digo, en cuanto lo hicisteis a uno de mis hermanos, a mí lo hiciste".[70]

Reconoces que, si lo haces a alguien más, lo has hecho a Jesús; por tanto, también debe ser cierto que, si alguien más te lo hace a ti, ellos lo hacen a Jesús. Por tanto, si te lo hacen a ti, se lo hacen a Jesús. Jesús toma tu lugar, y haciendo eso, él es capaz de decir: "Padre, perdónalos, porque no saben lo que hacen,"[71] Él es capaz de perdonar a quienes lo trataron tan mal (cuando lo trataron mal a través de cómo te trataron a ti).

Cuando me considero como la víctima de lo que otros han dicho y hecho, tengo mucho bagaje. Existe mucho pesar sobre mí. He intentado perdonar, pero las raíces de amargura aún viven en la profundidad de mi corazón. Cuando pienso en ellos y lo que hicieron, me duele, y me duele emocionalmente. La única manera de alejarme de esto es no pensando en ello. Si triunfo en no pensar en ello, estaré bien, ¿cierto? ¡No! La libertad no proviene de no pensar en nada, y simplemente no pensar en algo es un intento de crear un vacío.

Ahora, imaginemos que estás involucrado haciendo ministerio en la cárcel. Entonces, vas a la prisión, te asocias con los presos, y los ministras. La gente a quien conoces en la cárcel son violadores, adictos, ladrones, y asesinos; pero puedes asociarte

70. Mateo 25:40
71. Lucas 23:34

bien con ellos y amarlos. ¿Por qué? Porque nó te hicieron nada a ti. No lo hicieron a uno de tus seres queridos. En el ministerio en las prisiones, uno fácilmente puede amar a otros, porque no fuiste tú el perjudicado.

Conozco una familia cuya hija de once años se les extravió. Esto sucedió en los días antes que existieran los celulares, y los padres se mantenían al tanto de sus hijos mediante el tiempo. Si no llegábamos a casa a cierta hora, había problemas graves, porque nuestros padres querían saber si estábamos bien.

Bueno, ella no llegó a casa a tiempo, y su madre llamó a la escuela. La escuela dijo que después de clases la niña se había a su casa. La mamá luego llamó a los amigos, y ellos confirmaron que la vieron saliendo de la escuela, caminando hacia su casa. Luego la mamá llamó al papá, y él salió temprano del trabajo, para buscarla.

Él buscó a la niña en el auto mientras la mamá quedó en casa esperando la llegada de la niña. Pero ella nunca llegó. Mientras las sombras empezaban a estrecharse por los campos, y el sol se ocultaba tras los árboles, sus corazones se hundieron al hacer la llamada que nunca se imaginaron hacer. Ellos llamaron al 9-1-1 (emergencias), y dijeron a la operadora: "Se nos ha extraviado nuestra hija".

Primero, un oficial fue enviado, y luego otros; y para el amanecer, mientras aumentaba el equipo de rescate, también crecieron sus esperanzas de encontrarla. Pero al ocultarse el sol cada tarde, desfallecían sus esperanzas de volverla a ver; y cada amanecer mientras continuaban la búsqueda, sus esperanzas eran menos que el día anterior. Unas pocas semanas después ellos recibieron la noticia ...uno de los equipos había encontrado sus restos en el bosque. La pesadilla que nunca se imaginaron se volvió en la pesadilla de la cual nunca despertarían. La esperanza había llegado a su fin. Su hija nunca regresaría a casa.

Al continuar la investigación, el horror de la situación se reveló. Se descubrió que un vecino con un registro criminal había secuestrado a su hija, tratándola como los hombres malos tratan a las jovencitas, y luego hizo lo indecible, escondiendo sus restos en el bosque donde los perros de búsqueda eventualmente la encontraron. Pueden imaginarse lo que estaba pasando en el corazón de los padres.

Ahora, imaginemos que esa familia está acostumbrada a realizar ministerio en la prisión, y cierto día van a la prisión, y encuentran allí al hombre que asesinó a su hija. ¿Cuán fácil será para ellos amarlo y servirle? Les digo, eso sería imposible. ¿Por qué? Por lo que él hizo, lo hizo a ellos y a la que ellos amaban.

Lo mismo pasa contigo y conmigo. Otros nos han hecho cosas malas, y también a los nuestros; y es imposible amarlos porque nosotros hemos sido la víctima. En la cruz, Jesús proveyó un camino para escapar de nuestro pasado. Él se introduce en la línea de tiempo de nuestras vidas, y recibe todo lo que eso implica, y suavemente nos empuja hacia la línea de tiempo de Su vida, dándonos todo lo que Él mereció. No tenemos que permanecer personalmente dolidos por lo que haya sucedido, porque después de entrar en la experiencia de la cruz, Jesús toma nuestro lugar. Y así como en lo que sucede en el ministerio en las prisiones, podemos amarlos, trabajar por ellos y servirles; porque se lo hicieron a Jesús, y Él los ama y les ofrece perdón.

Debido a que he entrado en esta experiencia de la cruz, amo a Jesús. Y como Jesús los ama, yo también los amo. Y si Él está dispuesto a sacrificarse por ellos, yo estoy dispuesto a hacer lo mismo, porque he tomado (aceptado) ese amor y perdón para mí mismo, y ahora lo estoy compartiendo con ellos.

Como puedes ver, Dios tiene un plan para salvarnos de nuestros dolores emocionales actuales. Ese plan involucra concedernos un nuevo corazón—mediante la gracia que viene por fe. Dios también tiene un plan para salvarnos de nuestro pasado. Ese plan incluye el intercambio divino hecho posible en la cruz del Calvario—mediante la gracia a través de la fe.

Ahora, quiero señalar otra verdad que nos enseña la cruz. Antes de la cruz, ¿quién es la víctima renuente que responde negativamente a lo que se le hizo? Soy yo. Después de la cruz, ¿sigo siendo la víctima renuente que responde negativamente a lo que se le hizo? ¡No! Esa historia de culpa, y responsabilidad, es transferida por Jesús nuestro Sumo Sacerdote celestial, a través de la sangre de Jesús derramada en la cruz, hacia el santuario celestial, esperando el día cuando sea puesta sobre Satanás, quien pagará por todo lo que el instigó.

Al entrar en la experiencia de la cruz, ya no puedo permanecer como la víctima renuente. Y todos los sentimientos y pensamientos negativos asociados con la victimización (resentimiento, amargura, ira, vergüenza, etc.), no pueden permanecer conmigo. Eso es eliminado de mi vida por Jesús. ¡Ahora soy libre!

Quiero aclarar bien este punto. Si aún te sientes la víctima, estás viviendo en una experiencia antes de la cruz. No puedes venir a la cruz y seguir siendo la víctima. Jesús, en la cruz, te libra de tu pasado. Pero si aun no estás libre de tu pasado, si aún sientes ser la víctima, es porque no has venido a la cruz, aceptando por fe el intercambio divino hecho posible mediante la gracia de Dios. Aún te encuentras llevando tus cargas. Aún llevas tu culpa. No puedes venir a la cruz y aceptar el intercambio divino hecho a tu favor, y aún permanecer pensando ser la víctima.

Antes de la cruz, ¿quién es el agresor? Yo. Después de la cruz, ¿sigo siendo culpable de ser el agresor r? ¡No!, pues esa culpa y responsabilidad, es transferida por Jesús nuestro Sumo Sacerdote celestial, a través de Su sangre derramada en la cruz, hacia el santuario celestial; esperando el día cuando será puesta sobre Satanás, quien pagará por todo lo que él inició. Al entrar en la experiencia de la cruz, no puedo permanecer mas culpable de los hechos de perpetrador o agresor. Y todos los sentimientos y pensamientos negativos asociados con ser el perpetrador (culpa, remordimiento, odio a mí mismo, etc.), no pueden más permanecer conmigo, porque Jesús se los ha llevado. ¡Ahora soy libre!

Ahora, si aún estás aferrado al sentimiento de culpa de ser el perpetrador, estás viviendo en una experiencia antes de la cruz. No puedes venir a la cruz, y retener la culpa del perpetrador. Jesús, en la cruz, te libra de tu pasado. Pero si no estás libre de tu pasado, si aún eres el perpetrador, es porque no has venido a la cruz, como es tu privilegio y aceptando por fe el intercambio divino hecho posible para ti mediante la gracia de Dios. Aún estás llevando tus cargas. Aún estás cargando tu culpa. No puedes venir a la cruz, y aceptar el intercambio divino hecho a tu favor, y aún seguir siendo el perpetrador.

¿Perdonado?

¿Cuánto de tu pecado pagó Jesús en la cruz? ¡Todo! ¿Eso incluyó todo lo que has hecho en tu vida? ¡Sí! ¿Incluye todo eso que harás alguna vez? ¡Sí!

¿Cuánto de tu vida conoce Dios? David habla de Dios, diciendo lo siguiente: "Mi embrión vieron tus ojos, y en tu libro estaban escritas todas aquellas cosas que fueron luego formadas, Sin faltar una de ellas".[72] Vemos aquí, que Dios conoce el futuro. Él conoce todo lo que nos sucederá. En la cruz, Jesús no sólo cubrió con un manto de perdón encima de nuestros pecados. Él sufrió bajo la culpa, condenación y vergüenza de cada pecado que cada uno de nosotros tenemos y alguna vez, cometerá.

Conociendo todo lo que yo haré, Él me aceptó como Su hijo. Eso significa que nada sucederá en el futuro que hará a Dios

72. Salmo 139:16

decir: "¡Bueno, no estaba tomando en cuenta eso! Se me olvidó pagar por eso en la cruz. Creo que ahora te encuentras solo. Se me olvidó pagar por eso en la cruz. Y ni modo, creo que ahora no estoy contigo". ¡No, eso nunca sucederá! No importa lo que haga, Jesús ya pagó el precio en la cruz. Él me ofrece Su perdón pleno y gratis. ¿Por qué Él no lo haría? ¡Él ya pagó el precio!

Aunque Él ya pagó el precio por tu pecado y el mío, eso no significa que somos automáticamente perdonados. Siempre existen dos lados de la ecuación.

La gracia de Dios proveyó el perdón, pero es cuando ejercitamos la fe lo que acepta el perdón para que llegue a ser nuestro. Y la fe cumple con las condiciones del perdón.

Los pasos del perdón

Para entender esto un poco más, veamos los pasos del perdón:

1. *El Plan de Salvación*

Antes que estuviéramos conscientes de nuestra necesidad, Dios elaboró todo el plan de salvación para salvarnos del enredo en el que habíamos entrado. Cristo es "el Cordero que fue muerto desde la creación del mundo".[73] Él vino "a buscar y salvar lo que se había perdido ".[74] Y no pudo esperarse hasta que fuéramos mejores para salvarnos. Él tuvo que salvarnos en la condición en que nos encontrábamos. "Pero Dios demuestra su amor hacia nosotros, en que, siendo aún pecadores, Cristo murió por nosotros".[75]

2. *Obra del Espíritu Santo*

Dios siempre toma el primer paso. Los hombres sólo respondemos a lo que Dios ya está haciendo en nuestra vida. La naturaleza humana es tal que no tenemos deseo alguno por justicia. Nosotros naturalmente no vemos el problema con el pecado.

73. Apocalipsis 13:8
74. Lucas 19:10
75. Romanos 5:8

Nosotros naturalmente no vemos el problema contra el pecado. "La inclinación de la carne es contraria a Dios, y no se sujeta a la Ley de Dios, ni tampoco puede".[76]

Pero Dios ha enviado Su Espíritu Santo para obrar en nuestros corazones y en nuestras mentes, para que podamos desear perdón, restauración, y justicia. "Dios es el que obra en vosotros, tanto el querer como el hacer, por su buena voluntad".[77] Cuando tenemos el deseo de ser justos, perdonados y restaurados de nuestra actual condición, eso evidencia que Dios *ya* está obrando en nuestras vidas para salvarnos.

3. *Convicción del pecado*

La obra del Espíritu Santo en mi vida, me conduce hacia la Ley de Dios, y me muestra que soy un pecador. "Todo el que comete pecado, quebranta la Ley, pues el pecado es la transgresión de la Ley".[78] "por la Ley se alcanza el conocimiento del pecado".[79] A medida que la ley de Dios me es revelada como la gran norma mediante la cual todo hombre será juzgado, y veo que no alcanzo a medirme con esta norma, me convenzo que soy pecador. "Porque reconozco mis transgresiones, y mi pecado está siempre delante de mí".[80] Por tanto, reconozco que necesito un Salvador.

4. *Cooperación de la voluntad*

Ahora que estoy convencido que soy un pecador necesitando un Salvador, debo emplear mi voluntad para actuar sobre esas convicciones y escoger a quien serviré. "Elegid hoy a quien servir".[81] ¿Seguiré sirviendo al yo, o entregaré lo que yo deseo a cambio por lo que Dios desea, realizando una entrega completa y total de mí mismo a Él? La voluntad debe ser empleada para realizar esta decisión y ponerla en acción.

76. Romanos 8:7
77. Filipenses 2:13
78. 1 Juan 3:4
79. Romanos 3:20
80. Salmo 51:3
81. Josué 24:15

5. Decidir cumplir con las condiciones del perdón

Las condiciones del perdón incluyen confesión, arrepentimiento, y restauración.

La <u>confesión</u> reconoce específicamente lo que se hizo o dijo, y admite el mal hecho. En confesión, no ofrezco excusa por haber hecho lo que hice. Sólo reconozco que hice mal. Busco perdón y restauración, aún mientras ofrezco, según mi capacidad, la restitución debida. "Si confesamos nuestros pecados, Dios es fiel y justo para perdonar nuestros pecados, y limpiarnos de todo mal".[82]

La confesión debe ser tan amplia como la ofensa cometida. Si el pecado es privado, mi confesión debe ser sólo a Dios. Si afectó a mi cónyuge, debo confesarlo a él (o a ella) y a Dios. Si afectó a mi familia entera, debo confesar a toda la familia y a Dios. Y si afectó a toda mi iglesia, negocio, etc., entonces debo confesar a toda mi iglesia, negocio, etc., y a Dios.

Hace poco tiempo tuve la oportunidad de hacer esto. Un defecto de carácter que yo tenía desde mi niñez, pero del cual no me percataba, se presentó en una situación que surgió en mi iglesia. Cuando me enteré de este defecto, y cuando vi cómo había afectado a otros en la iglesia, reconocí que necesitaba confesar y disculparme ante toda la iglesia.

El siguiente fin de semana, me paré delante de toda la iglesia, y confesé mi falta, pidiendo perdón y prometiendo que, con la ayuda del Señor, y de su gracia, trabajaría para remediar este problema. Fue vergonzoso y humillante, necesitaba hacerse, porque yo había ofendido a otros, y promoviendo una mala influencia con mi conducta, y necesitaba ser corregida para que esa influencia negativa no siguiera extendiéndose y ofendiendo a otros.

---

82. 1 Juan 1:9

El arrepentimiento implica tristeza por el pecado y separación del mismo. Pero el arrepentimiento no es algo que tú y yo producimos. Es un regalo de Dios. No podemos renegar, tensionar, gemir, empujar, estirar, o hacer cosa alguna lo suficientemente fuerte para crear arrepentimiento. Simplemente se pide y se acepta mediante la fe. Y al apropiarnos del arrepentimiento, nos entristecemos, no porque fuimos descubiertos, sino porque no respetamos deshonramos, mal representamos, y nuevamente crucificamos a nuestro Salvador. No nos afligimos por las consecuencias que llegan debido al pecado. Nos afligimos debido a lo que hemos hecho a Dios, debido a nuestro pecado. Y al apropiarnos del arrepentimiento, lo ejercitamos al separarnos de lo cual nos estamos arrepintiendo. "El que encubre sus pecados, no prosperará, pero el que los confiesa y aparta, alcanzará misericordia".[83]

La restauración involucra restaurar en cuanto sea posible, en relación al mal o daño cometido. Por ejemplo, un conocido mío robó un suéter de una tienda cuando era joven. Unas décadas después, al ser convencido del mal, reconoció que necesitaba restaurar lo robado. Por tanto, regresó a la tienda y habló con el gerente, ofreciendo pagar por el suéter (al precio actual), y con interés que cubriera lo que la tienda pudo haber ganado al invertir ese dinero a través de las últimas décadas.

Se nos dice: "Por tanto, si traes tu ofrenda al altar, y allí te acuerdas de que tu hermano tiene algo contra ti, deja allí tu ofrenda delante del altar, y anda, reconcíliate primero con tu hermano, y entonces ven y presenta tu ofrenda".[84] "si el impío restituyere la prenda, devolviere lo que hubiere robado, y caminare en los estatutos de la vida, no haciendo iniquidad, vivirá ciertamente y no morirá".[85]

- *Creer y aceptar el intercambio divino en la cruz*

Al aceptar el intercambio divino en la cruz, y adentrarnos en la vida de Cristo, somos capacitados para vencer y liberarnos

83. Proverbios 28:13
84. Mateo 5:23,24
85. Ezequiel 33:15

de nuestro pasado oscuro. "Porque de tal manera amó Dios al mundo que ha dado a Su Hijo unigénito, para que todo aquel que en él cree no se pierda, mas tenga vida eterna".[86] Cuando cumplimos con las condiciones mencionadas, ¡el perdón y su dulce paz y gozo son nuestros! Yo deseo esa libertad, ¿y tú?

Los resultados del perdón

Ahora, ¿cuáles son los resultados del perdón? No tengo más culpa, aunque recuerde lo que haya hecho. No tengo más amargura, porque ya no me lo han hecho a mí. Amo a todos porque Dios los ama y quiero que sean libres como Él me libró a mí. Y cooperaré con el Espíritu Santo en asistir en su liberación, aun si eso requiere abnegación.

¿Cuál es una de las funciones del perdón? Es permitirme entrar nuevamente en relación con mi prójimo. Dios desea una relación personal con cada uno de nosotros, y Su perdón es ofrecido a cada uno para permitirnos entrar nuevamente en una relación con Él. La cruz hace posible esta restauración de la relación. ¡Qué amor tan maravilloso! ¡Maravillosa gracia! ¡Cuán pleno es el perdón que fluye del corazón divino hacia nosotros!

Tomar nuestra cruz

Nos encontramos grandemente endeudados con Jesús por lo que ha hecho por ti y por mí. Lo amamos por la libertad que nos ha otorgado; y nuestro mayor gozo es obedecer y servirle. Y Él nos pide: "Si alguno quiere venir en pos de mí, niéguese a sí mismo, y tome su cruz, y sígame".[87] ¿Qué significa tomar la cruz y seguir a Jesús?

"El hombre ha de abandonar el error de sus caminos, seguir el ejemplo de Cristo, tomar su cruz y seguirlo, negándose a sí mismo y obedeciendo a Dios a todo costo".[88] "...llevar su cruz...

86. Juan 3:16
87. Marcos 8:34
88. Elena G. de White, Consejos para la Iglesia, p. 487.

significa cumplir los mismos deberes que se oponen a los apetitos y pasiones naturales".[89]

"La verdadera religión es la imitación de Cristo. Los que siguen a Cristo negarán al yo, tomarán la cruz, y caminarán en Sus pisadas. Seguir a Cristo significa obedecer todos Sus mandamientos. Ningún soldado es considerado como seguidor de su comandante a menos que obedezca sus órdenes. Cristo es nuestro modelo. Copiar a Jesús, lleno de amor, ternura, y compasión, requerirá que nos acerquemos diariamente a Él".[90]

"El nos dice: 'Si alguno quiere venir en pos de mí, niéguese a sí mismo, y tome su cruz, y sígame'. Solo Cristo puede capacitarnos para responder cuando dice: 'Llevad mi yugo sobre vosotros, y aprended de mí, que soy manso y humilde de corazón'. Esto significa que cada día tenemos que negarnos al yo. Cristo puede darnos la doble resolución, la voluntad de sufrir y de librar las batallas del Señor con energía perseverante. El más débil, asistido por gracia divina, puede tener fuerza para ser más que vencedor".[91]

Hacia el final de este libro, verás lo que significa tomar la cruz, y a qué se parece. Cuando el ingrediente clave se encuentra en tu vida, todo lo mencionado en tomar la cruz y seguir a Jesús, formará una parte gozosa y natural de la vida.

89. Elena G. de White, El Ministerio Médico, p. 370.
90. Elena G. de White, S.D.A. Bible Commentary, Vol. 7, p. 949.
91. Elena G. de White, Maranata, p. 88.

CAPÍTULO 7

El talento del sufrimiento

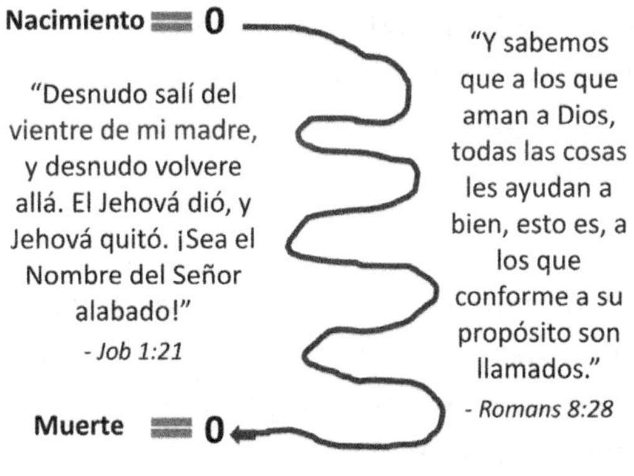

Nacimiento = 0
"Desnudo salí del vientre de mi madre, y desnudo volvere allá. El Jehová dió, y Jehová quitó. ¡Sea el Nombre del Señor alabado!"
- Job 1:21
Muerte = 0
"Y sabemos que a los que aman a Dios, todas las cosas les ayudan a bien, esto es, a los que conforme a su propósito son llamados."
- Romans 8:28

Perdiendo seres queridos

Deseo cambiar ligeramente el tema, y ver el asunto de la pérdida desde otra perspectiva. He conversado con muchos que han desarrollado cáncer y otras condiciones serias de salud; y cuando exploro su vida y experiencias antes de desarrollar su enfermedad, frecuentemente encuentro que han perdido un ser querido en los años antes de su enfermedad. Pero existen otros que pierden seres amados y no se enferman. ¿Cuál es la diferencia? ¿Nos proporciona la Biblia la perspectiva correcta sobre cómo tratar con la pérdida de seres queridos? Claro que sí.

Al nacer, ¿cuánto poseemos? Absolutamente nada. Al morir, ¿cuánto tendremos? Absolutamente nada.

Entre el nacimiento y la muerte tenemos esta línea ondulada llamada vida. La vida tiene altos y bajos, sus tiempos buenos y no tan buenos. En este camino conocemos personas, aprendemos a amar algunas, y algunas las perdemos. Si empiezo este camino con nada, y lo termino con nada, entonces todo entre el punto N (nacimiento) y punto M (muerte), ¿es ganancia o pérdida?

Job nos ofrece una buena perspectiva sobre este tema. Después de perder todos sus hijos, sus animales, y sus siervos, en un solo día, Job dice: "Desnudo salí del seno de mi madre, y desnudo me iré. El Eterno dio, el Eterno quitó. ¡Sea el Nombre del Señor alabado"![92] Job reconoció que él empezó su trayectoria de la vida sin nada, y que la terminaría sin nada; por tanto, cualquier cosa que tenía entre el punto N y el punto M, era ganancia.

Cuando uno empieza y termina sin cosa alguna, y cuando todo lo que uno tiene le pertenece al Señor, cuando uno no lo produjo, y cuando ni siquiera le pertenece a uno mismo, entonces no puede perder nada.

Imagínate que eres el mayordomo del patrimonio de un rico empresario. Tu trabajo es mantener todo bien reparado y operando sin contratiempos. El dueño tiene siete Lamborghinis que tu mantienes. Un día, el dueño decide regalar dos de los Lamborghinis. Ahora eres mayordomo de cinco. ¿Te incomodas con el dueño porque perdiste dos Lamborghinis? No. Eso sería ridículo. Ellos no eran tuyos. Pertenecían al dueño. Él puede disponer de ellos cuando le plazca.

Dios es el dueño, pero nosotros vamos por la vida como si fuéramos los dueños. Si me roban el auto, me enojo porque

92. Job 1:21

pienso que era mío. Si la casa se incendia, lamento la pérdida como si fuera mía la casa, pero nunca fue mía. Todo pertenece a Dios. Él es el dueño. Nosotros, sólo somos mayordomos.

¿Recuerdan la familia que perdió su hija de once años? Si guardaran luto como las personas normalmente lo hacen, eso debilitaría sus constituciones y algún problema físico se desarrollaría después en sus cuerpos. ¿Cómo guardarían luto?

Ellos pudieran tener pensamientos como éste: "Ella sólo tenía once años. Aun le faltaba mucho por vivir. No podremos verla graduar de la primaria, la secundaria, o la universidad. No podremos acompañarla en su matrimonio y verla casarse. No disfrutaremos el gozo de recibir nietos de ella". ¿Qué es lo que están lamentando? Están lamentando lo que nunca tuvieron. Nunca tuvieron un mañana. Ellos nunca disfrutaran de sus graduaciones. Nunca la vieron casarse o tener nietos. Lo que lamentan es la pérdida de lo que esperaban. ¿En alguna ocasión se les garantizó el mañana? No. Sólo disponen del hoy.

Esos padres pueden vivir sus vidas concentrándose en su pérdida, lamentando la cruel muerte de su hija de once años de edad, o pueden vivir una vida de gratitud, agradecidos por los once años de vida que disfrutaron con su hija. ¿Fue su experiencia una pérdida o una ganancia? ¿La tenían cuando ellos nacieron? No. ¿La tendrán cuando ellos mueran? No. Así que, aunque ella murió, ellos no tuvieron una pérdida. Ellos de hecho han ganado porque disfrutaron once años con ella. Fueron bendecidos con once años de sus sonrisas, abrazos, experiencias compartidas y compañerismo. Ellos fueron bendecidos con once años.

Si su perspectiva fuera de gratitud por la forma como Dios los bendijo con once años de vida con su hija, si se enfocaran en lo que ganaron en lugar de lo que supuestamente perdieron, si ellos hubieran recordado que ellos sólo eran los mayordomos y no los dueños, ¿cómo estaría su salud después de la muerte de su hija? Ellos permanecerían con buena salud.

No estoy tratando de decir que está mal, o que es pecado, lamentar la pérdida de alguien. De ninguna manera estoy queriendo decir esto. Lo que quiero decir es que cuando tenemos la perspectiva correcta, llegaremos al punto donde no *tendremos que* lamentarnos de la misma manera en como la gente lo hace. Y con la perspectiva correcta, nuestros pensamientos no causarán disfunción en el cuerpo, como sucede cuando nuestros pensamientos están mal.

Pablo nos da una mejor perspectiva sobre este asunto cuando dice: "Y sabemos que a los que aman a Dios, todas las cosas les ayudan a bien, esto es, a los que conforme a su propósito son llamados".[93] Lo que Pablo está diciéndonos es que Dios puede tomar cualquier cosa que suceda en nuestro camino, y transformarlo en bendición. Aun las cosas que parecen más difíciles e imposibles de soportar, son talentos que Dios puede usar para bien. Él no permite que nada nos suceda, para lo cual no tenga un plan en usarlo para nuestro bien, y para el bien de otros.

La siguiente es una de mis citas favoritas:

"Cristo vivía rodeado de la presencia del Padre, y nada le aconteció que no fuese permitido por el Amor infinito para bien del mundo. Esto era su fuente de consuelo, y lo es también para nosotros. El que está lleno del Espíritu de Cristo mora en Cristo. El golpe que se le dirige a él, cae sobre el Salvador, que lo rodea con su presencia. Todo cuanto le suceda viene de Cristo. No tiene que resistir el mal, porque Cristo es su defensor. Nada puede tocarlo sin el permiso de nuestro Señor; y 'todas las cosas' cuya ocurrencia es permitida 'a los que aman a Dios..., les ayudan a bien'".[94]

93. Romanos 8:28
94. Elena G. de White, El Discurso Maestro de Jesucristo, p. 62.

Lo que esta cita me dice es que Dios rodea a cada uno de Sus hijos con Su propia presencia. Si alguien viene a mí para golpearme en la cara, primero tiene que pasar por Dios para llegar donde yo estoy. Y Dios sólo permitirá que ese puño llegue si puede obrar para obtener bien. Yo no necesito defenderme. Dios es mi defensa. Puedo dar la otra mejilla.

Existe otra promesa en 1ª de Corintios 10:13 que nos dice que Dios no permitirá que seamos tentados más allá de lo que podamos soportar, sino que con la tentación también dará una vía de escape. Eso significa que Dios no permitirá que nos sobrevenga cualquier cosa a menos que nos dé la fortaleza para soportarlo. Eso significa que cualquier cosa que nos acose, no importa cuán mala sea, viene envuelta con el amor de Dios, asegurándonos que eso resultará para bien, y Él nos dará fortaleza para soportarlo. ¡Qué Dios tan maravilloso servimos! Podemos confiar en Él aun con las circunstancias y experiencias más dolorosas de nuestras vidas.

El talento del sufrimiento

Un talento es definido como una habilidad natural, un atributo, o una aptitud. Generalmente pensamos en talentos con relación a la capacidad de una persona en sobresalir en una actividad. Pero ¿reconoces que el sufrimiento puede ser un talento? Puede ser una habilidad dotada, o una aptitud, que puede ser usada para bien. Y así como los otros talentos mencionados por Jesús, si este talento es enterrado, Dios no podrá ser glorificado. Él no es permitido realizar Su propósito. Pero si es usado, entonces Dios es glorificado. ¿Estás usando tu talento del sufrimiento, o se encuentra enterrado, perdido para el mundo, inútil sin ser aprovechado?

Antes de seguir, quiero aclarar algo. Dios no es el autor del sufrimiento. El sufrimiento es el resultado del pecado—de escoger separarse de Dios y cortar nuestra conexión con la Fuente de la vida. El sufrimiento es el resultado del trabajo del enemigo. Pedro nos dice: "Sed sobrios, y velad; porque vuestro adversario el diablo, cual león rugiente, anda alrededor buscando a quien devorar".[95]

Jesús nos dice: "El ladrón no viene sino a hurtar, matar y destruir. Yo he venido para que tengan vida, y para que la tengan en abundancia".[96] Nuevamente, Dios no es la causa, o el autor, del sufrimiento. El sufrimiento es el resultado del trabajo del enemigo. Y Dios es el maestro de tejer Su bondad y amor a través del desastre de dolor y sufrimiento que el diablo causa, para que Él pueda rescatar a Sus hijos del enemigo y luego hacerlos instrumentos para la salvación de otros.

Por tanto, consideremos más de cerca el tema del sufrimiento, y cómo puede ser un talento.

¿Quién puede consolar mejor a una madre que ha perdido su bebé recién nacido? Será otra madre que también ha perdido su recién nacido, y superado la experiencia. ¿Quién puede consolar mejor a alguien que perdió su pierna? Sólo otro que perdió la suya y ha superado su discapacidad. ¿Quién puede consolar mejor a alguien con una enfermedad grave? Alguien que ha atravesado la misma enfermedad, y ha sobrevivido y prosperado.

¿Cómo puede el sufrimiento ser un talento? Satanás aborrece a Dios, y desea nada más que ofenderlo. Y Satanás sabe que la mejor forma de ofender a Dios es herir a Sus hijos, pues Dios se siente, y se identifica con, todo lo que experimentan Sus hijos. Todo ser humano es hijo de Dios, por tanto, Dios tiene hijos que están sufriendo de todo tipo de padecimiento, y en toda clase de situaciones alrededor del mundo. Y Dios desea alcanzar a quienes están sufriendo, y consolarlos. Pero Dios necesita de otros que entiendan cómo se siente pasar por el dolor y el

95. 1 Pedro 5:8
96. Juan 10:10

sufrimiento, para así consolar mejor a quienes se encuentran en el dolor y el sufrimiento. Dios necesita de quienes puedan alcanzar a Sus otros hijos que están atravesando lo mismo.

"En el gran plan de Dios para la redención de una raza caída, él se ha colocado a sí mismo en la necesidad de usar instrumentos humanos como su mano ayudadora. Debe tener una mano ayudadora para llegar hasta la humanidad. Debe tener la cooperación de los que serán activos, prontos para ver las oportunidades, prontos para discernir lo que debe ser hecho para sus prójimos".[97]

El uso correcto del talento del sufrimiento es manifestado al acercarse a alguien que está sufriendo lo mismo que Satanás te causó a ti, y de lo cual Dios te rescató, y decirle: "Yo conozco lo que estás atravesando. He pasado por lo mismo, y Dios me ayudó. Permíteme decirte cómo logré triunfar".

Pero si entierras tu talento, el propósito de Dios al ayudarte a atravesar tu sufrimiento y transformándolo en algo bueno, quedará frustrado. Y ese hijo Suyo que está sufriendo, a quien tú pudieras ayudar, quizás nunca sea alcanzado por Su amor en la forma como Dios se lo propuso.

A inicios del siglo 20, un tren de pasajeros se descarriló cerca de Chicago. Centenares murieron, o fueron heridos, en el accidente; pero en uno de los últimos vagones pasajeros que no se había descarrilado, se encontraba una enfermera de la Cruz Roja. Mientras ella se dirigía hacia el accidente, y asistiendo a quien podía, alzó la vista y vio a un hombre bien vestido mirando a todos los pasajeros heridos. Reconociendo que él era un cirujano bien conocido en Chicago, se dirigió hacia él, y lo sacudió de su aturdimiento para pedirle ayuda para los heridos. Mientras él salía de su estado de aturdimiento, él le dijo: "¡Mis instrumentos!" Y entonces se puso a ayudar a quien podía.

97. Elena G. de White, Mensajes Selectos, Tomo 1, p. 99.

Luego esa noche los dos nuevamente se encontraron, y mientras él le agradeció por tomar la iniciativa en ayudar a los heridos, ella le preguntó de curiosidad: "Cuando te encontré, sólo estabas parado allí, sin hacer nada. Y cuando gané tu atención, dijiste: '¡Mis instrumentos!' ¿Qué te estaba sucediendo?

Él contestó: "Yo estaba allí viendo a todos los heridos y pensando, 'Mis instrumentos, mis instrumentos, si tan sólo tuviera mis instrumentos quirúrgicos, les podría ayudar.' Ves, soy cirujano, y lo que hago, lo hago bien, pero necesito mis instrumentos para poder hacer lo que hago. Yo no cargaba mis instrumentos conmigo, y no podía hacer mucho por los accidentados".

Dios es el maestro cirujano, pero Él se ha empeñado a usar seres humanos para alcanzar a seres humanos. Él tiene sus hijos en todas las formas de sufrimiento; y necesita otros hijos entrenados en esas mismas experiencias de sufrimiento para alcanzar a quienes están atravesando esas mismas pruebas. Aquellos de nosotros que hemos sufrido, somos Sus instrumentos para alcanzar a otros que están sufriendo de igual manera.

¿Cuál instrumento puede usar mejor el cirujano? Es aquél que él puede usar en la mayoría de situaciones y circunstancias. Yo quisiera animarlos con otro pensamiento. Entre más has sufrido, más útil eres como instrumento en las manos de Dios, porque puedes identificarte con más personas en su sufrimiento. Puedes ver a más personas de frente, y decirles con honestidad: "Conozco lo que sientes. He pasado por lo mismo. Permíteme contarte como Dios me ayudó".

¿Deseas la perspectiva celestial del sufrimiento? Aquí está: "Dios no conduce nunca a sus hijos de otra manera que la que ellos elegirían, si pudiesen ver el fin desde el principio, y discernir la gloria del propósito que están cumpliendo como colaboradores suyos. Ni Enoc, que fue trasladado al cielo, ni Elías, que ascendió en un carro de fuego, fueron mayores o más honrados que Juan el Bautista, que pereció solo en la mazmorra, 'A vosotros es concedido por Cristo, no sólo que creáis en él, sino también que padezcáis por él'. (Fil. 1:29). Y de todos los dones que el Cielo puede conceder a los hombres, la comunión con Cristo en sus sufrimientos es el más grave cometido y el más alto honor".[98]

En vez de ser una maldición, o algo a ser despreciado, el compañerismo con Cristo en Sus sufrimientos es la confianza más importante y el más elevado honor. Es el don más honorable que el cielo puede otorgarnos.

Existe otro propósito para el sufrimiento que debemos considerar. En el contexto del pecado, el sufrimiento forma una parte necesaria para moldearnos a la imagen de Cristo. El diamante nunca llega a ser diamante sin presión extrema y calor, pero la belleza y valor del diamante valen toda la presión y calor necesarios para su formación. Dios nos ve como sus joyas valiosas, no como carbón barato; por tanto, Él permite que llegue la presión y el calor para que lleguemos a ser joyas valiosas, para ser hermosos, reflejando Su amor y carácter a otros.

"Estamos formando caracteres para el cielo. Ningún carácter se perfeccionará sin pasar por la prueba y el sufrimiento. Tenemos que ser sometidos a pruebas. Cristo soportó la prueba del carácter en favor de nosotros, para que nosotros podamos pasarla por nosotros mismos gracias a la fortaleza divina que nos concede".[99]

"Muchos que consagran sinceramente su vida al servicio de Dios, se chasquean y sorprenden al verse como nunca antes frente a obstáculos, y asediados por pruebas y perplejidades. Piden en oración un carácter semejante al de Cristo y aptitudes

98. Elena G. de White, El Deseado de Todas las Gentes, p. 197.
99. Elena G. de White, Cada Día con Dios, p. 261.

para la obra del Señor, y luego se hallan en circunstancias que parecen exponer todo el mal de su naturaleza. Se revelan entonces defectos cuya existencia no sospechaban. Como el antiguo Israel, se preguntan: 'Si Dios es el que nos guía, ¿por qué nos sobrevienen todas estas cosas?'

"Les acontecen porque Dios los conduce. Las pruebas y los obstáculos son los métodos de disciplina que el Señor escoge, y las condiciones que señala para el éxito. Él que lee en los corazones de los hombres conoce sus caracteres mejor que ellos mismos. Él ve que algunos tienen facultades y aptitudes que, bien dirigidas, pueden ser aprovechadas en el adelanto de la obra de Dios.

"Su providencia los coloca en diferentes situaciones y variadas circunstancias para que descubran en su carácter los defectos que permanecían ocultos a su conocimiento. Les da oportunidad para enmendar estos defectos y prepararse para servirle. Muchas veces permite que el fuego de la aflicción los alcance para purificarlos.

"El hecho de que seamos llamados a soportar pruebas demuestra que el Señor Jesús ve en nosotros algo precioso que quiere desarrollar. Si no viera en nosotros nada con que glorificar su nombre, no perdería tiempo en refinarnos. No echa piedras inútiles en su hornillo. Lo que él refina es un mineral precioso.

"El herrero coloca el hierro y el acero en el fuego para saber de qué clase son. El Señor permite que sus escogidos pasen por el horno de la aflicción para probar su carácter y saber si pueden ser amoldados para su obra. El alfarero toma arcilla, y la modela según su voluntad. La amasa y la trabaja. La despedaza y la vuelve a amasar. La humedece, y luego la seca. La deja después descansar por algún tiempo sin tocarla. Cuando ya está bien maleable, reanuda su trabajo para hacer de ella una vasija.

"Le da forma, la compone y la alisa en el torno. La pone a secar al sol y la cuece en el horno. Así llega a ser una vasija útil. Así también el gran Artífice desea amoldarnos y formarnos. Y así como la arcilla está en manos del alfarero, nosotros también estamos en las manos divinas. No debemos intentar hacer la obra del alfarero. Sólo nos corresponde someternos a que el divino Artífice nos forme".[100]

Pedro nos amonesta: "Amados, no os sorprendáis por el fuego de la prueba que os ha venido, como si os hubiera sucedido algo extraño. Antes gozaos de ser participantes de las aflicciones de Cristo, para que también os gocéis en la revelación de su gloria".[101]

¿Quién me puede lastimar?

Ahora, veamos nuevamente el tema del corazón y las heridas personales. ¿Quién me puede lastimar? Desde una perspectiva emocional o espiritual, nadie puede lastimarme, sólo yo puedo lastimarme a mí mismo. Sólo yo puedo respirar por mí mismo. Sólo yo puedo comer por mí mismo. Sólo yo puedo beber por mí mismo. Y solo yo puedo pensar por mí mismo. Sólo MI respiración, MI alimentación, y MI beber—no el de otro—es lo que impacta mi cuerpo y mi salud. Sólo mi pensamiento impacta mi cuerpo y mi salud.

Lo que alguien más hace puede proveer un ambiente dañino del cual puedo tomar y alimentarme, pero el bufet del amor de Dios siempre está presente, para nunca encontrarme en una situación donde tenga que tomar del negativo ambiente que "ellos" proveen. Tengo una opción, y puedo escoger del bufet del amor de Dios. Es mi decisión si escojo tener pensamientos de dolor o pensamientos amorosos. Yo tengo el poder de hacer lo uno u lo otro. Mis propias decisiones, mi propio pensamiento—no las acciones de otros—es lo que determina mi resultado.

100. Elena G. de White, El Ministerio de Curación, pp. 373-374.
101. 1 Pedro 4:12,13

Ejemplos de pacientes

Martha

Herb y Martha estuvieron casados por 35 años. Herb era un representante de una compañía, y Martha era ama de casa. Herb estaba fuera durante la semana debido a su trabajo, y llegaba a casa los fines de semana. Su matrimonio se veía muy bien en lo que a matrimonios se refiere; ni muy bueno, ni muy malo. Es decir, hasta que Martha se enteró.

Martha se enteró que Herb no le era fiel. De hecho, ella se enteró quc él había sido infiel por todos los 35 años de su matrimonio. Y de hecho se enteró que él tenía otra familia en otra ciudad, con quien vivía durante la semana, ¡y ella era su segunda esposa!

Durante los tres años después de haber descubierto esto, la salud de Martha declinó con rapidez. Parecía que una enfermedad seguía a la otra, hasta que su situación se volvió desesperante.

¿Cuál fue la causa de su decadencia? ¿Fue la infidelidad de su esposo? ¡No! Él la había estado engañando por 35 años, y eso ni siquiera la afectó. Ella no se enfermó hasta *enterarse* de lo que estaba sucediendo.

La causa de la decadencia de Martha no fue la infidelidad. Fue su manera de pensar. Como puede verse, ella pensó que Herb era su posesión, ella pensó que lo amaba con su amor, que él era su fuente de amor; y se encontró en una significante pérdida personal debido a esto. ¿Pero era él su posesión? ¿Se trataba del amor de Martha? ¿Era él realmente la fuente de su amor? No. ¿Tenía ella realmente algo que perder? No. Ella pudo haber visto la situación y estar agradecida por mantenerla en todos esos años. Pudo haber dado gracias a Dios por cómo Él la había mantenido a través de los años. Ella pudo haber celebrado los buenos fines de semana que disfrutaron por 35 años. Y si hubiera hecho eso, ¿cómo hubiera sido su salud?

No fue lo que le sucedió lo que destruyó su salud. Fue su pensamiento acerca de lo que le sucedió. Yo veo esto siempre en mi consultorio. Veo personas que desarrollan cáncer cuando experimentan una gran pérdida. Veo personas con trastornos inmunes tras padecer grandes pérdidas. Veo personas muy mal físicamente después de haber tenido una pérdida personal.

En este momento, alguien que está pasando por una situación similar haría esta pregunta dolorosa: "¿Quieres decir que mi enfermedad es mi culpa?" Y mi respuesta es "Sí, es tu culpa". Pero también hago esta observación: Si es la culpa de alguien más, si alguien más es la causa, entonces no hay nada que puedas hacer al respecto. Estarías sin solución, porque no puedes arreglarlos o cambiarlos. Pero si tú eres el culpable, entonces existe esperanza, porque Dios, con tu cooperación, puede arreglar el problema. Si tú eres el culpable, entonces ¡existe esperanza!

Cuando comparto el regalo de tiempo o amor, o atención, o cuidado, puedo reconocer que sólo soy el mensajero de esa entrega. Sólo soy el mayordomo de los recursos de Dios, y si soy rechazado, no soy yo el rechazado, porque yo pertenezco a Dios. Entonces el rechazado es Él. Si el regalo es destruido, era el regalo de Dios, no mío. Si el auto fue robado, era el auto de Dios, no mío. Yo no tengo que enojarme y ofenderme, porque no es mío. Es de Dios.

Tomándolo personalmente

Desde otra perspectiva, muchos de nuestros problemas se deben a que los tomamos muy a pecho. Imagínate que tu gato está jugando en la mesa, de repente tira un vaso, y el agua se derrama sobre la mesa. ¿A qué se debe que haya *agua* sobre la mesa? Si golpeas la mesa y el vaso se derrama, y hay café derramado en la mesa, ¿a qué se debe que existe *café* sobre la mesa? Si sucede un terremoto y derrama el vaso en la mesa, y hay leche derramada sobre la mesa, ¿por qué hay *leche* sobre la mesa? Si estás cargando un vaso y tropiezas, y el vino se derrama sobre la alfombra, ¿a qué se debe que hay *vino* sobre la alfombra?

Pudieras decir que existe agua sobre la mesa porque el gato volteó el vaso, que el café se encuentra en la mesa porque golpeaste la mesa, que la leche se encuentra en la mesa debido al terremoto, y que el vino se encuentra en el piso porque tropezaste. Pero ¿qué pasaría si todos los vasos estuvieran vacíos? ¿Entonces a quién culparías ahora?

La realidad es que lo que se encuentra en la mesa o en la alfombra, está allí porque eso es lo que contenía el vaso antes de ser derramado. Si el vaso estuviese vacío antes de ser volteado, nada saldría de él. El agua salió porque el vaso contenía agua. No pudo haber salido agua si el vaso estuviese vacío. El café se derramó porque el vaso contenía café. El café no pudo haberse derramado si el vaso no tuviera café. Lo mismo es cierto con las personas.

Si alguien te dice algo hiriente, no se trata realmente de ti. Se trata esencialmente de la otra persona. ¿Por qué? Porque no pudo haber salido de ellos si no se encontrara dentro de ellos. Así como el vaso que se derramó, no importa lo que se haya derramado, lo que sale es debido a lo que contenía. Lo mismo es cierto acerca de las personas. No importa lo que los motiva a decir lo que dicen, actuar como actúan; lo que dicen, cómo lo dicen, y lo que hacen, sale de ellos porque allí se encontraba.

La Biblia dice en Lucas 6:45: "Pues de la abundancia del corazón habla la boca". Y Proverbios 4:23 nos dice: "Por sobre todas las cosas, encima de todo, guarda tu corazón, porque de él mana la vida". Lo que la Biblia nos está diciendo es que lo que otros nos dicen, o nos hacen, no se trata de nosotros. Se trata de ellos. Porque no pudo haber salido de ellos si no estuviera en ellos. Por tanto, no tomes personalmente lo que otros te dicen o te hacen. Realmente nada tiene que ver contigo. Todo tiene que ver acerca de ellos.

Habiendo dicho esto, es posible que ellos estén diciendo la verdad; por tanto, nos incumbe poner atención a lo que se está diciendo, y llevarlo en oración al Señor, y compararlo con la Biblia para ver si lo que están diciendo es cierto. Quizá yo necesite cambiar lo que hago, y cómo lo hago, porque está afectando a otros negativamente.

Lo opuesto también es verdad. No importa lo que otros hacen o dicen. No importan las circunstancias. No importa cuán cansado te encuentras, o cuán estresado o presionado estás. Tu respuesta, lo que sale de ti, no tiene nada que ver con ellos, o con tus circunstancias. Tu respuesta no pudiera salir si previamente no se encontrara en tu corazón. Tu respuesta revela lo que realmente existe en tu corazón, "Pues de la abundancia del corazón habla la boca".

Así que, en una discusión o situación estresante, pon atención en ti, no en ellos, para ver lo que sale de ti, pues eso revela lo que está en ti. Luego recurre a Dios para resolver lo revelado.

Margaret

Hace unos años, Margaret vino a visitar uno de mis colegas. Ella había estado tosiendo incontrolablemente por varios años, y también padecía de incontinencia urinaria, tenía incapacidad para sostener su orina por más de 30 minutos, o cuando ella tosía. Había visto muchos médicos y hecho muchos tratamientos, pero sin éxito. Vino a ver mi colega para poder identificar la causa de su tos; y tras examinarla, él no encontró la causa. Pero le preguntó acerca de su vida y asuntos amorosos.

Lo que él descubrió fue que Margaret había estado en un prolongado conflicto con su hija con respecto a su novio. A Margaret no le gustaba el novio de su hija, y su hija no escuchaba a Margaret acerca de esa relación. Margaret, como hacen muchos padres, trató de controlar a su hija, y su hija había estado rebelde por varios años, abandonando el hogar y viviendo en otra casa con su novio. Mi colega habló con Margaret acerca de La Ley de la Vida, y la animó a ir a Dios cada mañana, para recibir de Su amor. Él la instruyó a ver cuánto Dios ama a su hija y la ha perdonado; y que ella debía perdonarla de la misma manera. Conversó con ella acerca de los principios del amor y la libertad, y la animó a dejar de tratar de controlar a su hija, y que simplemente la amara. Y la desafió a practicar sólo pensamientos positivos acerca de su hija y su novio. Cuando Margaret regresó a su consultorio unas pocas semanas después, ella ya no estaba tosiendo, ¡y su incontinencia urinaria estaba resuelta!

Entonces, ¿el problema simplemente estaba en su cabeza? ¡No! En su cuerpo existían problemas físicos reales. Pero el fundamento de su condición se encontraba en su mente. El conflicto con su hija, y su intento en controlarla (que, de paso, no es lo que hace el verdadero amor), era el fundamento de su tos crónica e incontinencia urinaria. Cuando se eliminó la causa, terminó el efecto.

Janet

Janet padecía de migrañas. Empezaron hace 13 años y recurrían cada fin de semana. Durante la semana se encontraba bien, pero las migrañas comenzaban el viernes y continuaban hasta lunes por la mañana. Frecuentemente recibía medicamentos, inyecciones, y líquido intravenoso, porque se mantenía vomitando sin poder tolerar alimentos. Ella había ido de un médico a otro, procurando encontrar una solución a sus problemas, pero sin éxito. Luego cierto día fue a ver a mi colega. Después de examinarla y revisar su registro médico sin encontrar malestar físico alguno que explicara sus síntomas, él empezó a preguntarle de su pasado.

Ella le relató que su padre era un alcohólico, y la trataba mal cuando él estaba ebrio. Él trabajaba en otra ciudad, y estaba fuera de casa durante la semana, pero llegaba a casa el viernes, pasaba el fin de semana, y regresaba al trabajo el lunes por la mañana. Ella odiaba a su padre, y cómo la trataba. Varios meses antes de comenzar las migrañas, su padre murió. Mi colega inmediatamente vio la correlación entre la presencia de su padre en el hogar los fines de semana, y el patrón de las migrañas de Janet los fines de semana. Él compartió con Janet La Ley de la Vida, y la animó a pasar tiempo cada mañana con Dios, recibiendo el amor que Dios ofrecía.

Le aconsejó considerar a su padre a través de los amorosos ojos de Dios, y pedir a Dios que le concediera un corazón que amara a su padre. La desafió a pensar sólo pensamientos positivos acerca de él, y que lo perdonara. Janet empezó a practicar estas cosas, y en cuestión de una semana ella dejó de tener migrañas.

Por tanto, ¿estaba eso sólo en su mente? ¡No! Existían condiciones físicas reales en su cuerpo. Pero el fundamento de esta situación se encontraba en su mente. Su odio hacia su padre (que, de paso, no es lo que hace el amor), era el fundamento de sus migrañas. Cuando la causa se eliminó, cesó el efecto.

<u>Carlos</u>

Carlos era un ganadero en Idaho de 65 años y era diabético. Cierto día, él notó una úlcera en su pie, e inmediatamente fue a su médico para un chequeo. Fue puesto en un proceso de antibióticos. Su azúcar sanguíneo estaba bajo control, estaba siendo manejado con medicamentos y cambios de estilo de vida; pero él no mejoraba. Eventualmente, la infección llegó al hueso, y Carlos fue enviado al cirujano.

El cirujano le dijo que necesitaba amputar su dedo pequeño para poder salvar el resto del pie. Después de la amputación, Carlos fue enviado a ver un especialista en diabetes, quien trabajó con él tratando los niveles de su azúcar. A pesar de la ayuda del especialista, sus niveles de azúcar aún no se controlaban. Su herida empeoró e infectó el hueso del siguiente dedo, y nuevamente, él vio al cirujano para otra amputación. Dos dedos ahora fueron amputados, y faltaban tres, pero no se puede aguantar el peso del cuerpo si no se tienen suficientes dedos; por tanto, la siguiente amputación sería a la mitad del pie.

Su especialista lo admitió a la UCI (Unidad de Cuidados Intensivos) para poderle aplicar insulina intravenosa, y ver si sus niveles de azúcar se controlaban; y aun en la UCI con insulina, no pudieron controlar sus niveles de glucosa.

Ahora, nuevamente visita al cirujano, quien se encuentra completamente confundido. Nadie puede acertar lo que está pasando. Su pie está empeorando, y pronto necesitará otra amputación. El cirujano le cuenta a Carlos acerca de un nuevo médico en la ciudad, que hace las cosas un poco diferente. Juan, otro colega mío, es un especialista de medicina interna con fuerte interés en estilo de vida. De hecho, él y su familia dirigían un programa de estilo de vida en su casa por un tiempo. En fin, se refiere Carlos a Juan.

Cuando Juan consulta a Carlos, él revisa sus registros médicos y ve todas las notas de su médico anterior, sus rayos x, y su escáner de IRM; y conversa con Carlos acerca de su estilo de vida y dieta, etc. En todo esto, Juan no puede encontrar nada significante con lo cual Carlos no está cumpliendo. Pero Juan tiene un cuestionario que da a todos sus pacientes, y en el cuestionario hace preguntas acerca de niveles de tristeza, ansiedad, descontento, remordimiento, culpa, y desconfianza. También hace preguntas sobre ánimo, esperanza, fe, simpatía, y amor. Y en ese cuestionario, uno de los resultados fue muy anormal. Carlos estaba experimentando mucho sentimiento de culpabilidad.

Cuando se le preguntó sobre la culpabilidad, Carlos mencionó que él era cristiano, y sabía que debía cuidar su cuerpo, pero obviamente no había hecho un buen trabajo con esto, y se sintió culpable porque él era responsable de los problemas de salud que enfrentaba. Juan le preguntó a Carlos: "En tu iglesia, ¿qué haces cuando te sientes culpable de algo?

Carlos dijo: "Bueno, oramos y pedimos a Dios que nos perdone". Juan dijo: "Bueno, ¿qué tal si podemos orar ahora? Entonces allí mismo en la oficina, Carlos se arrodilló pidiendo a Dios que lo perdonara por no cuidar su cuerpo como debiera. Después de levantarse de sus rodillas y sentarse en la silla, Juan preguntó a Carlos, "En tu iglesia, después de orar y pedir que Dios te perdone, ¿qué haces?" Carlos dijo: "Bueno, creemos que Dios nos perdonó, y ya no continuamos haciendo lo malo. Pero Doctor, ya no hago esas cosas malas". Juan no podía identificar otra cosa, Carlos se fue, y Juan se sintió algo insatisfecho con el encuentro, porque no sentía que hubiera ayudado tanto a Carlos.

Pero después de esa entrevista, los niveles de azúcar sanguíneo de Carlos empezaron a controlarse, su pie empezó a sanar, y en 6 semanas su pie se había sanado después de 4 meses de médicos, hospitales, medicaciones, cirugías, y visitas a la UCI. El único problema identificado y abordado fue la culpabilidad.

Ahora, ¿se trataba de solo un asunto mental? ¡No! Existían problemas físicos reales en su cuerpo. Pero el fundamento del problema se encontraba en su mente. Su culpabilidad (que, de paso, no es lo que promueve el amor), fue la causa de su úlcera. Una vez eliminada la causa, cesó el efecto.

<u>Michelle</u>

Yo atendí a Michelle hace varios años, tras llegar a nuestro centro de estilo de vida con un problema de cáncer. Padecía de múltiples tumores en el área abdominal, ya había fracasado en varios intentos usando quimioterapia. Por lo tanto, llegó en busca de otra forma para mantenerse saludable. De paso, nosotros no curamos cáncer. Simplemente enseñamos cómo vivir de la manera más sana dentro del contexto de su enfermedad, y así otorgar la mejor posibilidad de sanar.

Mientras conocí a Michelle, se hizo evidente que existían algunos asuntos en su vida que no estaban ayudando el problema del cáncer que tenía. La ayudamos a corregir algunos de sus hábitos de estilo de vida, y usamos algunos remedios sencillos para ayudarle. El asunto mayor, mientras la aconsejaba, era el problema con su madre.

Michelle nunca conoció a su padre, su madre la crió unos años y luego dejó a Michelle con sus abuelos para que la criaran. La madre de Michelle periódicamente volvía a su vida, y pensamientos y sentimientos de resentimiento, abandono, ira, confusión, etc., se sentían en Michelle. Fue evidente que ella no amaba ni honraba a su madre, y yo sabía que eso no era bueno para su cáncer.

Por tanto, aconsejé a Michelle, ayudándole a ver que su madre no era su fuente. Dios era su fuente. Le di el reto de ir a Dios y recibir Su perfecto amor, y pedirle que le diera el mismo amor por su madre. Ayudé a Michelle a entender que ella no necesitaba tomar personalmente lo que su madre hacia o decía, porque lo que sale de su madre, sale porque eso es lo que tiene dentro de ella.

Michelle tomó seriamente el consejo, y empezó a tomar tiempo a solas con Dios, y aprender a recibir de Él para poder amar a su madre con el amor de Dios.

Antes de que Michelle saliera de nuestro centro, sus marcadores de cáncer estaban elevados, pero dos semanas después, estos marcadores se encontraban en niveles normales. Unos dos meses después, recibimos la feliz noticia de que casi la mitad de sus tumores habían desaparecido, y los restantes se encontraban más pequeños.

Pero como cuatro meses después, recibí un reporte que Michelle se encontraba desanimada, porque sus marcadores de cáncer nuevamente habían subido. La llamé y encontré que su madre había regresado al cuadro y agitado nuevamente las cosas. Michelle olvidó mucho de lo que le había enseñado, y ella volvió a tomar las cosas personalmente, y ver a su madre como la fuente. Y estuvimos otra hora repasando nuevamente estos principios, y ayudándole a recuperar una perspectiva correcta. Ella lo hizo así. Y unos pocos meses después, tuvimos la feliz noticia que sus marcadores habían vuelto a lo normal.

Por tanto, ¿estaba todo en su cabeza? ¡No! En su cuerpo había un cáncer muy real. Pero el fundamento del cáncer se encontraba en su mente. Su resentimiento hacia su madre (que, de paso, no es lo que hace el amor), se encontraba en el fundamento de su cáncer. Una vez eliminada la causa, el efecto desapareció. Cuando la causa regresó, también regresó el efecto.

Como puedes ver, la mayoría de nuestras enfermedades tienen su fundamento en la mente. "Por doquiera prevalece la enfermedad mental. El noventa por ciento de las enfermedades que sufren los hombres tienen su fundamento en esto".[102]

Ahora, yo no deseo que ustedes piensen que todo, toda enfermedad, tiene su fundamento en la mente. Pero sí deseo que reconozcan que la mayoría sí tiene su fundamento en la mente. El noventa por ciento, para ser exacto.

102. Elena G. de White, Consejos Sobre la Salud, p. 321.

CAPÍTULO 8

La ley del amor...y la salud

El amor y la ley

Demos otra mirada mas a las relaciones de amor y su impacto sobre la salud. Existen dos legítimas relaciones de amor funcionando en el corazón. Una es la relación de la cual yo tomo. La otra relación es aquella en la cual yo doy. Ambas son relaciones legítimas de amor.

Y Dios nos ha creado para tomar de una relación para que podamos dar a otra. Así es como funciona el amor divino en el corazón redimido.

Pero el enemigo, que no puede crear nada nuevo, ha dañado el plan de Dios al simplemente revertir la ecuación. En vez de tomar para dar, nosotros damos para tomar (recibir), yendo en dirección opuesta a la diseñada por Dios para nosotros—haciendo un "nuevo orden" de cosas según la el camino de Satanás. Este "nuevo orden" se encuentra en el amor humano, lo cual resultó del pecado. Ahora, seguir el plan de Dios produce vida, pero seguir el plan del enemigo produce muerte.

¿Has pensado alguna vez por qué Dios escribió los Diez Mandamientos en dos tablas de piedra? Cuando yo era joven, pensaba que eso era porque Su dedo era muy grande para escribir todo en una sola piedra. Pero ese no es el caso. Él tuvo un propósito en escribir los mandamientos en dos tablas de piedra.

Como pueden ver, cada tabla de los mandamientos gobierna a cada una de las relaciones de amor. Los primeros cuatro mandamientos son mandatos exclusivos, y los últimos seis son mandatos inclusivos. Según el primer mandamiento, ¿cuántos dioses existen? Uno y solo Uno. ¿Y el segundo mandamiento dice que hemos de adorar cuántos dioses? Uno y sólo Uno. Y el tercer mandamiento dice que hemos de reverenciar y santificar ¿el nombre de cuántos? Uno y sólo Uno. ¿Ahora el cuarto mandamiento dice que hemos de adorar específicamente en cuántos días de la semana? Uno y solamente Uno. Los primeros cuatro mandamientos son exclusivos, es decir que incluyen sólo uno, y excluyen todos los demás.

En esencia, lo que los primeros cuatro mandamientos están diciendo es: Sólo existe una fuente, y esa fuente es Dios. Otra forma de decirlo es: 'Sólo toma de aquí.' Estos cuatro mandamientos gobiernan la relación de tomar amor exclusivamente. Hemos de tomar de Dios como nuestra única fuente.

Pero ¿qué de los otros seis mandamientos? ¿El quinto mandamiento nos dice que hemos de hacer a nuestros padres? Hemos de honrarlos. Honrar a nuestros padres—¿es eso dar o es tomar? Es dar.

Por tanto, el siguiente juego de mandamientos gobierna el amor que da. ¿Nos da el quinto mandamiento algunas características de nuestros padres que los podrían excluir de este mandamiento? ¿Dice que honres a tus padres si ellos son honorables? ¡No! El mandamiento nos ordena honrar a nuestros padres, sin importar si son, o no, honorables. Es inclusivo. Incluye a todos los padres, sin importar sus aptitudes o características. Simplemente hemos de honrarlos. Pero ¿qué de los otros cinco mandamientos (No cometerás adulterio...robar...dar falso testimonio...codiciar)?

Todos estos mandamientos dicen: "¡No tomes de aquí!" No importa quién es, cómo te tratan, qué poseen, o cómo se ven. Uno simplemente les da. No se toma de ellos.

De quien uno toma, uno depende. Pero a quien uno da, uno es independiente.

Por ejemplo, imagínate un arroyo de agua pura fluyendo de una montaña hacia el valle, y adjunto al arroyo existen tres fincas. Tú compras la segunda finca, la del medio; y estás muy feliz con tu compra. Usas el agua del arroyo para tu casa, para tus campos, tus cultivos y animales; y disfrutas estar sentado junto al arroyo cristalino por las tardes.

Digamos que el vecino que vive en la finca que está debajo de la de usted decide empezar algún tipo de industria de manufactura, y desvía toda el agua del arroyo hacia su propiedad para su planta manufacturera, al hacer esto solo un poco de agua y contaminada sigue el cause hacia abajo del arroyo. ¿Te afecta directamente su decisión? ¡No! ¿Por qué? Porque ellos se encuentran debajo de tu finca. Aún tienes acceso a toda el agua necesaria, y puedes usarla para lo que necesitas y deseas; y lo que ellos hacen con el agua después de esto, es su problema. No dependes de ellos, porque ellos no controlan tu fuente de agua.

Pero imaginemos que el vecino de arriba del arroyo decide iniciar la misma industria, y desvía toda el agua del arroyo hacia su finca; y poca agua contaminada fluye de su finca hacia la tuya. ¿Te afecta directamente su decisión? ¡Sí! ¿Por qué? Porque ellos se encuentran arriba de tu finca. Tú necesitas agua que atraviesa de su finca hacia la tuya. Ellos controlan tu fuente, y dependes de ellos. Y lo que ellos hacen te afecta directamente. Si ellos son de quien tu tomas, si ellos se encuentran hacia arriba del arroyo, si ellos son tu fuente, te toca depender de ellos. Pero si ellos son a quienes das, si ellos se encuentran hacia abajo del arroyo, si ellos no son tu fuente, eres independiente. Lo que ellos hacen no te afecta ni te controla.

Nos encontramos en un problema. Como puedes ver, la ley no está gobernando nuestras vidas, y todo lo tenemos al revés. En vez de sólo tener a Dios como nuestra fuente, todas nuestras fuentes son nuestros padres, nuestra familia, nuestros cónyuges, nuestros amigos, y aun nuestras mascotas.

¿Cómo puedes saber si ellos son tu fuente? Tú dependes de ellos. Ellos te frustran. Ellos te incomodan. Ellos te hieren. Y ellos te controlan mientras tratas de controlarlos. Como puedes ver, nosotros tenemos que controlar nuestras fuentes si no confiamos plenamente en ellas, porque tratamos de protegernos al proteger nuestras fuentes. Y no podemos confiar en ningún ser humano; por tanto, si ellos son nuestra fuente, debemos tratar de controlarlos.

Pero Dios nunca se propuso que otros fueran nuestra fuente (excepto en niños al cuidado de sus padres, lo cual es temporal, y debe resultar en que los padres los desteten y les enseñen a Dios como su fuente). La ley dice que Dios es nuestra única fuente. Todos los demás están aquí para poderles aportar, no importa quién es o cómo son.

Mediante el sacrificio que Él [Cristo] hizo en la cruz, y la obra del Espíritu Santo, Dios borra el corazón antiguo de pecado, con su ideología de dar para recibir, y que pone a otros en el lugar donde sólo Dios debiera estar, y nos restaura a un corazón divino de amor que fue con el que nos creó originalmente para disfrutar.

Al darnos un nuevo corazón, Dios restaura la función de la ley en nuestros corazones mediante la obra del Espíritu Santo. "Pero este es el pacto que haré con la casa de Israel en esos días, dice el Señor; pondré mi ley en sus mentes, y la escribiré en sus corazones; y seré su Dios, y ellos serán mi pueblo". Jeremías 31:33. Y cuando la ley es restaurada a su correcta función en nosotros, nuestros padres dejarán de ser nuestra fuente. Nuestra familia cesará de ser nuestra fuente. Nuestro cónyuge dejará de ser nuestra fuente. Nuestros amigos y mascotas dejarán de ser nuestra fuente. Todos serán alguien a quien nosotros demos, no de quien tomemos; y Dios será nuestra única fuente.

Y cuando tú y yo tomamos de Dios, ese tomar resulta en llenar el alma (de algo externo de sí mismo—es decir, de Dios) con lo que necesita (amor). Y cuando tu das a otros, el pensamiento es convertido en acción física como hablar y hacer, y ese 'dar' llena el cuerpo (desde el espíritu) con lo que necesita (energía/poder/control).

Por tanto, finalmente nuestro problema reside en las fuentes de las cuales escogemos tomar. Mientras yo vivo mediante la ley de Dios, tomando de su amor y dándolo a otros, tendré salud. Pero si empiezo a tomar amor de fuentes equivocadas, o lo guardo para mí mismo, eventualmente experimentaré síntomas, enfermedad, y finalmente la muerte. Cuando esa ley que gobierna al amor es transgredida, es llamado pecado; y el pecado es la causa principal de la enfermedad. Es interesante. Cuando uno lee la Biblia, y ella habla acerca de estar saludable, ella no nos instruye acerca de comer nuestras verduras. Más bien nos instruye a obedecer la ley.

"y dijo: Si oyeres atentamente la voz de Jehová tu Dios, e hicieres lo recto delante de sus ojos, y dieres oído a sus mandamientos, y guardares todos sus estatutos, ninguna enfermedad de las que envié a los egipcios te enviaré a ti; porque yo soy Jehová tu sanador".[103] Querido lector, realmente ¿deseas salud? ¿Deseas estar libre de las enfermedades de los egipcios (ellos padecieron de enfermedades cardíacas, cáncer, diabetes, etc.)? Entonces "presta oído a Sus mandamientos y guarda todos Sus estatutos".

103. Éxodo 15:26

¿Deseas una piel y músculos saludables, y huesos fuertes? "No seas sabio en tu propia opinión; Teme a Jehová, y apártate del mal; Porque será medicina a tu cuerpo, Y refrigerio para tus huesos".[104]

¿Deseas vida? "Hijo mío, atiende a mis palabras; inclina tu oído a mis dichos. No se aparten de sus ojos; guárdalos en medio de tu corazón; porque son vida para quienes las encuentran, y salud para su carne. Guarda tu corazón con toda diligencia, pues de él mana la vida".[105]

¿Deseas ser bendecido, fértil y saludable? "Entonces sucederá, porque escuchas estos juicios, y los guardas y los haces, para que el Señor tu Dios...te ame y bendiga, y te multiplique; y él también bendecirá el fruto de tu vientre, y el fruto de tu tierra...Serás bendito encima de todos los pueblos; no habrá hombre o mujer infértil entre vosotros Y quitará Jehová de ti toda enfermedad; y todas las malas plagas de Egipto, que tú conoces ...."[106]

¿Deseas que tu tierra, que te provee alimento, sea sanada? "Si mi pueblo que es llamado por mi nombre se humillare, y orare, y buscare mi rostro, y se apartare de sus impíos caminos, entonces yo oiré desde el cielo, y perdonaré su pecado, y sanaré su tierra".[107]

¿Deseas ser sanado? "Pues el corazón de este pueblo se ha vuelto embotado. Sus oídos están endurecidos, y sus ojos han cerrado, para no ver con sus ojos y oír con sus oídos, para no entender con sus corazones y apartarse, para que yo los sane".[108]

¿Deseas salud sin cumplir con las condiciones? No funcionará. "Por la fe en Jesucristo el corazón acepta la verdad y

104. Proverbios 3:7,8
105. Proverbios 4:20-23
106. Deuteronomio7:12-15
107. 2 Crónicas 7:14
108. Mateo 13:15

el instrumento humano se purifica y se limpia. Jesús fue 'herido por nuestras rebeliones, molido por nuestros pecados: el castigo de nuestra paz sobre él; y por su llaga fuimos nosotros curados'. ¿Es posible ser curados mientras pecamos a sabiendas? No; es la fe genuina la que dice: 'Sé que he pecado, pero también sé que Jesús me ha perdonado, y en adelante resistiré la tentación, con su poder y mediante él'".[109]

Vemos, entonces, que el Señor da salud mediante Su palabra, mediante las promesas allí encerradas, mediante una entrega a esa palabra, y mediante el cumplimiento de sus condiciones. Pero también vemos en esta misma palabra, a un enemigo suelto que debemos velar.

109. Elena G. de White, Hijos e Hijas de Dios, p. 299.

CAPÍTULO 9

La guerra del enemigo

Existe un enemigo

En 1ª Pedro 5:8 leemos: "Sed sobrios, y velad; porque vuestro adversario el diablo anda como león rugiente, buscando a quien devorar". Existe un enemigo que desearía nada más que destruirnos, y así herir a Dios, a quien él aborrece. Y esta controversia entre Dios y el diablo puede verse en la vida y la salud de un creyente. Vemos esto suceder en la vida de Job.

En Job capítulo 3, y los versículos 3 al 7 leemos: "El Señor dijo a Satán: '¿Has considerado a mi siervo Job, que no hay otro como él en la tierra, sin culpa, y recto, que teme a Dios y esquiva el mal? Y aún mantiene su integridad, aunque lo has incitado contra mí, para destruirlo sin causa.' Y Satanás contestó el Señor, diciendo: '¡Piel por piel! Sí, todo lo que el hombre tiene, dará por su vida. Pero estrecha tu mano ahora, y toca su hueso y carne, ¡y ciertamente él te maldecirá en tu cara! Y el Señor dijo a Satán: 'He aquí, él está en tus manos, pero no toques su vida.' Y Satán salió de la presencia del Señor, y golpeó a Job con llagas dolorosas desde la planta del pie hasta la corona de su cabeza. Y él tomó un tiesto con el cual rascarse mientras se sentaba en medio de las cenizas".

En esta historia encontramos varios puntos interesantes que debemos considerar. Primero que todo, existe una controversia entre Dios y Satanás (la palabra 'satanás' significa acusador), donde Satanás lanza acusaciones contra Dios. Dios podía entrar en discusión contra Satanás (lo cual nunca hace) y decir: "No, tú estás mal," mientras Satanás contraataca con: "No, yo estoy bien," y así podrían continuar de acá para allá. Pero más bien, Dios permite que Satanás se de cuenta que está equivocado al poner la acusación a prueba. Así Dios revela que Él está bien, y Satanás mal; y lo hace sin entrar en discusión con Satanás.

Como puedes ver, es el carácter de Satanás acusar (presentar falsas acusaciones contra otros con el propósito de condenarlos), pero ese no es el carácter de Dios. Leemos: "Jesús les dijo: 'No intimiden a nadie ni lo acusen falsamente.'"[110] "Y Jesús le dijo: 'Ni yo te condeno; vete y no peques más.'"[111] "No piensen que los acusaré delante del Padre".[112] "Y los principales sacerdotes lo acusaron de muchas cosas, pero él nada contestó".[113] "Ángeles… no presentan la injuriosa acusación contra pecadores delante del Señor".[114] "Y Miguel el arcángel, contendiendo con el diablo, cuando disputaba sobre el cuerpo de Moisés, no se atrevió a hacerle una injuriosa acusación".[115]

Por tanto, vemos claramente que no es el carácter de Dios acusar. Y tampoco es la práctica de aquellos en quienes reina el carácter de Dios. Tú y yo no acusaremos a otros cuando Dios vive en nuestros corazones, así como los ángeles no nos acusan.

Otra verdad que aprendemos de la historia de Job es que cuando el Señor permite a Satán probar su acusación, Dios le pone límites que Satanás no puede cruzar. En la primera prueba de Job, en Job capítulo 1 y versículos 6-22, Dios dice: "He

110. Lucas 3:14
111. Juan 8:11
112. Juan 5:45
113. Marcos 15:3
114. 2 Pedro 2:11
115. Judas 1:9

aquí, todo lo que él tiene está en tu poder; sólo no pongas tu mano sobre su persona".[116] Y en la segunda prueba en Job 2:11, Dios dice: "He aquí, él se encuentra en tu mano, pero guarda su vida".[117] A Satanás se le permitió probar su acusación, pero no se le permitió ir más allá de lo permitido por el Señor. Hubo una línea definitiva que Lucifer no pudo cruzar. Pero en este ejemplo, "Job es sin culpa y recto". ¿Es esto cierto para todo aquel que es afligido por Satanás? En ocasiones las personas se entregan a Satanás para que las controle. Y cuando lo hace, él puede causar enfermedad física, o debilidades. "Al ellos salir, he aquí, ellos le trajeron un hombre, mudo y poseído del demonio. Y cuando el demonio fue echado fuera, el mudo habló. Y las multitudes se maravillaron, diciendo: '¡Nunca se vio esto en Israel!'[118]

Aquí vemos que Satán puede causar que alguien sea mudo. "Entonces uno fue llevado a Él, que estaba poseído por el demonio, ciego, y mudo; y Él lo sanó, de modo que el ciego y mudo habló y vio".[119] Satanás no sólo puede provocar que alguien se enmudezca, sino que también se enceguezca. "...un hombre vino a Jesús, arrodillándose ante Él, diciendo: 'Señor, ten misericordia de mi hijo, pues es un epiléptico y sufre severamente; pues a menudo él cae en el fuego y a menudo en el agua...' 'Luego Jesús contestó y dijo: 'Tráiganlo a mí.' Y Jesús reprendió al demonio, y salió de él; y el niño fue curado desde esa hora".[120]

Este niño tenía una condición "médica" llamada epilepsia (un trastorno de convulsiones), pero obviamente Jesús no sólo lo sanó de epilepsia. Él echó fuera un demonio de él, él fue sanado. Ahora, el diablo puede causar epilepsia también. Si el diablo busca a quien destruir, ¿a qué se debe que no somos destruidos nosotros? Es sólo por la divina intervención de Dios, por Su protección, que aún estamos vivos.

---

116. Job 1:12
117. Job 2:6
118. Mateo 9:32,33
119. Mateo 12:22
120. Mateo 17:14-18

Esto nos hace preguntar, ¿Existen maneras en que puedo dar a Satanás permiso de obrar su poder destructivo en mi vida? ¿Qué, si hay algo, que le daría permiso para obrar su poder destructivo en mi vida, que de otra forma él no tendría acceso, o ningún poder para hacerlo? Consideremos unas historias modernas mientras contemplamos estas preguntas.

Roberto

Juan y Sharón, ya no sabían que hacer; el problema era su hijo, Roberto, de cinco años. Cada vez que Roberto estaba entre el público, él los avergonzaba con su obsceno vocabulario y comentarios sexualmente explícitos. Él tenía un conocimiento precoz de los asuntos sexuales, y una inclinación a probar estas cosas.

Cierto día, Sharón salió de casa unos minutos para hacer algo, y cuando regresó, encontró que Roberto se había desvestido y también a Rebeca, su hija de 10 meses; y estaba por acosarla. Ellos no podían dejarlo solo, ni siquiera por un momento, mucho menos llevarlo a la iglesia; pues siempre los dejaba en vergüenza.

Luego un día un orador especial vino a su iglesia y habló acerca de cómo Satanás tomaba posesión aun de cristianos; y causa problemas en el hogar. Así que, después de las reuniones, consultaron con el orador acerca de su situación con Roberto.

Después de cuestionarlos sobre varios puntos, descubrió que Sharón no era cristiana cuando concibió a Roberto, y que fue concebido durante una orgía. Sharón no sabía quién realmente era el padre. Pero varios meses después, cuando ella se encontraba embarazada con Roberto, aprendió de Jesús, se enamoró de Él; y fue bautizada en su iglesia. Fue poco después que Juan conoció a Sharón, y ellos pronto se casaron. El orador preguntó a Sharón si ella específicamente había confesado su pecado acerca de la concepción de Roberto y si ella había pedido que Dios bloqueara ese punto de acceso del enemigo. Ella no lo había hecho.

Por tanto, el orador, Juan y Sharón, se arrodillaron allí mismo, y él dirigió a Sharón en una oración de confesión y arrepentimiento de ese pecado, pidiendo al Señor que bloqueara el acceso del enemigo a Roberto debido al pecado de Sharón.

Esa noche, al ir a casa, encontraron un Roberto enteramente diferente. Él ahora era un niño normal de cinco años, sin ningún conocimiento pervertido, ningún lenguaje sucio, y ninguna conducta vergonzosa o peligrosa. ¿Cuál era el problema? El pecado no confesado de Sharón permitió al enemigo acceso a Roberto, y el control de su conducta. Una vez que ese pecado fue específicamente confesado y abandonado, el enemigo no tuvo más acceso a Roberto, e inmediatamente se convirtió en un niño normal de cinco años.

A

Un problema similar existió en nuestra familia. Yo había luchado con una adicción por muchos años, sin poder vencerla. Aún estaba activo en la iglesia, y muchos se hubieran asombrado al saber que yo tenía una adicción secreta; pero siempre estaba allí en el pasado. Dos de nuestros hijos fueron concebidos mientras yo aún luchaba con este problema.

Mis padres se habían divorciado cuando yo tenía 14 años de edad; y como consecuencia yo había llegado a creer que la relación entre un padre y un hijo era más fuerte que la relación entre esposo y esposa. El problema era que yo realmente amaba a mi esposa. Ella era mi ídolo. Yo no quería que nada se interpusiera entre nosotros. Y ahora, allí había una criatura a quien llamaremos *A*, entrando en nuestras vidas; que tendría un vínculo más fuerte con mi esposa que el mío. No hace falta decirlo, pero yo estaba celoso de esta nueva situación.

Después de nacer *A*, nosotros no nos conectábamos bien. La niña siempre lloraba y se quejaba cuando yo la sostenía, y yo batallaba para controlar mis sentimientos y respuestas cuando estaba cerca de ella. Al crecer, ella gritaba si era yo quien entraba al cuarto cuando lloraba de noche, o si yo era quien cambiaba su pañal. Simplemente no nos llevábamos bien. Ella siempre quería la mamá para todo.

Eventualmente, mi adicción se volvió un verdadero problema, y finalmente buscamos consejería. Durante el proceso de consejería, los consejeros me dirigieron mediante la oración, para específicamente confesar y arrepentirme de mi participación en muchas cosas (incluyendo mi adicción); y pedir que el Señor cerrara las puertas que yo abrí al enemigo a través de mi participación.

Habíamos estado quedándonos en casa de un amigo, a una hora de distancia de donde eran las citas de consejería; y dejamos a *A* y su hermano menor con un pariente durante las citas. Ese día, al regresar de la cita, nuestra hija *A*, de tres años, salió corriendo de la casa para encontrarnos. Eso no fue inusual. Pero lo inusual fue que ella se dirigió directamente hacia mí con brazos abiertos, gritando: "¡Papá, Papá!"

La niña nunca había hecho eso. Ella hubiera corrido hacia Mamá. Después de levantarla, mi esposa y yo nos vimos con una mirada de sorpresa en nuestras caras. Eso era tan inusual. Esa noche, después de acostar a *A* y su hermano, mi esposa y yo nos sentamos en la sala. Mi esposa se encontraba en el teléfono actualizando a su mamá acerca de los eventos del día. *A* llamó desde su cuarto, pidiendo que la llevaran al baño, y mi esposa me pidió que la llevara, ya que se encontraba ocupada en el teléfono. Yo temía ser quien iría, porque siempre se volvía en un pleito con *A* gritando y queriendo que Mamá la llevara y no yo.

Al fijarme por la puerta y ver el cuarto, *A* me vio y dijo alegremente "¡Papá!", y abrió sus brazos para que yo la levantara. Ella voluntariamente me dejó cargarla para bajar las escaleras para ir al baño, aun caminando por la sala donde estaba Mamá, y todo eso sin hacer un escándalo. La cargué al segundo piso cuando terminó, y la puse en la cama, y ella dijo: "Te quiero Papá,"

¡Yo estaba absolutamente sorprendido! Esta era una niña enteramente diferente, tratándome en una forma completamente nueva. Y desde ese día, nuestra relación nunca ha estado tan tensa como los primeros tres años. Cuando mi pecado fue específicamente confesado y abandonado, cuando pedí ayuda al Señor para cerrar la puerta de acceso que el enemigo tenía a nuestras vidas; esa avenida quedó cerrada; y el enemigo no podía llegar más a *A* y hacerla responder como antes. Y cuando él no tuvo más ese acceso, nuestra relación quedó restaurada inmediatamente.

Un amigo

Tengo un amigo que se habia involucrado con el ocultismo, y él tiene unos amigos que aún se encuentran allí. Él me estaba hablando de una de sus amigas que tiene el poder de la proyección astral. La proyección astral es una experiencia voluntaria fuera del cuerpo, donde un individuo está consciente de, y "experimenta" cosas en otros lugares. Por ejemplo, esta amiga pretende tener la habilidad de entrar "mentalmente" al hogar de alguien y escuchar conversaciones, y ver lo que sucede en ese hogar. Esta "habilidad" existe sólo mediante el poder del diablo y sus ángeles malvados que están presentes en el hogar, saben lo que sucede allí; y pueden comunicar eso con el individuo según ocurre.

Lo interesante es que, esta amiga con el poder de proyección astral, dijo que ella solo puede entrar en ciertos hogares. Pero ¿qué determina cuáles son los hogares donde ella puede "entrar" o no "entrar". Si existen objetos en el hogar que pertenecen al diablo, entonces ella tiene permiso, o poder, para entrar en ese hogar y observar lo que sucede allí adentro.

Querido lector, ¿qué tienes en tu hogar que pertenece al diablo? Y ¿qué acceso tiene él a tu vida, y la de tu familia, por tener posesión de esas cosas?

Un conocido

Un conocido mío cuenta la historia de cuando le tocó hablar en una escuela cristiana en Europa. Él estaba animando a los alumnos a hacer una entrega total al Señor, y dejar de jugar con el mundo y lo mundanal. Habló con ellos sobre cómo eliminar sus películas de Hollywood, su música mundana; y separarse de todo lo que nos aparta del Señor.

Dos de las señoritas que compartían un cuarto, fueron particularmente tocadas por las reuniones, y decidieron eliminar toda pertenencia del enemigo. Por tanto, después de la reunión esa noche, regresaron a su dormitorio y empezaron a destruir sus CDs y DVDs, y otros artículos que las separaban de Dios, y daban al enemigo acceso a sus vidas. Una de las señoritas hasta llamó a su madre (eran como la 1 o 2 de la mañana donde vivía su madre), y le pidió que eliminara todos sus CDs, y otras cosas similares en la casa. A su madre le agradó acatar el pedido de su hija, dedicándose a eliminar esas cosas en esa misma noche.

Mientras terminaban con la "limpieza", una de las señoritas reconoció que la otra tenía un símbolo de una banda de música rock en su chaqueta, y dijo a la señorita que quitara ese símbolo de su chaqueta, porque era símbolo del diablo. Por tanto, ellas procedieron a descocer el parche y eliminarlo. Una vez eliminado, la señorita dueña de la chaqueta gritó "¡Oh!, ¿qué pasó?!" Su compañera de cuarto le preguntó qué había sucedido. "Mi dolor...mi dolor de espalda... ¡se fue! ¡Se fue!" Ella había sufrido por varios años con dolor de espalda que la había debilitado de tiempo en tiempo, pero constantemente le hizo difícil la vida. Pero una vez eliminado el último vestigio que pertenecía al enemigo, y destruido, ¡su dolor desapareció!

La hija de Abraham

Encontramos una historia similar en la Biblia. "Un sábado Jesús enseñaba en una sinagoga. Y estaba allí una mujer que desde hacía dieciocho años tenía una enfermedad por causa de un espíritu. Andaba encorvada sin poder enderezarse. Cuando Jesús la vio, la llamó, y le dijo: 'Mujer, quedas libre de tu enfermedad'. Puso sus manos sobre ella, y al instante se enderezó, y alabó a Dios. Pero el principal de la sinagoga se enojó de que Jesús la hubiese sanado en sábado, y dijo a la gente: 'Seis días hay para trabajar. En ellos venid para ser sanados, y no en sábado'. Entonces el Señor replicó: '¡Hipócrita! Cada uno de vosotros, ¿no desata en sábado su buey o su asno, y lo lleva a beber? Y a esta hija de Abrahán, que hacía dieciocho años que Satanás la tenía atada, ¿no fue bueno desatarla de esta ligadura en sábado?'"[121]

Esta mujer con problemas de espalda, jorobada e incapaz de enderezarse por 18 años, estaba encadenada por Satanás. Hoy pudiéramos ver eso, y decir que ella padecía de osteoporosis severa con fracturas de compresión, o escoliosis, o cifosis, o algo similar. Si tuviéramos la capacidad de hacerle rayos-x en la espina dorsal, antes de sanarla Jesús, pudiéramos haber diagnosticado su problema. Pero ¿cuál fue la respuesta de Jesús a su situación? El testimonio de Jesús fue que Satán la tenía encadenada.

¿Hace Satanás lo mismo hoy? Sería extraño si no fuera así. Por tanto, ¿cómo obtiene acceso a nosotros? Y ¿qué podemos hacer para cerrar la puerta a su acceso?

Embajadas

Cuando viví en Trinidad y Tobago (T&T), siempre pasaba manejando por la Embajada Estadounidense. Era como un pedazo de casa en una tierra extraña. Pero yo, como ciudadano americano, estaba sujeto a las leyes y reglas de T&T mientras vivía en T&T. Si transgredía la ley, estaba sujeto a los correspondientes castigos.

Imaginemos que en T&T se pasa una ley diciendo que toda persona viviendo en T&T debe renunciar a su patria de origen y hacerse ciudadano de T&T; y que la pena por no acatar esta ley es prisión de por vida. ¿Qué podría hacer yo? Una cosa sería ir a la Embajada de Estados Unidos, ¿Por qué ir allí? Porque en el terreno de la Embajada Estadounidense, las leyes y reglamentos de los Estados Unidos de América son predominantes, no las leyes de T&T. En dichos terrenos, yo no estaría violando la ley,

121. Lucas 13:10-16

porque estaría sujeto a las leyes y reglamentos estadounidenses, no de T&T. Cuando una nación otorga a otra el derecho de ubicar en su territorio una embajada, lo que están haciendo es dando un trozo de tierra al otro país, en el cual ese pedazo de tierra llega a formar parte de otro país, y está sujeto a sus leyes y reglamentos, no a las leyes y reglamentos de la nación que ha otorgado el terreno.

Satanás también tiene una embajada, y esa embajada es el pecado. Donde sea que se encuentra el pecado, allí prevalecen los reglamentos y leyes de Satanás. El pecado en tu vida y la mía da a Satanás el permiso de obrar en nosotros a su manera. Si no fuera por la gracia restrictiva de Dios, el camino de Satanás conduciría a nuestra destrucción inmediata. ¡Alabado sea Dios por Su poder restrictivo y protector en nuestras vidas!

Veamos más específicamente las formas como Satanás obtiene acceso a nosotros para arruinarnos, y lo que necesitamos hacer para cerrar esas puertas; y así él no pueda tener más ese acceso a nosotros.

No camines hacia la embajada de Satanás. Eso significara problemas para ti. "Si nos aventuramos en el terreno de Satanás, no hay seguridad de que seremos protegidos contra su poder. En cuanto sea posible, debemos cerrar todas las puertas por las cuales el tentador podría llegar hasta nosotros".[122]

Recuérdese, Satanás no puede forzarte; tiene que ser invitado. "En ningún caso puede Satanás dominar los pensamientos, palabras y actos, a menos que voluntariamente le abramos la puerta y le invitemos a pasar. Entrará entonces y, arrebatando la buena semilla del corazón, anulará el efecto de la verdad".[123]

Debemos permanecer precavidos y atentos, o el enemigo obtendrá acceso a nosotros. "Si los obreros...se descuidan y no prestan atención a sus intereses eternos...el tentador buscará la manera de alcanzarlos. Tenderá redes a sus pies y los dirigirá

122. Elena G. de White, El Hogar Cristiano, p. 365.
123. Ibid.

por sendas extraviadas. Estarán seguros solamente aquellos cuyos corazones están protegidos con sanos principios".[124]

Satanás puede obtener acceso a nosotros en los lugares que menos sospechamos—como en nuestras propias mesas. "'Satanás... a través del apetito pervertido, halla acceso para degradar el ser entero.[125]

Quizás no sea solo en la mesa, sino en cualquier lugar donde cedemos a la intemperancia, al apetito, y a la pasión. Dondequiera que cedemos, Satanás nos puede atrapar. "Al rendirse a las tentaciones de Satanás a dejarse dominar por la intemperancia, el hombre pone las facultades superiores en sujeción a los apetitos y pasiones.... El ser humano...se somete al dominio de Satanás. Y él gana fácil acceso a los que son esclavos del apetito. Mediante la intemperancia algunos sacrifican la mitad, otros dos tercios de sus facultades físicas, mentales y morales y llegan a ser juguetes del enemigo".[126]

Si tienes una duda acerca de algo, sólo hazte la pregunta: "¿Reducirá esto la sensibilidad de mi consciencia, o invitará a la tentación?"

"Debemos abstenernos de toda práctica que pudiera embotar la conciencia o estimular la tentación. No debemos abrir puerta alguna que dé a Satanás acceso a la mente de un ser humano formado a la imagen de Dios".[127]

Uno de los medios favoritos de Satanás en obtener acceso a nuestras vidas, es a través de la música. "Satanás no hace objeción a la música si puede hacer de ella el medio para tener acceso a la mente de los jóvenes. Cualquier cosa que aparte la mente de Dios y ocupe el tiempo que debiera ser dedicado a su servicio, convendrá a su propósito. Para su trabajo utiliza los medios que ejercen la más fuerte influencia para mantener al mayor número en una infatuación agradable, mientras son paralizados por su poder".[128]

124. Elena G. de White, El Colportor Evangélico, p. 53.
125. Elena G. de White, El Colportor Evangélico, p. 137.
126. Elena G. de White, La Temperancia, p. 129.
127. Elena G. de White, Consejos para la Iglesia, p. 189.
128. Elena G. de White, Mensajes para los Jóvenes, p. 209.

Satanás, en ocasiones, obtiene acceso a nosotros en maneras más siniestras. "Satanás halla acceso a miles de mentes presentándose bajo el disfraz de amigos desaparecidos. Las Sagradas Escrituras declaran que 'los muertos nada saben'. Eclesiastés 9:5. Sus pensamientos, su amor, su odio, han perecido. Los muertos no se comunican con los vivos. Pero fiel a su antigua astucia, Satanás emplea este recurso a fin de apoderarse de la dirección de la mente".[129]

¿Dónde encontramos seguridad? La encontramos mientras permanecemos en Cristo. "Todo cristiano debe estar constantemente en guardia y velar sobre toda avenida del alma por la cual Satanás pudiera hallar acceso. Debe orar por el auxilio divino y al mismo tiempo resistir resueltamente toda inclinación a pecar. Con valor, fe y esfuerzo perseverante, puede vencer. Recuerde, sin embargo, que a fin de que obtenga la victoria Cristo debe morar en él y él en Cristo".[130]

¿Es pecado el ser tentado? ¡No! Cuando cedo a la tentación, eso es pecado. Aun Jesús fue tentado. Pero Satanás no encontró acceso a Él. Desafortunadamente, él tiene más éxito con nosotros. "En el desierto de la tentación Cristo hizo frente a las grandes tentaciones fundamentales que habían de asaltar al hombre. Allí se encontró solo con el enemigo sutil y astuto, y lo venció. La primera gran tentación fue sobre el apetito; la segunda, sobre la presunción; la tercera, sobre el amor al mundo. Satanás ha vencido a millones tentándolos a la complacencia del apetito. Por medio de la gratificación del gusto, el sistema nervioso se excita y el poder del cerebro se debilita, haciendo imposible pensar con calma y en forma racional. La mente se desequilibra. Sus facultades más altas y más nobles son pervertidas para servir a la lujuria animal, y los intereses sagrados y eternos son desatendidos. Cuando se obtiene este objetivo, Satanás puede venir con sus otras dos principales tentaciones y hallar acceso libre. Sus múltiples tentaciones surgen de estos tres grandes puntos principales".[131]

---

129. Elena G. de White, Los Hechos de los Apóstoles, p. 234.
130. Elena G. de White, El Hogar Cristiano, p. 366.
131. Elena G. de White, Consejos Sobre el Régimen Alimenticio, p. 178.

"No por una palabra, ni por muchas palabras, sino por toda palabra que ha hablado Dios, vivirá el hombre. No podemos despreciar una sola palabra, por pequeña que nos parezca, y estar libres de peligro. No hay en la ley un mandamiento que no sea para el bienestar y la felicidad de los hombres, tanto en esta vida como en la venidera. Al obedecer la ley de Dios, el hombre queda rodeado de un muro que lo protege del mal. Quien derriba en un punto esta muralla edificada por Dios destruye la fuerza de ella para protegerlo, porque abre un camino por donde puede entrar el enemigo para destruir y arruinar".[132]

Juan el Bautista tuvo una experiencia similar. Él hizo todo lo posible para cerrar la puerta al enemigo, pero eso no significó que el enemigo no lo tentó. Nuevamente, el ser tentado no significa pecar. Ceder a la tentación sí lo es. "Juan no se sintió lo suficientemente fuerte para soportar la gran presión de tentación que enfrentaría en la sociedad. Él temió que su carácter sería moldeado según las costumbres prevalecientes de los judíos, y prefirió el desierto como su escuela, donde su mente podría ser educada y disciplinada correctamente con el gran libro divino de la naturaleza. En el desierto, Juan podría más fácilmente negarse a sí mismo, y llevar su apetito bajo control; y vestirse según una sencillez natural.

Nada había en el desierto para desviar su mente de la meditación y la oración. Satanás tenía acceso a Juan, aún después de habérsele cerrado toda avenida posible mediante la cual él entraría. Pero sus hábitos de vida fueron tan puros y naturales, que podía discernir al enemigo, y tuvo fortaleza mental y decisión de carácter para resistirlo".[133]

Veamos más de cerca las cosas que tú y yo, y nuestras familias, pudiéramos haber practicado que pudieran dar acceso a Satanás para obrar su ruina en nosotros. En primer lugar, existe una franca participación oculta.

---

132. Elena G. de White, El Discurso Maestro de Jesucristo, p. 48.
133. Elena G. de White, S.D.A. Bible Commentary, Vol. 5, p. 1115.

Participación oculta

Esto incluye involucramiento y experiencia en, o uso de, cosas como amuletos, asociación con personas en brujería, proyección astral (experiencias fuera del cuerpo), astrología (horóscopo), escritura automática, pactos de sangre, María Sangrienta (sesión espiritista), encantos, clarividencia, consultar con un canalizador, consultar con un médium, consultar con un psíquico, consultar con Espiritista, bolas de cristal, lenguas demoníacas, el juego Mazmorras y Dragones (y otros juegos de este tipo), fetichismo (adoración de objetos), adivinación, juegos que involucran poder oculto, juegos de fantasía, juegos ocultistas de violencia, fantasmas, amuletos de buena suerte, oír voces en tu mente, hipnosis, amigos imaginarios, bolas mágicas, ritos mágicos, magia negra o blanca, realizar encantos de magia, artes marciales, materialización, control mental de otros, sugerencia mental, control mental, intercambio mental, música ocultista (glorifica a Satanás), medicina Nueva Era, libros/literatura ocultistas, presagios , tabla ouija, lectura de la palma de la mano, amuletos católicos, adoración a Satanás, espiritistas, espíritus sexuales, hablar en trance, guías espirituales, levitación de la mesa o del cuerpo, cartas de tarot, telepatía, meditación transcendental, uso de sanación mágica, uso de encantos o maldiciones, sueños visionarios (no de Dios), visualización, vudú, hidromancia/radiestesia, brujería, y yoga.

Fenómeno ocultista

También debemos estar atentos al fenómeno ocultista, como pesadillas demoníacas, percepción extrasensorial (PES), sentir la presencia del diablo, objetos desapareciendo, oír sonidos extraños, o voces inusuales, cambios de personalidad, ver fantasmas, o imagen grande y oscura, ver objetos moverse, y conocimiento o fuerza sobrenatural.

Falsas enseñanzas

También podemos dar lugar a que el enemigo obre en nuestras vidas a través de falsas enseñanzas, tales como Animismo,

Budismo, Bahaísmo, Catolicismo, Ciencia Cristiana, Eckankar, Seminarios de Entrenamiento tipo Erhard (STE), Divino Padre, Herbert W. Armstrong, Hinduismo, Movimiento Paz Interior, Islam, Testigos de Jehová, Kabala, Caballeros Templarios, Masones, miembro de culto, Mormonismo, adoración de espíritu Nativo Americano, Nueva Era, Seminario Nueva Era, Panteísmo, Rosicrucianismo, Roy Masters, Ciencia de la Mente, Cienciología, Método Silva de control mental, Teosofía, Iglesia Unificación (los Moonies), Unitarismo, Unidad, Camino Internacional, Wicca, y otros.

Uso de drogas

El enemigo obtiene acceso a nosotros a través del uso de sustancias que alteran la mente, tales como alcohol, anfetaminas, cocaína, Éxtasis, pegamento para oler, hachís, heroína, LSD, marihuana, narcóticos, barbitúricos, PCP, peyote, STP, THC, tabaco, y otras drogas callejeras.

Entretenimiento

Y el enemigo también puede obtener acceso a nosotros mediante entretenimiento inspirado por él, y en el cual gastamos tiempo para leer, escuchar, y mirar. Él puede obtener acceso a nosotros a través de libros, caricaturas, Disney, entretenimiento de la televisión, películas de Hollywood, el internet, revistas, noticias, novelas, pornografía, redes sociales, juegos de video, música mundana, aun música mundana con palabras cristianas, y YouTube, entre otros.

¡Salid de allí!

Ahora, ¿qué advertencia nos tiene la Biblia acerca de estas cosas? "Por lo demás, hermanos, todo lo que es verdadero, todo lo honorable, todo lo justo, todo lo puro, todo lo amable, todo lo que es de buen nombre; si hay virtud alguna, si algo digno de alabanza, en eso pensad".[134]

"'Habitaré y andaré entre ellos. Seré su Dios, y ellos serán mi pueblo'. 'Por lo cual, salid de en medio de ellos, y apartaos', dice el

134. Filipenses 4:8

Señor. 'No toquéis lo impuro, y yo os recibiré. Y seré vuestro Padre, y vosotros seréis mis hijos e hijas, dice el Señor Todopoderoso'."[135]

"Así, hermanos, os ruego por la misericordia de Dios, que presentéis vuestro cuerpo en sacrificio vivo, santo, agradable a Dios, que es vuestro culto razonable. Y no os conforméis a este mundo, sino transformaos mediante la renovación de vuestra mente, para que podáis comprobar cuál es la buena voluntad de Dios, agradable y perfecta".[136]

"No améis al mundo, ni lo que hay en el mundo. Si alguno ama al mundo, el amor del Padre no está en él. Porque todo lo que hay en el mundo -los malos deseos de la carne, la codicia de los ojos y la soberbia de la vida-, no procede del Padre, sino del mundo. Y el mundo y sus deseos se pasan. En cambio, el que hace la voluntad de Dios, permanece para siempre".[137]

"Satanás encuentra en los corazones humanos algún punto en que hacerse firme; es tal vez algún deseo pecaminoso que se acaricia, por medio del cual la tentación se fortalece. Pero Cristo declaró al hablar de sí mismo: "Viene el príncipe de este mundo; y él nada tiene en mí". Juan 14:30. Satanás no pudo encontrar nada en el Hijo de Dios que le permitiese ganar la victoria. Cristo guardó los mandamientos de su Padre y no hubo en él ningún pecado de que Satanás pudiese sacar ventaja. Esta es la condición en que deben encontrarse los que han de poder subsistir en el tiempo de angustia. En esta vida es donde debemos separarnos del pecado por la fe en la sangre expiatoria de Cristo. Nuestro amado Salvador nos invita a que nos unamos a él, a que unamos nuestra flaqueza con su fortaleza, nuestra ignorancia con su sabiduría, nuestra indignidad con sus méritos".[138]

Vayamos al Señor y confesemos específicamente las cosas dañinas en que hemos estado involucrados. Pidámosle específicamente

135. 2 Corintios 6:16-18
136. Romanos 12:1,2
137. 1 Juan 2:15-17
138. Elena G. de White, El Conflicto de los Siglos, p. 607.

que corte los lazos que el enemigo tiene sobre nosotros a través de lo que han hecho nuestros antepasados. Y librémonos completamente del pecado mediante la gracia de Dios, confiando que Él lo logrará en nosotros.

Oración

Si has estado personalmente involucrado en actividad del ocultismo, yo recomendaría que hicieras la siguiente y ferviente oración, confesando y abandonando cada actividad ocultista practicada.

"Señor, confieso que participe en ____________. Pido tu perdón y renuncio a esa actividad. Te pido, Señor Jesús, que tomes el terreno cedido al enemigo mediante mi participación, y ese terreno lo cedo a tu control. Pido que rompas cualquier cadena que mi participación en el pasado ejerza sobre mis hijos".

Si has estado experimentando el fenómeno del ocultismo, ora y pide que el Señor te revele dónde se encuentra la fuente de ese fenómeno; y luego confiesa y abandona cada cosa, aun confesando lo que tu familia haya practicado. En la línea en blanco, escribe el fenómeno ocultista que has estado experimentando. "Reconozco que he estado envuelto en actividad ocultista, o que generaciones de mi familia estuvieron envueltos en actividades que condujeron a ____________. Renuncio cualquier actividad que mi familia y yo estuvimos involucrados, y condujo al ________________ que estoy experimentando. Te pido, Señor Jesús, que tomes el terreno cedido al enemigo debido a mi participación, y cedo ese terreno a tu control".

Si has estado envuelto en falsa enseñanza, confiesa y abandona cada falsa enseñanza practicada. "Reconozco mi participación en falsas enseñanzas de______________. Te pido perdón y renuncio esa falsa creencia. Te pido, Señor Jesús, que reclames el terreno que he cedido al enemigo; y cedo ese terreno a tu control".

Si tienes miembros de familia que han estado envueltos en actividades ocultistas, falsas creencias, o cualquier otro pecado generacional que puede estar dando al enemigo acceso a tu vida, pide a Dios por la victoria sobre cada cosa, confesándola específicamente; y escribiendo en la primera línea la persona involucrada, y la actividad o creencia practicada en la segunda línea. "Señor, confieso que _____________ participó en_____________. Pido tu perdón, y renuncio a esa actividad. Te pido, Señor Jesús, que tomes el terreno que cedí al enemigo mediante su participación, y cedo ese terreno a tu control. Pido que tú rompas cualquier lazo que su participación ejerza sobre mis hijos".

Si has estado envuelto en drogas, ora por cada droga que usaste, confesando y abandonando cada una. "Señor, confieso que cedí terreno al enemigo mediante mi uso de la droga_____________. Pido tu perdón y renuncio a esa actividad. Te pido, Señor Jesús, que reclames el terreno que cedí al enemigo, y cedo ese terreno a tu control".

Y si has estado envuelto en el consumo de los medios de comunicación, confiesa cada tipo de medio que tú o tu familia usó, y renúncialo de todo corazón. "Señor, confieso que cedí terreno al enemigo mediante mi lectura, mi oír, y mi mirar de_____________. Te pido perdón y renuncio esa actividad. Te pido, Señor Jesús, que tomes el terreno que cedí al enemigo, y cedo ese terreno a tu control".

CAPÍTULO 10

Un Amor que Toma

¿Qué debo hacer?

Ahora que vemos más claramente nuestro problema, la pregunta que debemos hacernos es: "¿Qué debo hacer acerca de eso?"

1. Ven y toma del amor de Dios

Reconociendo que Dios es la única fuente, debemos venir a Él y recibir de Su amor. Imagínate que conoces a alguien que te interesa, y estás pensando en buscar una relación con ellos. Solo que existe un problema: Esa persona es muda (no puede hablar). Solo porque es muda no significa que esa relación es imposible. Solo cambia de alguna forma cómo te comunicas. Tú podrás ser capaz de hablarle, pero él (o ella) tendrá que usar lenguaje corporal, o escribir para responder.

En seguir una relación con Dios, en recurrir a Él como tu única fuente, puedes conversar con Él como con un amigo—en oración. Dile cómo te fue durante el día. Dile cómo te sientes. Dile con qué estás luchando, y en qué forma desearías que Él te ayudara. Él puede ayudarte con tus sentimientos. Si sientes ira, frustración, depresión, u otra cosa, Él puede ayudarte. No dejes de conversar con Él solo porque tu pienses que no le gustará lo que le dirás. Solo sigue conversando con Él.

Algunos recomiendan el siguiente acrónimo llamado PRAY [siglas en inglés], que dice: Praise/Alabanza; Repent/Arrepentimiento; Ask/Pedir; y Yield/Ceder. Alábalo y agradécele por las bendiciones en tu vida. Espera bendiciones y la forma en que te está ayudando. Arrepiéntete (siente tristeza por tu pecado y apártate de él). Pídele ayuda para vencer tus dificultades, y fuerza para vencer tu debilidad, y cede tu vida a Su control, para que Él pueda dirigir tu vida como Él mejor sabe.

En esta relación, Dios raramente nos habla directamente en voz audible. Pero él nos ha dejado Sus cartas de amor (la Biblia) que podemos leer. La Biblia tiene todas las respuestas para todos nuestros problemas, situaciones, y preguntas. Entre más leemos la Biblia, más entenderemos acerca de Dios, y más encontraremos Sus repuestas a nuestras preguntas. Cuando estás enamorado, te agrada leer las cartas de amor de quien amas.

Y al aprender más acerca de Él y Su amor por ti, puedes pasar tiempo contemplando Su amor. Ahora, existe una ley mediante la cual opera la mente. Esa ley es: 'Contemplando somos transformados' (2 Cor. 3:18). Somos transformados por el tiempo gastado en lo que pensamos, contemplamos, miramos, escuchamos, con quien nos asociamos, etc., querámoslo o no. Así es como operamos. Por tanto, si deseas amor, debes gastar tiempo contemplando amor. Y el único lugar donde encontrarás amor puro, es Dios. La mayor revelación del amor de Dios se encuentra en el sacrificio de Jesús en la cruz. Te recomiendo pasar un buen tiempo cada día, leyendo y contemplando del amor de Dios manifestado en el sacrificio de Jesús desde la última cena con sus discípulos hasta la cruz. ¡Serás inmensamente bendecido por esto!

"Vi cómo se puede obtener esta gracia. Id a vuestra recámara, y allí a solas, suplicad a Dios; 'Crea en mí, oh Dios, un corazón limpio; y renueva un espíritu recto dentro de mí'. Salmos 51:10. Tened fervor y sinceridad. La oración ferviente es muy eficaz. Como Jacob, luchad en oración. Agonizad. En el huerto Jesús sudó grandes gotas de sangre; pero habéis de hacer un esfuerzo. No abandonéis vuestra recámara hasta que os sintáis fuertes en Dios; luego velad y mientras veléis y oréis, podréis dominar los pecados que os asedian, y la gracia de Dios podrá manifestarse en vosotros.... Acudid a él con celo, y cuando sintáis sinceramente que sin la ayuda de Dios habríais de perecer, cuando le anheléis a él como el ciervo anhela las corrientes de agua, entonces el Señor os fortalecerá prestamente. Entonces vuestra paz pasara todo entendimiento. Si esperáis la salvación, debéis orar. Tomad tiempo para ello. No os apresuréis ni seáis negligentes en vuestras oraciones. Rogad a Dios que obre en vosotros una reforma cabal, para que los frutos de su Espíritu moren en vosotros y permanezcáis como luminarias en el mundo".[139]

Fuentes

En este punto quiero repetir algo muy importante. ¿A dónde recurres en busca de entendimiento? Cuando deseas ser entendido, ¿a quién buscas? Si necesitas aceptación, ¿a dónde vas? ¿Qué haces cuando necesitas seguridad? ¿Con quién te sientes seguro? Y ¿a dónde vas en busca de amor?

Si honestamente haces una encuesta de tu vida, ¿cuántas fuentes tienes? ¿Recurres siempre a tu cónyuge, tus padres, hijos, amigos, o colegas? Permíteme hacerte una pregunta que hicimos previamente: ¿Puede otro ser humano ser la fuente de lo que tú, como ser humano, necesitas? No, no se puede, ¡porque ellos también necesitan lo mismo! Por tanto, ¿quién constituye la fuente VERDADERA de lo que necesitas? La fuente es Dios.

En realidad, ¿es Él tu única fuente, o es sólo una de tus fuentes? Isaías nos recuerda: "Oh Eterno Todopoderoso, Dios de Israel, que moras entre querubines. Sólo tú eres Dios sobre

139. Elena G. de White, Testimonios para la Iglesia, Tomo 1, p. 148-49.

todos los reinos de la tierra. Tú hiciste el cielo y la tierra".[140] El salmista David nos recuerda: "Porque tú eres grande, y haces maravillas; sólo tú eres Dios".[141]

Pablo nos recuerda: "Por él fueron creadas todas las cosas, las que están en los cielos y las que están en la tierra, visibles e invisibles; sean tronos, sean dominios, sean principados o autoridades. Todo fue creado por medio de él y para él. Porque Cristo existía antes de todas las cosas, y todas las cosas subsisten en él".[142]

Tu madre no es tu fuente. Tu cónyuge no es tu fuente. Tu hijo no es tu fuente. Tu amigo no es tu fuente. Tu perro no es tu fuente. Tu gato no es tu fuente. Nada de estas cosas son tus fuentes. Sólo tienes UNA fuente, y esa fuente es Dios.

¿Necesitas pertenecer a algún lugar y a alguien? Ve a Dios, no a tu madre. ¿Necesitas ser aceptado por alguien? Ve a Dios, no a tu amigo. ¿Necesitas sentirte seguro? Ve a Dios, no a tu consejero de finanzas. ¿Necesitas armonía? Búscala de Dios, no de tu cónyuge.

Yo imagino a Dios estando por encima de mí, y los demás a mi lado. Verticalmente, Dios debe ser mi fuente de lo que necesito. Por tanto, ¿cuál es el propósito de tener relaciones horizontales (relaciones con otras personas)? Los demás no están allí para ser mi fuente. Sólo Dios está allí para ser mi fuente. Otros están allí para darme la oportunidad de dar lo que recibí de Dios. Otros no están allí para tomar de ellos. Ellos están allí para darles.

Para poderles dar debo tener algo que dar. Por tanto ¿cómo tomo lo que necesito de Dios? Además de lo previamente mencionado, he encontrado que principalmente eso se obtiene al confiar en Sus promesas.

---

140. Isaías 37:16
141. Salmo 86:10
142. Colosenses 1:16,17

¿Necesitas aceptación? Dios te promete: "Pero a todos los que lo recibieron, a los que creyeron en su Nombre, les dio el derecho de ser hijos de Dios".[143] Dios "acepta al que es fiel y obra rectamente, de cualquier nación que sea".[144] "Alabado sea el Dios y Padre de nuestro Señor Jesucristo, que en Cristo nos bendijo con toda bendición espiritual en los cielos. Dios nos eligió en él desde antes de la creación del mundo, para que fuésemos santos y sin culpa ante él en amor. Y nos predestinó para ser sus hijos adoptivos por Jesucristo, conforme al afecto de su voluntad. Para alabar su gloriosa gracia, que nos dio generosamente en el amado".[145] "Porque tanto amó Dios al mundo, que dio a su Hijo único, para que todo aquel que en el crea, no perezca, sino tenga vida eterna. Porque Dios no envió a su Hijo al mundo para condenar al mundo, sino para que el mundo sea salvo por él".[146]

¿Necesitas tener sentido de pertenencia? Dios te promete: "Pero ahora, así dice el Eterno, tu Creador, oh Jacob, y tu Formador, oh Israel: 'No temas, porque yo te redimí. Te puse nombre, mío eres tu'"[147] ¿Puede una madre olvidar a su niño de pecho, para no compadecerse del hijo de sus entrañas? Aunque ella se olvide, yo nunca te olvidaré. En la palma de mis manos te llevo esculpida, tus murallas están siempre ante mí".[148] "Pero cuando se cumplió el tiempo, Dios envió a su Hijo, nacido de mujer, nacido bajo la Ley, para redimir a los que estaban bajo la Ley, a fin de que recibiésemos la adopción de hijos. Y por cuanto sois hijos, Dios envió a vuestro corazón el Espíritu de su Hijo, que clama: '¡Padre, Padre!' Así, ya no eres más siervo, sino hijo. Y si hijo, también heredero de Dios por medio de Cristo".[149] "¡Mirad qué gran amor nos ha dado el Padre, que seamos llamados hijos de Dios! ¡Y lo somos! Por esto el mundo no nos conoce, porque no lo conoce a él".[150]

143. Juan 1:12
144. Hechos 10:35
145. Efesios 1:3-6
146. Juan 3:16,17
147. Isaías 43:1
148. Isaías 49:15,16
149. Gálatas 4:4-7
150. 1 Juan 3:1

¿Necesitas seguridad? Dios te promete: "El ángel del Eterno acampa alrededor de los que lo veneran, y los defiende".[151] "Mi Dios, pues, suplirá toda necesidad vuestra, conforme a su gloriosa riqueza en Cristo Jesús".[152] "No temas, que yo estoy contigo. No desmayes, que Yo Soy tu Dios que te fortalezco. Siempre te ayudaré, siempre te sustentaré con la diestra de mi justicia"[153] "Cuando pases por el agua, yo seré contigo; y los ríos, no te anegarán. Cuando pases por el fuego, no te quemarás, ni la llama arderá en ti".[154] "Ninguna arma forjada contra ti prevalecerá, y tú condenarás toda lengua que se levante contra ti. Esta es la herencia de los siervos del Eterno, y las victorias que proceden de mí", afirma el Señor".[155]

¿Necesitas entendimiento? Dios te promete: "Sin embargo, él llevó nuestras enfermedades, y sufrió nuestros dolores. Y nosotros lo tuvimos por azotado, por herido de Dios y abatido".[156] "Porque no tenemos un Sumo Sacerdote incapaz de simpatizar con nuestras debilidades; sino al contrario, fue tentado en todo según nuestra semejanza, pero sin pecado. Acerquémonos, pues, con segura confianza al trono de la gracia, para alcanzar misericordia y hallar gracia para el oportuno socorro."[157]

¿Necesitas verdad? Dios te promete: "Toda tu Palabra es verdad, tus justas leyes son eternas".[158] "Santifícalos en la verdad. Tu Palabra es verdad".[159] Jesús le dijo: 'Yo Soy el camino, la verdad y la vida. Nadie viene al Padre, sino por mí".[160] "Decía Jesús a los judíos que habían creído en él: 'Si vosotros permanecéis en mi palabra, sois realmente mis discípulos. Y conoceréis la verdad, y la verdad os libertará'[161]

---

151. Salmo 34:7
152. Filipenses 4:19
153. Isaías 41:10
154. Isaías 43:2
155. Isaías 54:17
156. Isaías 53:4
157. Hebreos 4:15,16
158. Salmo 119:160
159. Juan 17:17
160. Juan 14:6
161. Juan 8:31,32

¿Necesitas perdón? Dios te promete: "Él no nos ha tratado según nuestros pecados, ni nos ha castigado según nuestras iniquidades. Porque como los cielos son más altos que la tierra, así de grande es su misericordia hacia los que le teman; como el oriente esta lejos del occidente, así él quitó nuestras transgresiones de nosotros".[162] "¿Qué Dios hay como tú, perdonando la iniquidad y cubriendo la transgresión del remanente de su herencia? Él no retiene para siempre su ira, porque se deleita en misericordia. Él nuevamente se compadecerá de nosotros, y subyugará nuestras iniquidades. Echará todos nuestros pecados a la profundidad de la mar".[163] "Si confesamos nuestros pecados, él es fiel y justo para perdonarnos nuestros pecados y limpiarnos de toda maldad".[164]

¿Necesitas gozo? Dios te promete: "Me mostrarás el sendero de la vida; en tu presencia hay plenitud de gozo; a tu diestra placeres para siempre".[165] "Restaura en mí el gozo de tu salvación, y sostenme con tu Espíritu generoso".[166] "Pues Dios da sabiduría y conocimiento y gozo al hombre que es bueno a Su vista; pero al pecador él da el trabajo de recoger y amontonar, para dar a aquél que es justo delante de Dios. Esto también es vanidad y aflicción de espíritu".[167] "Tus palabras fueron encontradas, y las comí, y tu palabra me fue por gozo y regocijo en mi alma; pues soy llamado por tu nombre, o Señor Dios de los ejércitos".[168] "'Estas cosas os he hablado, para que mi gozo permanezca en vosotros, y vuestro gozo esté lleno".[169] "Hasta ahora nada habéis pedido en mi nombre. Pedid, y recibiréis para que vuestro gozo sea lleno".[170] "Pero ahora vengo a ti, y estas cosas hablo en el mundo, para que ellos tengan mi gozo cumplido en ellos".[171]

---

162. Salmo 103:10-12
163. Miqueas 7:18,19
164. 1 Juan 1:9
165. Salmo 16:11
166. Salmo 51:12
167. Eclesiastés 2:26
168. Jeremías 15:16
169. Juan 15:11
170. Juan 16:24
171. Juan 17:13

¿Necesitas paz? Dios te promete: "El Señor dará Fortaleza a Su pueblo; el Señor bendecirá a Su pueblo con paz".[172] "Tu guardarás en perfecta paz, a aquél cuyo pensamiento permanece en Ti, porque él confía en ti".[173] "Oiré lo que Dios el Señor hable, pues él hablará paz a Su pueblo y a sus santos; para no se vuelvan a la locura".[174] "Mi paz os dejo, mi paz os doy; no como el mundo la da, yo os la doy. No se turbe vuestro corazón, ni tenga miedo".[175] "Estas cosas os he dicho, para que en mi tengáis paz. En el mundo tendréis tribulación; pero sed de buen ánimo, yo he vencido al mundo".[176] "Que el Dios de esperanza os llene de todo gozo y paz en creer, para que abundéis en esperanza mediante el poder del Espíritu Santo".[177] ¿Necesitas compasión? Dios te promete: "Mas tú, Señor, Dios misericordioso y clemente, Lento para la ira, y grande en misericordia y verdad."[178] "Pero cuando él vio las multitudes, fue movido a compadecerse de ellas, porque se encontraban cansados y dispersos, como ovejas sin pastor".[179]

¿Necesitas esperanza? Dios te promete: "Sed de buen ánimo, y él fortalecerá tu corazón, todos vosotros esperad en el Señor".[180] "Es Bueno que uno espere tranquilamente en la salvación del Señor".[181] "Porque yo sé los pensamientos que tengo hacia vosotros, dice el Señor, pensamientos de paz y no de mal, para daros un futuro y una esperanza".[182] "No se turbe vuestro corazón; creéis en Dios, creed también en mí. En la casa de mi padre muchas moradas hay; si no fuera así, os lo hubiera dicho. Voy pues a preparar lugar para vosotros. Y si me voy y preparo un lugar para vosotros, vendré otra vez y os recibiré a mí mismo; para que donde yo estoy, vosotros también estéis".[183] "Y el

172. Salmo 29:11
173. Isaías 26:3
174. Salmo 85:8
175. Juan 14:27
176. Juan 16:33
177. Juan 15:13
178. Salmo 86:15
179. Mateo 9:36
180. Salmo 31:24
181. Lamentaciones 3:26
182. Jeremías 29:11
183. Juan 14:1-3

Dios de esperanza os llene de todo gozo y paz en el creer, para que abundéis en esperanza por el poder del Espíritu Santo".[184]

"Cuando las promesas de Dios son aceptadas libre y plenamente, el resplandor del cielo es introducido a la vida".[185] Tú y yo recibimos del amor de Dios principalmente al familiarizarnos con Sus promesas, recitándolas, usándolas en tiempos de necesidad, permitiendo que sean el tema de nuestros pensamientos, y creyéndolas.

2. Aceptar un nuevo corazón/un nuevo amor

Además de orar, leer Su Palabra, y contemplar Su amor, debemos aceptar el nuevo corazón que Dios desea darnos, que opera mediante la Ley de la Vida—tomar para dar.

No sé si has visto una cirugía de trasplante de corazón, o si has estado involucrado en uno, o tuviste un amigo o familiar que estuvo involucrado en una situación así. Pero si es así, existe una cosa que de inmediato verás, y es que un trasplante de corazón ¡no es sin dolor! ¿Por qué debe alguien tener un trasplante de corazón? ¿Por qué participar en un trasplante de corazón?, y ¿cuáles son los pasos a considerar en un trasplante de corazón? ¿Cuáles son los pasos a considerar al contemplar aceptar ese nuevo corazón?

1. *Uno debe tener una condición cardíaca incurable y fatal.*

Si tu corazón puede ser curado o atendido en alguna otra forma, no eres candidato para tener un trasplante de corazón. Es sólo para quienes tienen una condición cardíaca fatal, los que califican para un trasplante de corazón.

2. *Uno debe confiar en el cirujano y autorizarlo.*

El Cirujano, Cristo, no te llevará a cirugía sin tu consentimiento. El respeta tu libre albedrío y no te obligará a hacer ni el bien, ni a hacer iniquidad. Por tanto, uno debe autorizarle a

184. Romanos 15:13
185. Elena G. de White, A Call to Medical Evangelism and Health Education, p. 26.

realizar el procedimiento antes de realizarlo. Pero si has dado tu autorización, debes confiar en Él.

Imagínate que necesitas un trasplante de corazón, y estás en el hospital, listo para cirugía, y el cirujano entra, y es un joven con apenas tres pelos creciendo en la parte superior de su labio. Le preguntas cuántos procedimientos él ha realizado antes, y penosamente te dice que esta será la primera ocasión. ¿Le permitirás que te opere? ¡Yo no! Yo estaría buscando una segunda opinión. Yo deseo un cirujano que ha realizado procedimientos muchas veces antes, y que tenga un registro de éxito muy bueno.

Jesús ha realizado este procedimiento millones de veces, y nunca ha perdido un solo caso. Puedes confiar en Él para tu trasplante de corazón.

3. *Debes estar dispuesto a soportar el dolor.*

Como mencionamos antes, una cirugía a corazón abierto no es sin dolor. Para comenzar, un bisturí es usado para cortar la piel desde el centro del cuello inferior, justo debajo del esternón. Luego es usada una sierra para cirugía para cortar el esternón en dos desde arriba hacia abajo. Luego, se ubican esparcidores de costillas en la hendidura, y son maniobradas con la mano para separar el pecho para que el cirujano pueda ver adentro. Luego el pulmón izquierdo es empujado al lado suavemente, y el saco que contiene el corazón es cortado para que el corazón pueda ser entregado. Finalmente, el cirujano sostiene el corazón en su mano y puede empezar a trabajar en él.

Para finalizar la cirugía, son los mismos pasos pero en reversa. Pero el esternón aún no está unido; por lo tanto, el cirujano toma una aguja grande y curvada con un alambre de cirugía adherido a ella, y la empuja a través del esternón, por un lado, y luego por otro. Él pasa el alambre a través del esternón, y luego usa pinzas para "atar con torsión" los dos lados del esternón.

Él hace este procedimiento varias veces en el esternón. Y, finalmente, la piel es engrapada.

El paciente pudo haber estado durmiendo durante la cirugía, pero después tiene que despertar. Y cuando despierta, ¡eso duele! La espalda duele. El pecho duele. La garganta duele. ¡Alabado sea Dios por algo que adormece el dolor!

Pero, para que el paciente no desarrolle neumonía, se le instruye a respirar profundo, y se le da un aparato que le ayuda a practicar respiración profunda. ¿Por qué se necesita animarlo a respirar profundamente? Es porque el alambre no sostiene perfectamente el esternón, y cada vez que el paciente respira profundo, tose, estornuda, o se ríe, un lado del esternón fricciona contra el otro lado, y existe dolor intenso. Por amor a cualquier amigo que visites en el hospital después de cirugía de corazón abierto (o cualquier cirugía), por favor ¡no lo hagas reír!

Si vas a recibir un nuevo corazón, debes estar dispuesto a enfrentar el dolor. Al recibir este nuevo corazón [que Cristo te ofrece], también existe dolor. Hay confesión. Hay arrepentimiento. Hay humillación. Hay que entregar nuestros ídolos y sueños. Hay que abandonar nuestras posesiones. Hay que entregarse completamente al Cirujano.

4. *Debe existir un donante con un buen corazón.*

Si tienes una condición cardíaca incurable y fatal, y el donante tiene otra condición cardíaca incurable y fatal, no existe motivo en realizar la cirugía. Si vas a recibir la cirugía, debes tener un donante que tenga un buen corazón para intercambiar.

Dios sabía esto, y después de buscar por todas partes y no encontrar un corazón adecuado, Él decidió que Su corazón era el único que funcionaría.

5. *El donante debe morir.*

Desde luego, sabemos que, si vas a recibir un nuevo corazón, el anterior dueño de ese corazón debe morir. Jesús supo eso también, y cuando Él decidió que sólo Su corazón bastaría, Él supo que le tocaba morir en el proceso. Pero Él nos amó tanto que estuvo dispuesto a realizar el sacrificio a nuestro favor.

6. *El receptor debe morir…y ser revivido.*

Muchos no se dan cuenta que el receptor del nuevo corazón también debe morir. El cirujano tiene que extraer el corazón antiguo antes de introducir el nuevo en su lugar.

He asistido cirugías de corazón abierto, y puede ser muy estresante. Por algún tiempo la máquina de bypass bombea sangre a través del cuerpo, pero no a través del corazón. Cuando el nuevo corazón es finalmente puesto en su lugar, la sangre es permitida fluir por el corazón cuando se desconecta la máquina de bypass. Pero aún el corazón no está latiendo.

El cirujano toma unas pequeñas paletas de metal, y las coloca en el pecho, al lado del corazón, y da un estímulo eléctrico al corazón. Entonces tenemos que esperar. No hay latido todavía. El cirujano estimula eléctricamente de nuevo. tenemos que esperar aún más. Aún no hay latido. Él extiende su mano al pecho, y rítmicamente aprieta el corazón en su mano por unos minutos, haciendo circular la sangre por el cuerpo, y especialmente el cerebro. Luego él estimula el corazón por tercera vez, y espera. Aún no hay latido. Puede sentirse la tensión en el cuarto. Si este corazón no late, todo habrá sido en vano. Un golpe más, y el corazón responde con un desorganizado temblor por unos segundos. Y luego un suspiro de alivio se extiende en el quirófano mientras el corazón empieza a latir de manera regular. ¡El muerto ha revivido!

7. *Uno debe seguir las instrucciones del Cirujano para el resto de la vida.*

Ahora que sobrevivió exitosamente el trasplante del corazón, uno debe seguir las instrucciones del Cirujano, pues ya no posees tu corazón. Ahora posees el corazón que Él te dio. Y para ser preservado, Su corazón debe ser tratado en cierta forma. Pues si lo tratas como trataste al anterior, resultará la misma condición terminal. Debes seguir Sus instrucciones, y hacerlo el resto de tu vida.

Pero ¿cómo se obtiene este nuevo corazón? ¿Cuál es el ingrediente que falta? Es la fe. El nuevo corazón es un regalo de la gracia de Dios, recibido y aceptado mediante la fe. Pero, veamos esto un poco más de cerca para entender qué es la fe y cómo se ejercita. Para esto, regresaremos al comienzo.

Creación y fe

"Entonces dijo Dios: 'Haya luz'. Y hubo luz".[186] "Luego dijo Dios: Haya expansión en medio de las aguas, y separe las aguas de las aguas E hizo Dios la expansión, y separó las aguas que estaban debajo de la expansión, de las aguas que estaban sobre la expansión. Y fue así".[187] "Y Dios dijo: 'Júntense las aguas que están debajo del cielo en un lugar, y aparezca el suelo seco'. Y así sucedió".[188] "Después dijo Dios: 'Produzca la tierra hierba verde que dé semilla, y árboles frutales que den fruto según su género, con su semilla en ellos'. Y así sucedió".[189] "Entonces dijo Dios: 'Haya lumbreras en la expansión del cielo para separar el día de la noche, y sirvan de señales para marcar las estaciones, los días y los años; y sirvan de lumbreras en la expansión del cielo para alumbrar la tierra'. Y así sucedió".[190] "Entonces dijo Dios: 'Produzcan la aguas seres vivientes, y haya aves que vuelen sobre la tierra en la expansión del cielo'. Y creó Dios los grandes animales marinos, y todo ser viviente que se mueve en el agua, según su género, y toda ave alada según su especie. Y vio Dios que era bueno".[191] "Entonces dijo Dios: 'Produzca la tierra seres

186. Génesis 1:3
187. Génesis 1:6,7
188. Génesis 1:9
189. Génesis 1:11
190. Génesis 1:14,15
191. Génesis 1:20,21

vivientes según su especie: ganado, reptiles y animales silvestres, según su especie'. Y así sucedió".[192]

Aquí vemos que Dios ordenó todo a la existencia mediante el poder de Su palabra. Él habló y fue hecho. No fue que Él habló y luego él tuvo que hacer lo que había hablado. Su palabra es creativa y cumple lo que él dice. La palabra de Dios puede crear algo de la nada; luz, atmósfera, tierra, estrellas, planetas, plantas, y animales. Todo fue creado mediante el poder de la palabra hablada por Dios.

Su palabra no sólo es creativa, sino Su palabra es recreativa. En el libro de Juan, encontramos que, "En el principio ya existía el Verbo, y el Verbo estaba con Dios, y el Verbo era Dios. Desde el principio estaba con Dios. Todas las cosas fueron hechas por él. Y nada de cuanto existe fue hecho sin él. En él estaba la vida, y esa vida era la luz de los hombres...Y el Verbo se hizo carne, y habitó entre nosotros, lleno de gracia y de verdad. Y vimos su gloria, gloria que, como Hijo único, recibió del Padre".[193] Vemos que Jesús fue quien habló todas las cosas para que existieran. Él fue el creador de todo el universo, y lo creó mediante el poder de Su palabra. Pero Juan nos ayuda a reconocer que Él no sólo habló y creó, sino que Él *era* el Verbo, y que el Dios que era el Verbo, quien habló todas las cosas para que existieran de la nada, y ese mismo Verbo se hizo un ser humano, viviendo entre nosotros.

En la vida y ministerio de Jesús, vemos Su poder recreativo en acción. En Mateo 9 y versículos 27 al 30 leemos: "Cuando Jesús salió de allí, lo siguieron dos ciegos, gritando: '¡Hijo de David! ¡Ten misericordia de nosotros!' Al llegar a la casa, vinieron a él los ciegos. Y Jesús les preguntó: '¿Creéis que puedo hacer esto?' Ellos le respondieron: 'Si, Señor'. Entonces les tocó los ojos, y dijo: 'conforme a vuestra fe os sea hecho'. Y sus ojos fueron abiertos".

192. Génesis 1:24
193. Juan 1:1-4,14

Esta fue solo una curación representativa entre los miles sanados por Jesús. Pero al sanarlos, existe un factor adicional a considerar. En la creación, Adán y Eva no pudieron dar consentimiento alguno en su propia creación. Pero con lo de recreación y sanación, cada persona que Jesús sanó, tuvo que ejercer fe en Él y en su habilidad de sanarlos.

Dios permite libertad completa de escoger. Él no está interesado en robots que le sirvan. Él desea criaturas que pueden decidir servirle; criaturas que puedan amar. Al darnos la capacidad de escoger y de amar, Dios respeta nuestro libre albedrío, aun cuando no es la mejor decisión. Jesús no sanaba a nadie que no ejerciera fe en Él, porque de otra forma sería imponer lo bueno sobre esa persona; y Dios no impondrá lo bueno sobre uno, así como no impone lo malo. Uno debe ser libre para escoger. Por tanto, sanar es un acto de consentimiento entre Dios, quien tiene el poder de sanar, y una criatura que consiente en ser sanada.

Veamos un ejemplo más al considerar fe y qué es lo que significa. Mateo 8, y versos 5 al 13 revela: "Al entrar Jesús en Capernaúm, vino un centurión, y le rogó: 'Señor, mi criado yace en casa paralítico, gravemente atormentado'. Jesús respondió: 'Bien, iré y lo sanaré. Pero el centurión respondió: 'Señor, no soy digno de que entres bajo mi techo. Sólo di la palabra, y mi criado sanará. Porque yo también, soy un hombre de autoridad, tengo soldados bajo mis órdenes. Digo a éste: 'Ve', y va; y al otro: 'Ven', y viene; y a mi siervo: 'Has esto', y lo hace". Cuando Jesús lo oyó, quedó admirado, y dijo a los que lo seguían: 'Os aseguro que ni en Israel he hallado tanta fe. Os digo que vendrán muchos del oriente y del occidente, y se sentarán con Abrahán, Isaac y Jacob en el reino de los cielos. Pero los hijos del reino serán echados a las tinieblas de afuera. Allí será el lloro y el crujir de dientes'. Entonces Jesús dijo al centurión: 'Ve, y como creíste te sea hecho'. Y su asistente quedó sanado en esa misma hora.".

Si Jesús dice que algo es fe, y que es gran fe, ¿no debiéramos poner atención? Jesús dijo que el centurión tuvo fe, y gran fe. Ahora, ¿cuál fue esa fe? El centurión vino a Jesús, confiando y esperando que Jesús tenía el poder para sanar a su siervo. Cuando Jesús dijo que iría a sanar al siervo, el centurión mostró que creía que Jesús no necesitaba ir a casa para sanarlo. Él creyó que Jesús era Dios, y que tenía poder creativo en Su palabra. Todo lo que necesitaba hacer era hablar su palabra y su siervo sería sanado. Eso es fe. Es saber que la palabra de Dios tiene poder en sí misma, esperando que la misma palabra de Dios hará lo que El dijo; y confiando en que la palabra misma cumplirá lo dicho.

¿Cuánta justicia reside en tu corazón? Ninguna. Entonces, así como en la creación, Dios debe hablar para que exista justicia en tu corazón de la nada.

"'Él habló, y fue hecho.' Antes que Él habló, no existían mundos; después que Él habló, los mundos estuvieron presentes. La palabra de Dios hablada por Cristo Jesús, es capaz de hacer que exista lo que no existía antes de ser hablada la palabra, y que excepto por esa palabra, nunca existiría. En la misma forma, así sucede en la vida del hombre. En la vida humana no existe justicia. En el hombre no existe la justicia inherente, de donde la justicia pueda surgir en su vida. Pero Dios ha presentado a Cristo para declarar justicia al hombre y sobre el. Cristo sólo ha hablado la palabra, y en el oscuro vacío de la vida humana hay justicia a todo aquel que desea recibirla. Donde, antes de que se reciba la palabra, no había justicia ni nada que pudiera producir justicia, después de que se recibe la palabra, hay justicia perfecta y la única Fuente de la que brota. La palabra de Dios recibida por fe—es decir, cuando se espera que la palabra de Dios haga lo que esa palabra dice, y cuando se depende de ella para que se haga lo dicho—produce justicia en el hombre y en la vida donde antes justicia y vida no existían; y precisamente como en la creación original, la palabra de Dios produce mundos donde nunca antes existían. Él ha hablado y así es para todo el que cree; es decir, para todo el que recibe. Esa misma palabra lo produce".[194]

Ahora, ¿cómo se obtiene el nuevo corazón tan desesperadamente necesitado, pero el cual no puedes producir por mi propia cuenta? Es en la misma forma. Dios ha dado Su palabra: "Os daré un corazón nuevo, y pondré un espíritu nuevo dentro de vosotros. Quitaré de vuestra carne el corazón de piedra, y os daré un corazón de carne". Ezequiel 36:26. La palabra creativa lo ha hablado, pero en el caso de la redención, tiene que existir el consentimiento de quien recibe ese nuevo corazón. Uno debe ir al bufet, para recibir lo que necesita. Uno debe consentir en recibir un trasplante de corazón, permitiendo que el Cirujano haga Su trabajo. Cuando la fe se aferra a la palabra creativa, aquello que la palabra creativa ha hablado será así, y será realizado en nuestra vida cada vez que lo necesitemos más. Uno espera la promesa que en realidad no se ve. Pero "la fe es estar seguros de lo que esperamos, y la evidencia de lo que no vemos".[195] Eso significa que la fe, mediante el poder de la palabra, permite que lo no existente se haga realidad. Y la fe misma es la evidencia de lo que aún no se ve.

La fe y la confianza son inseparables, y ¿se puede tener fe en alguien, y al mismo tiempo desconfiar de él? No, no se puede. Ahora, la fe en la palabra de Dios significa que uno confía en esa palabra, y significa que uno confía en quien la ha hablado.

194. A.T. Jones y E. J. Waggoner, Lessons on Faith: A Selection of Articles & Sermons, p. 13.
195. Hebreos 11:1

CAPÍTULO 11

Un amor que valoriza

3. Recibir el intercambio divino en la cruz

Mediante la fe, te haces participante en el intercambio divino en la cruz, donde recibes el pasado de Jesús como si fuera tuyo, y Él recibe de ti tu pasado. ¡Ya eres libre y dejas de ser la víctima y el perpetrador! Pero ten cuidado de no volver a levantar esa carga. Es tan fácil venir a Jesús con nuestras cargas en oración y mencionárselas, pero no es tan fácil ¡dejarlas en la cruz! Tristemente salimos de allí aun llevándolas.

Por ejemplo, supongamos que existe un padre preocupado por su hijo. Quizá el hijo está siguiendo una vida autodestructiva al usar sustancias tóxicas, adicciones y otras conductas perjudiciales. El padre, si es un padre de oración, muy probable presentará ese hijo a Dios en oración diariamente, o varias veces a través del día. También pedirá al Señor que proteja y convierta a ese hijo, y que intervenga en su vida para poder salvarlo. Pero entonces ¿qué hace el padre? Pasa el día entero preocupado por su hijo y lo que está haciendo, y si algún día el hijo responderá al llamado divino. Eso no es llevar la carga a la cruz y dejarla allí. Eso es llevar la carga a la cruz, para luego volverla a cargar.

¿Ama Dios a tu hijo? Por supuesto que sí. ¿Cuánto ama Dios a tu hijo? ¿Más de lo que tú lo amas?, ¿o menos? Más de lo que tú lo amas. ¿Cuánto más de lo que tú lo amas? Infinitamente más. ¿Tiene Dios poder? Sí, Él tiene poder. ¿Tiene Él más poder del que tienes tú? Claro que sí. ¿Cuánto más poder tiene Dios? Infinitamente más. Entonces, si es para su bien, y si no viola los derechos del hijo, ¿usará Dios Su poder infinito para salvar a tu hijo, a quien ama infinitamente? ¡Sí, sí lo hará!

La siguiente pregunta en realidad no es fácil. ¿Puedes confiar que Dios obrará en la salvación de tu hijo, por quién has orado? "Por supuesto," tu respondes. Pero ¿en realidad puedes confiar? Si puedes confiar en Dios, y si de verdad confías que Dios lo hará, entonces no tienes que preocuparte.

"Es, pues, la fe la certeza de lo que se espera, la convicción de lo que no se ve". (Hebreos 11:1 RVR1960). Por tanto, la fe se aferra del amor de Dios, y cree que El obrara mejor en Su propio tiempo y a su manera; y lo cree al punto que lo que espera y está en su mente ya es una realidad —tan real que es como una sustancia física ante mí, y como evidencia que puede usarse ante una corte. Y si existe una realidad presente de lo que ha de venir, nada tengo de qué preocuparme, porque ya está atendido por Cristo.

Por tanto, cuando llevas tus cargas al Señor, mediante la fe déjalas allí. Deja que el Señor realice el trabajo en Su propio tiempo y manera, y sólo confía que Él lo hará de manera infinitamente mejor. Su muerte en la cruz comprueba Su amor por ti y por quienes amas. Su amor es infinito, y puedes confiar en un amor tan infinito.

Valioso

¿Qué es lo que le atribuye valor a algo? ¿Será de lo que es hecho? ¿Se basa en lo que el objeto puede hacer? Finalmente, el valor de un objeto es determinado por lo que alguien está dispuesto a pagar por él. Por tanto, ¿cuánto vales tú? Antes de contestar esa pregunta, tomemos un desvío por un momento.

El planeta Tierra donde vivimos es un lugar hermoso, y es relativamente grande. La circunferencia de la Tierra es 40.075 kilómetros, lo que significa que, si condujeras un auto alrededor del mundo en una línea recta por la línea ecuatorial, a 100 kph, se llevarían 400,75 horas, o casi 17 días sin parar.

La tierra tiene una masa de 5.973.600.000.000.000.000.00 0.000 kg. Si uno pudiera levantar 200 libras (90,7 kg), y hacerlo cada segundo, tu tendrías que levantar a ese ritmo por 1.960.000.000.000.000.000.000 años para que eventualmente levantaras el mismo peso que tiene el mundo.

Si tienes un auto veloz, puedes conducirlo a 300 kph, pero la Tierra gira a aproximadamente 1.600 kph, y su velocidad orbital es de 107.200 kph. ¡Eso es demasiado rápido! Si conduces tu auto en la dirección correcta y en la ubicación correcta en la Tierra, pudieras estar viajando ¡a 109.131 kph!

Y, desde luego, la tierra es sólo uno de ocho planetas en nuestro sistema solar. Mercurio, Venus, Tierra, Marte, Júpiter, Saturno, Uranio, Neptuno, (¿y quizá Plutón?). Todos estos planetas están orbitando alrededor del sol. Nuestro sol es una estrella de tamaño mediano, que se encuentra a una distancia de 150 millones de kilómetros de la Tierra. Aun a las inmensas velocidades de luz, se lleva 8 segundos para que la luz viaje del sol a la tierra. En su superficie, el sol tiene una temperatura de 5.505 grados centígrados. El sol es tan grande, que si la tierra fuera del tamaño de una pelota de golf, el sol tendría un diámetro de cuatro metros y medio. La Tierra pudiera entrar 960.000 veces dentro del sol. Eso equivale a suficientes pelotas de golf para llenar uno de esos autobuses escolares amarillos.

Y cuando comparamos la tierra a otros planetas, encontramos que es ligeramente más grande que 3 o 4 de los otros planetas, pero es mucho más pequeña que los demás. Y cuando comparamos los planetas con las estrellas, existe muy poca comparación.

Betelgeuse es llamado el "gigante naranja", y forma parte de la constelación de Orión. Se encuentra a 427 años luz de nosotros, y su tamaño es dos veces la órbita de la Tierra alrededor del Sol. Si la Tierra fuera del tamaño de una pelota de golf, Betelgeuse sería del tamaño de ¡6 edificios del Empire State Building!! Eso equivale a un tamaño de 612 pisos de altura. La Tierra podría entrar 262.000.000.000.000 veces dentro de Betelgeuse. Esos son suficientes pelotas de golf para llenar el Súper domo de Lousiana 3.000 veces!

Mu Cephei se encuentra a 3.000 años luz de nosotros. Si la Tierra fuera del tamaño de una pelota de golf, Mu Cephei sería del tamaño de 2 puentes Golden Gate) ¡de punta a punta! Ese es un diámetro ¡de 3,4 kilómetros! La Tierra podría entrar 2.700.000.000.000.000 veces dentro de Mu Cephei.

Para tener una idea de cuán grande es el número cuatrillón, considérese que 1 millón de segundos son 11,5 días, 1 billón de segundos son 31,7 años, 1 trillón de segundos son 31.688 años, y 1 cuatrillón de segundos son 31.688.088 años. Un cuatrillón es un número exageradamente grande. Y la Tierra podría entrar 2,7 cuatrillones veces dentro de Mu Cephei.

Pero la estrella más grande que conocemos es llamada VY Canis Majoris. Si la Tierra fuera del tamaño de una pelota de golf, Canis Majoris sería del tamaño del Monte Everest, 8,8 km (5,5 mi) desde el nivel del mar hasta la cima. La Tierra podría entrar 7 cuatrillones veces dentro de Canis Majoris. Eso es suficientes pelotas de golf para cubrir toda la superficie del estado de Alabama con pelotas de golf ¡con una profundidad de 1,1 metros!

Cuando vemos el cielo en una noche oscura, muchas veces pensamos que estamos mirando estrellas. Pero si sólo viéramos esas "estrellas" con telescopios cada vez más sofisticados, notaríamos que algunas no son estrellas, sino galaxias. Estas galaxias están compuestas de muchas estrellas, con aproximadamente 10.000.000 a 100.000.000.000.000 estrellas en una sola galaxia. Y si tuviéramos telescopios aún más poderosos, probablemente encontraríamos mucho más de lo que se conoce.

La distancia promedio entre las estrellas en nuestra galaxia es de 4,3 años luz. Eso equivale a 40.680.000.000.000 kilómetros. Estas estrellas más cercanas a la Tierra, componen la Galaxia Vía Láctea, que es nuestra galaxia. La Galaxia Vía Láctea contiene aproximadamente 300.000.000.000 estrellas, y tiene unos 10.000 años luz de espesor (o 94.607.000.000.000.000 kilómetros), y tiene unos 100.000 años luz de ancho (o 946.073.000.000.000.000 kilómetros).

La galaxia más grande que conocemos se encuentra dentro del grupo Abell 2029. Contiene aproximadamente 100.000.000.000.000 estrellas. La galaxia más distante que conocemos, UDFj-39546284, se encuentra aproximadamente 13,37 años luz de la Tierra. Eso equivale a 126.489.958.388.640.000.000.000 kilómetros de distancia de la Tierra. Se estima que todo el "universo conocido" es de 91 billones de años luz en su diámetro. ¡Eso equivale a 860.926.473.005.000.000.000.000 kilómetros!

Existen aproximadamente 200 billones de galaxias y 1.000.000.000.000.000.000.000.000 (septillón) estrellas visibles en todo el universo .

Para tener una idea de 1 septillón, imagínate que vas a la playa, y llevas unas pinzas y una bolsa. Comienzas a recoger granos de arena, uno por uno con las pinzas hasta que has recogido toda la arena de la playa, la profundidad del mar y de toda la masa de tierra alrededor de ti. Luego sigues haciéndolo en todas las playas e islas, y continentes en el mundo entero. Una vez que hayas terminado de levantar cada grano de arena en el planeta Tierra, tendrás aproximadamente 1 septillón de granos de arena. Esto es la cantidad de estrellas que se considera compone el universo visible.

Y Dios le prometió a Abraham: "de cierto te bendeciré, y multiplicaré tus descendientes como las estrellas del cielo y como la arena del mar. Y tus descendientes poseerán las ciudades de sus enemigos".[196] El 6 de agosto, 1945, los Estados Unidos dejaron caer una bomba nuclear en la ciudad japonesa de Hiroshima. Esa bomba nuclear lanzó aproximadamente 6,0 x 1013 Joules de energía. Pero tal devastadora explosión en nada se compara al sol. El sol lanza 3,8 x 1026 Joules de energía por segundo. Eso es 6.333.333.333.333 (trillones) de veces más que la bomba nuclear de Hiroshima ¡cada segundo! ¡Eso un poder increíble! Pero nuestro sol no es el planeta más poderoso en el universo.

Cuando se trata de lanzar poder, lo más poderoso en el universo que conocemos son los quásares. Un quásar puede lanzar 1.95 x 1039 Joules de energía ¡en 1 segundo! Eso es 5.100.000.000.000 (trillones) de veces el poder del sol ¡cada segundo! Y ¿de dónde reciben su poder las estrellas y los quásares?

"Por la Palabra del Eterno fueron hechos los cielos, y todo el ejército de ellos por el aliento de su boca".[197] Dios es el poder detrás de estas fuentes de energía. ¿Y es Dios más grande o más pequeño que la creación formada por Él? ¿Puede Él crear en un espacio donde Él no se encuentra, o a dónde no tiene acceso? ¡Por supuesto que no! Por tanto, Él es mayor que su creación.

Imaginemos sobre el cielo. ¿Cómo sería estar allí? Imagínate la ciudad de Dios, hecha de 12 joyas diferentes, y sus 12 puertas, cada una hecha de una sola perla. Imagínate las calles de oro puro, tan puro que son transparentes. Imagínate el río de vida

196. Génesis 22:17
197. Salmo 33:6

que contiene agua viviente, pura, y limpia, de muchos kilómetros de ancho. E imagínate el árbol de la vida, con un tronco de cada lado del río de la vida, encontrándose en el medio—!un árbol de kilómetros de altura y kilómetros de anchura! Imagínate los coros de millones de ángeles combinándose en perfecta armonía y en tiempo perfecto, cantando alabanzas a Dios, el Creador toda esta belleza. Sólo imagínate qué sería estar allí. Si estuvieras allí, ¿desearías abandonar ese lugar?

Imagínate a Dios como el centro de toda adoración y alabanza. Imagínate que los seres vivientes están constantemente cantándole alabanzas y bendiciéndolo por Su santidad y amor. Imagínalo rodeado de tal belleza indescriptible. Imagínate que Él es más grande que el universo entero, y tan poderoso que todo existe solo porque Él lo ha hablado.

Imagínate ahora, dos pequeñas criaturas en un planeta pequeño, en el vasto espacio del universo, rebelándose y prefiriendo su propio camino en vez de la senda perfecta de Dios. Serían como dos virus microscópicos en la superficie de un solo grano de arena en la playa. ¿Cuán fácil sería para Dios borrarlos de la existencia? Pero no, Dios tenía un plan más grande. En vez de borrar esas dos manchas y su planeta (tan insignificante en la expansión del universo), Dios decidió que se haría semejante a ellos, con la intención de rescatarlos y redimirlos de su rebelión, y restaurarlos a una amistad Consigo Mismo.

Un ángel fue enviado a María, y cuando ella consintió en participar del plan de Dios en hacerse un hombre, Dios se introdujo a Sí Mismo en una sola célula en el vientre de María. Dios, quien es mayor que el universo que hemos mencionado, se hizo lo más insignificante y vulnerable posible—una sola célula.

Esa célula se dividió en dos, luego de dos a cuatro, de cuatro a ocho células. Se hizo una mórula y luego una blástula, y empezó a formar un ectodermo, mesodermo, y endodermo. Empezó a formar una columna vertebral y una cabeza, y luego piernas y brazos y eventualmente pies y manos. Su corazón empezó a latir y sus huesos empezaron a formarse. Se retorció y movió, y chupó su dedo pulgar, todo dentro del vientre de María.

Luego, un día, sucedió. Después de un viaje rudo sobre un asno desde Nazaret a Belén, la fuente de María se rompió, y era tiempo que Jesús naciera en este mundo. Pero era un mundo frío, lúgubre, e indiferente, donde Jesús nació. Con solo pastores y animales malolientes para dar la bienvenida al nacimiento de Cristo, el único lugar para acostar a Jesús fue en un pesebre donde comen los animales.

Como eran pobres, no fue una vida fácil para José y María en Belén. José tuvo que trabajar duro y mucho para mantener la familia y encontrar un lugar para que ellos vivieran; pues solo podían vivir en un establo por corto tiempo.

Ninguno de los líderes religiosos vino a ver y adorar al Dios-hombre que había venido al mundo. Todos sólo vieron un niño común. Nadie, incluyendo los padres de Jesús, realmente entendieron el significado de Quién Él realmente era.

A los dos años de edad, su vida fue amenazada; y su familia tuvo que huir para salvar la vida, y exiliarse en un país extraño. Y cuando regresaron a casa, no hubo ninguna fiesta de bienvenida que los recibiera y escoltara al palacio en Jerusalén. Por tanto, ellos vivieron una vida de obreros comunes en Nazaret. Sin reconocimiento y poco valorados.

La vida de Jesús fue para bendecir y elevar a otros. Todo lo que Él hizo fue por amor a otros. Él pensó en ellos, oró por ellos, los trató como debieran tratarse; y se sacrificó a Sí Mismo para el beneficio de ellos. Desafortunadamente, en todo momento fue malentendido y tratado con sospecha y odio.

Los líderes religiosos constantemente enviaban espías para atraparlo en Sus palabras, para poderlo condenar a muerte. Varias veces, Su Padre tuvo que milagrosamente preservar Su vida, debido a que lo odiaban y aborrecían por lo que decía y procuraron apedrearlo y lanzarlo de un precipicio.

¿Se desanimó Cristo por esto? ¿Cesó Su obra para regresar al cielo y dejarnos con nuestras vidas tercas, rebeldes y pecaminosas? ¡No! "Porque tanto amó Dios al mundo, que dio a su Hijo único, para que todo el que crea en él, no perezca, sino tenga vida eterna".[198]

La rebelión del hombre le otorgó la pena de la muerte, y Jesús debió venir para pagar esa pena; el inocente debe morir por el culpable. La vida perfecta de Jesús ganó para Él la recompensa de la vida eterna, y Él vino para dar ese premio al hombre. Jesús no podía triunfar en Su misión de rescatarnos si pecaba—aún una sola vez. Ni podía triunfar en Su misión sin morir la muerte que nosotros merecemos.

La misión debe ser completa. Rechazado y menospreciado por quienes había venido a salvar, Él sólo tenía pensamientos de bien hacia ellos; y actuó sólo para su restauración. Pero los hombres malinterpretaron Sus obras y motivos, y ellos no permitieron ser convencidos por Su vida perfecta de que sus vidas eran pecaminosas y merecían la muerte. Él vino como la luz del mundo, pero ellos amaron más las tinieblas, y no deseaban venir a la luz.

Por lo tanto, en una noche oscura vinieron para arrestarlo. Durante la noche ellos lo hicieron comparecer ante el más elevado concilio de su nación. Allí lo condenaron ante los romanos.

Pidieron su muerte, diciendo: "Su sangre sea sobre nosotros, y sobre nuestros hijos".[199] Con un gato (látigo) de nueve colas, fue azotado 78 veces, dejando su espalda ensangrentada y

198. Juan 3:16
199. Mateo 27:25

magullada. Hicieron una corona de espinas y la pusieron sobre su cabeza dándole golpes con una vara.

Fue insultado, escupido, golpeado y azotado. Trozos de Su barba fueron rasgados; y eventualmente, esas manos que se ocuparon tanto en ayudar a otros, fueron clavadas en la cruz. Esos pies que habían caminado tan lejos para alcanzar a otros con mensajes de amor y restauración, fueron clavados en esa madera. Aquél que sólo tuvo amor, recibió sólo odio. Aquél que procuró restaurar, fue objeto de destrucción.

Pero más allá del dolor físico y tortura soportados, la tortura de Jesús fue cuando Su Padre escondió Su rostro de Él. Al asumir Jesús los pecados del mundo sobre Sí Mismo—al hacerse pecado por nosotros—esos pecados lo separaron de Su Padre; separaron a quien siempre había sido uno con el Padre.

Él llegó a ser el objeto de la ira de Su Padre contra el pecado, y sufrió la segunda muerte por cada uno de nosotros. ¿Por qué? ¿Por qué soportar la tortura? ¿Por qué sufrir tanto? ¿Por qué pagar un precio tan grande? "Porque Dios *amó* tanto al mundo, que dio a su Hijo único, para que todo el que crea en él, no perezca, sino tenga vida eterna".[200] ¡Alabado sea Dios por amarnos tanto!

El valor de un alma

La pregunta es, ¿cuánto vales tú? ¡Tú vales la vida de Cristo! ¿Por qué vales la vida de Cristo? Porque Él estuvo dispuesto a pagar ese precio por ti. Y ¿por qué Él estuvo dispuesto a pagar ese precio por ti? Porque Él sabía que tú *vales* el precio que pagó. Como puedes ver, Dios no paga por basura. Él paga exactamente por lo que es valioso.

Fue uno de mis pacientes quien me ayudó a entender más claramente este concepto. Él estaba muriendo de cáncer, y yo lo

200. Juan 3:16

estaba tratando al final de su vida. Y mientras yo procuraba ser una bendición para él, él fue una bendición para mí. El siguiente concepto vino de él.

¿Cuántas personas han vivido en este planeta desde Adán y Eva hasta ahora? Imaginemos que son 20 billones de personas. ¿Cuál es el promedio de vida desde la creación hasta ahora? La mayoría antes del diluvio vivió más de 900 años, pero se han visto muchos desde entonces que murieron poco después de nacer.

Digamos que el promedio de vida es de 100 años. Por lo tanto, 20 billones de personas viviendo un promedio de 100 años, representaría 2 trillones de años de vida humana. Y ¿qué se ha logrado en los últimos 6.000 años por esas 20 billones de personas a través de los acumulados 2 trillones de años de vida humana? Vea los avances que se han hecho, los libros escritos, los aparatos hechos, las infraestructuras construidas, etc. Ahora, tómese a una sola persona y désele vida eterna. Cuando Jesús venga, ellos son resucitados y van con Él al cielo. Ellos viven 1.000 años, 2.000 años, y 5.000 años. Ellos viven 10.000 años, 100.000 años y un millón de años. Ellos viven 2 millones, luego 5 millones, luego 10 millones. Ellos viven 100 millones, un billón y 100 billones. Ellos viven un trillón de años y luego 2 trillones. Entonces ellos viven 3 trillones de años, 5 trillones, 100 trillones, un cuatrillón, quintillón, sextillón, septillón, octillón, nonillón, y un decimillón de años. Eventualmente, un sólo individuo, salvado para la eternidad, logrará infinitamente más que lo logrado por toda esa humanidad desde la creación hasta ahora. Dios sabía lo que vales, y él pagó el precio que tú vales.

Trátalo por lo que vale

Imaginemos que tenemos dos vasos. Uno viene de la tienda de Walmart y cuesta un dólar. El otro es de la Dinastía Ming, y vale $3.500.000. ¿Tratarías a cada uno de los vasos igual? Ambos tienen la misma función. Ambos son vasos. Ellos pueden contener agua o canicas, o plantas, u otras cosas. Ellos pueden ser puestos en medio de la mesa para sostener algo hermoso o interesante para contemplar. Pero, mientras ambos tienen la misma función, su valor es significativamente diferente.

¿Pondrías agua y flores en el vaso de la Dinastía Ming? ¿Lo traerías por tu casa sobre tus pisos de cerámica? ¿Lo limpiarías en el lavaplatos como haces con el vaso de Walmart? ¿Dejarías que las flores se pudrieran en él? ¿Lo dejarías en la orilla del estante de libros donde posiblemente se cayera? ¡No! No harías nada de eso.

Tú protegerías ese vaso de la Dinastía Ming. No pondrías nada dentro del vaso. Probablemente no lo tocarías sin guantes en tus manos. Te asegurarías que si llegara a moverse, se haría con la máxima precaución y atención. Probablemente lo guardarías en un lugar especial donde virtualmente no habría posibilidad alguna de caerse y romperse.

El percibido valor de algo determina cómo se trata ese objeto. ¿Cuál es tu valor? Tú vales la vida de Cristo. Por tanto, ¿cómo debieras tratarte a ti mismo? Debes tratarte a ti mismo como si vales el precio que Cristo pagó por ti.

Si vales la vida de Cristo, ¿no debiera eso cambiar cómo te tratas a ti mismo? ¿No debiera eso cambiar la manera cómo haces ejercicio y cómo descansas? ¿No debiera eso cambiar cómo piensas y actúas? ¿No sabéis que vuestro cuerpo es templo del Espíritu Santo, que está en vosotros, que tenéis de Dios, Y que no sois vuestros? Porque habéis sido comprados por precio. Por tanto, glorificad a Dios en vuestro cuerpo".[201] "Así, si coméis, o bebéis, o hacéis otra cosa, hacedlo todo para la gloria de Dios".[202]

¿Cuánto valen los demás? A pesar de su situación en la vida, o cuán degradados se han vuelto mediante las malas decisiones

201. 1 Corintios 6:19,20
202. 1 Corintios 10:31

y circunstancias difíciles; cada ser humano vale la vida de Cristo. Y si esto es así, ¿cómo los tratarás? Los tratarás según el valor que tienen en Cristo. Los amarás, respetarás, y tratarás bien; y te sacrificarás para su restauración.

"¿Quién puede estimar el valor de un alma? Si queréis saber su valor, id al Getsemaní, y allí velad con Cristo durante esas horas de angustia, cuando su sudor era como grandes gotas de sangre. Mirad al Salvador pendiente de la cruz. Oíd su clamor desesperado: 'Dios mío, Dios mío, ¿por qué me has desamparado?' (Marcos 15:34). Mirad la cabeza herida, el costado atravesado, los pies maltrechos. Recordad que Cristo lo arriesgó todo. Por nuestra redención el cielo mismo se puso en peligro. Podréis estimar el valor de un alma al pie de la cruz, recordando que Cristo habría entregado su vida por un solo pecador".[203]

---

203. Elena G. de White, Palabras de Vida del Gran Maestro, p. 154.

CAPÍTULO 12

Un amor que se rinde

4. Rendir mi vida enteramente a Él

La carretilla

El 30 de junio de 1859, aproximadamente 25.000 personas se reunieron para mirar al acróbata y equilibrista francés, Charles Blondin, intentar cruzar las Cataratas del Niágara. Según esta versión en particular, se dice que Blondin primero intentó cruzar las cataratas con su vara de balanceo de 22 kilos, cruzando exitosamente desde América hasta Canadá. Después, intentó cruzar hacia América, usando sólo sus brazos para equilibrarse. Luego, él cruzó de nuevo, pero esta vez empujando una carretilla. Entonces salió en la cuerda e hizo malabares mientras caminaba. Para el gran final, él hizo una voltereta y exitosamente aterrizó en la cuerda.

La multitud, sin embargo, deseaba más. Y pensando un poco, a Blondin se le ocurrió un plan. Él pondría a alguien en la carretilla y lo empujaría por la cuerda hasta el otro lado. La multitud aplaudió la idea. Luego Blondin llamó a la audiencia, pidiendo un voluntario. Todos se callaron. Nadie quiso ofrecerse como voluntario.

Jesús ha caminado exitosamente por el abismo del pecado. Ha comprobado que lo puede hacer. Y nosotros hemos comprobado que no lo podemos hacer. La única forma en que cruzaremos es si Él nos ayuda a cruzar. Él ofrece ayudarnos a cruzar (mediante Su gracia), sabiendo que por nosotros mismos no podemos. Pero para poder ayudarnos a cruzar, tenemos que ejercitar fe. La fe no se trata de estar en el suelo, mirar a Jesús y decirle: "Sí, yo creo que me puedes ayudar a cruzar". La fe consiste en *subirte en* la carretilla. ¡Y eso es absolutamente aterrador! Como puede verse, cuando te encuentras en la carretilla, no tienes ningún control en absoluto.

Recuerdo cuando se me desafió con esta decisión. Yo fui criado en la iglesia, pero tenía algunas adicciones que no podía vencer. Mi vida empezó a descontrolarse, y me encontré al borde de abandonar a mi familia y sumergirme desenfrenadamente en mis adicciones. En ese momento, fui confrontado y se me desafió a darle a Cristo otra oportunidad.

Pensé que ya había "probado" a Dios antes; pero esta vez fui movido a entregarle todo el control de mi vida. Por primera vez en mi vida, me encontré en una situación de la cual no podía salir, y reconocí que no tenía respuestas. Yo estaba destruyendo mi vida e hiriendo a mis amados; y si continuaba en mi curso actual, terminaría matándome.

Fui retado a "subirme en la carretilla". Reconocí que, si tomaba esa decisión, ya no tendría más el control de mi vida. Figurativamente, miré a Dios a los ojos en ese momento y le dije: "Yo no sé si puedo confiar en ti. Sé que deseas que me suba en la carretilla, pero no sé si puedo confiar que no me dejarás caer".

Dios me recordó que inevitablemente yo me destruiría al seguir controlando mi propia vida; y que con Cristo existía una posibilidad de tener éxito. Por tanto, tomé la decisión. Le dije a Dios: "No importa lo que me pidas hacer, lo haré. No importa lo que me pidas abandonar, lo abandonaré. No importa lo que me pidas entregar, lo entregaré. Si deseas que entregue mis entretenimientos, puedes tomarlos. Si deseas mis pensamientos, tómalos. Si deseas mi reputación, llévatela. Si deseas cualquier cosa…puedes tomarla. ¡Sólo te pido que me salves de esta mala situación en que me encuentro!

Fue sólo cuando me "subí en la carretilla" que empecé a vencer exitosamente. Fue ahí que pude recibir el amor de Dios, para hacerlo propio. Ahora ¿qué hay acerca de ti? ¿Con qué estás luchando? ¿Qué es lo que nunca has podido vencer? ¿No es ya hora de subirte en la carretilla? Por ti mismo no puedes triunfar. Necesitas a Jesús. ¿Tomarás la decisión de entregar todo a Jesús, y subirte en la carretilla? Puedo decirte por experiencia propia, que vale la pena subirte en la carretilla. Dios no te dejará caer.

Existen dos formas de viajar en la carretilla una vez que estás dentro de ella. Puedes estar, rígido, aferrándote a la carretilla e intentando permanecer quieto para no volcarte. O, puedes relajarte y disfrutar el viaje. Te recomiendo que te relajes. Él [Cristo] sabe lo que está haciendo, y puede ayudarte a cruzar con seguridad. Disfruta el viaje.

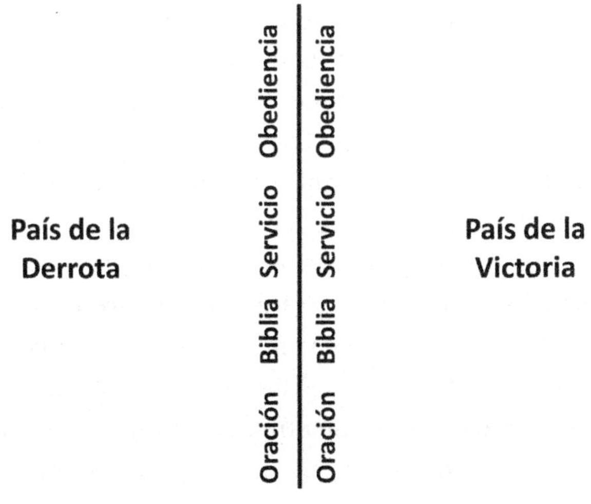

Entrando en la carretilla

Mientras crecía, luché para vencer al yo y al pecado. Luché con varias adicciones; y aunque me agradaba la idea de servir a Dios y llegar al cielo, simplemente no podía vencer estas adicciones. Sí, me crie yendo a la iglesia, leyendo mi Biblia acerca de personas que fueron victoriosas. Leí acerca de Enoc, Noé, Abrahán, José, Moisés, y Daniel. Leí de Pedro, Pablo, Timoteo, y Lucas. Fui a la iglesia con personas que parecían ser victoriosas en la vida personal, y yo deseaba tener la victoria. Mientras contemplaba sus vidas victoriosas, vi que había temas comunes en sus vidas.

Las personas que vivieron en la tierra de la victoria, eran personas de oración. Las personas en la tierra de la victoria leían la Biblia, y servían a los demás. Las personas en la tierra de la victoria obedecían a Dios. Observando sus vidas y deseando ser victorioso yo mismo, pensé: "Si las personas que son victoriosas oran, leen la Biblia, sirven a los demás, y obedecen; entonces si yo deseo ser victorioso, debo orar, leer la Biblia, servir, y obedecer".

Empecé mi viaje desde la tierra de la derrota hasta la tierra de la victoria. Yo oraba. Yo leía mi Biblia. Yo me involucraba en proyectos de servicio. Yo trataba de obedecer. Pero con cada intento de entrar en la tierra de la victoria, siempre fallaba. Me parecía como si existiera una línea divisoria, fina, y transparente, entre mis intentos de vencer, y los que estaban viviendo vidas victoriosas. Realmente no podía ver la diferencia entre ambos, y me frustraba el hecho de no poder vencer. Empecé a pensar que yo sólo era un modelo defectuoso. "Eso funciona para otros, pero no funciona para mí". "Quizá estoy predestinado para el fracaso y finalmente perderme". "Quizá ya he cometido el pecado imperdonable, y no existe esperanza para mí". Todos estos pensamientos, y más, me enfrentaron mientras procuraba vencer. Lo que yo no reconocía en ese tiempo, pero que llegué a entender después, era que la diferencia entre intentar vencer mediante la oración, leyendo la Biblia, servicio, y obediencia, y aquella vida de victoria que incluía oración, leer la Biblia, servicio, y obediencia, no era una delgada y transparente línea divisoria. Era más bien un enorme cañón—un cañón tan grande y profundo, engañoso y amplio, que nadie podía cruzar.

Al otro lado de este extenso cañón, en la tierra de la victoria, las personas oraban fervorosamente y con fe. Ellos leían la Biblia y amaban lo que leían. Estaban naturalmente involucrados en servir a otros. Y ellos obedecían gozosamente al Señor. Pero allá en la tierra de la derrota, había una experiencia diferente.

En la tierra de la derrota, era como si yo estuviera practicando el salto de longitud (solía competir en el salto de longitud en el colegio). La primera vez que intenté el salto de longitud, no me fue muy bien. Pero mientras practicaba, mi técnica mejoró, y entonces saltaba más lejos. Mientras hacía ejercicio y acumulaba fortaleza y agilidad, perfeccione más mi técnica, y podía saltar cada vez más lejos.

Por tanto, en la tierra de la derrota yo practicaba para poder saltar hacia la tierra de la victoria. Yo oraba. Yo leía la Biblia. Yo participaba en proyectos de servicio. Yo procuraba obedecer; hice todo con la intención de llegar a la tierra de la victoria. Y si no funcionaba, intentaba de nuevo. Quizá aprendería una forma diferente de orar, o aprendería diferentes maneras de estudiar la Biblia. Iba a diferentes viajes misioneros internacionales, e intentaba con toda mi fuerza obedecer. Y mientras luchaba por la victoria, veía a mi alrededor otros haciendo lo mismo.

Imagínate que yo he estado practicando el salto de longitud por mucho tiempo, y puedo saltar una buena distancia. Pero tú no has estado practicando mucho tiempo, y no puedes saltar muy lejos.

Yo podré verte y pensar: "Mírate a ti mismo. Tú no lo estás haciendo tan bien. Yo lo hago mucho mejor que tú". Y en mi orgullo yo podría ser igual que el fariseo y el cobrador de impuestos en Lucas 18:10-14, "Dos hombres subieron al templo a orar; uno fariseo, el otro publicano. El fariseo oraba de pie consigo mismo, de esta manera: 'Dios, te doy gracias, que no soy como los demás hombres, ladrones, injustos, adúlteros, ni aun como este publicano. Ayuno dos veces a la semana, y doy el diezmo de todo lo que gano'.' Pero el publicano quedando lejos, ni quería alzar los ojos al cielo, sino que golpeaba su pecho, diciendo: 'Dios, ten compasión de mí, que soy pecador'. Os digo que éste descendió a su casa justificado, pero el otro no. Porque el que se enaltece será humillado; y el que se humilla, será enaltecido".

Desafortunadamente, me he encontrado muchas veces en mi vida con esta misma actitud de juicio —mirando de manera crítica a otros porque no son tan "buenos" como yo, o no tienen las mismas prácticas buenas como las mías. Pablo nos dice: "Ellos, midiéndose a sí mismos por sí mismos, y comparándose consigo mismos, no son juiciosos".[204]

¡Cuán necia es esta actitud! Ambos nos encontramos a orillas del precipicio que no podemos cruzar, y yo pienso que soy mejor

204. 2 Corintios 10:12

que tú porque puedo saltar más lejos. Ambos caeremos en las profundidades del precipicio y moriremos, porque ninguno de nosotros puede saltar a través del precipicio.

¿Qué importa si puedo saltar unos pies más que tú, si ambos moriremos si saltamos? Mientras estoy confiando en alguna cosa que yo pueda hacer—oración, estudio de la Biblia, servicio, u obediencia, estoy practicando, y participando en el salto. No importa si estoy confiando en mí mismo, y en estas cosas al 100%, 50%, o a un 1%—si estoy confiando en mí mismo y practicando a tal grado, me encuentro en modalidad de salto, y jamás cruzaré la barranca. No puedo cruzar el cañón mediante mis propios esfuerzos. Pero Jesús sabia esto, y es por eso que vino y vivió una vida perfecta en la carne humana, y en la cruz padeció la muerte que nosotros merecíamos. Jesús tendió un puente sobre el cañón con la cuerda de Su vida perfecta, para abrir un camino sobre ese precipicio. Y Él se encuentra a la orilla del cañón sobre la cuerda, sosteniendo la carretilla e invitándote a subir en ella.

La carretilla representa la fe—una fe que confía en Jesús y le entrega la vida a El. Del otro lado, en la tierra de la victoria, la gente ora, lee la Biblia, sirve, y obedece; pero ellos no confían en que estas acciones los llevaran a cruzar el cañón. Existe 0% confianza en mí mismo, mi oración, mi lectura de la Biblia, mi servicio, mi obediencia, etc., para poder cruzar ese cañón. En la carretilla, existe 100% de confianza en Jesús para poder cruzar ese precipicio hacia la victoria. Una pregunta que puede hacerse en este punto es: ¿que no estarás dispuesto a hacer para ser libre—para ser victorioso?

Quizá no estás dispuesto a entregar tu entretenimiento. Quizá no estás dispuesto a entregar tu carrera. Quizá no estás dispuesto a entregar tus amigos o familia, porque ellos te rechazarán si sigues a Jesús. Quizá no estás dispuesto a entregar ____________ (tú llenas la parte en blanco). Cual sea tu respuesta a esa pregunta, cual sea lo que no estás dispuesto a abandonar para ser libre, es precisamente lo que te impide cruzar al otro lado.

Subirte en la carretilla es un acto de fe, y es potencialmente una de las más espantosas decisiones que tú y yo haremos en nuestras vidas. Porque cuando nos subimos en la carretilla, no podemos tener más control de nuestras vidas. Jesús tiene 100% control. Entrar en la carretilla representa una entrega completa de mí mismo, mis deseos, mis planes, mis sueños, mis aspiraciones, y mi vida, a Cristo. Estoy dispuesto a hacer cualquier cosa que Dios me pida. Estoy dispuesto a abandonar cualquier cosa que Él me pida abandonar. Estoy dispuesto a enfrentar vergüenza, bochorno, ridiculización, sufrimiento, y aun la muerte si fuera necesario.

Sólo deseo ser libre. Sólo deseo ser victorioso. Sólo deseo el gozo y la paz que siempre he necesitado, pero que nunca he poseído con ninguna consistencia. Existen dos realidades que ayudan en esta decisión: Primero, si yo permanezco en control de mi vida, y estancado en la tierra de la derrota, moriré y me perderé eternamente, no importa si voy a la iglesia, profeso ser cristiano (puedo profesar ser cristiano y vivir como el diablo. La profesión no prueba nada.), o si vivo una vida "buena" ("Nadie hay que haga lo bueno, no, ni uno solo".[205] "Pues todos han pecado y no alcanzaron la gloria de Dios".[206] "Nadie es bueno sino Uno, es decir, Dios".[207] "Pero todos somos como trapos de inmundicia, y todas nuestras justicias son como trapos sucios..."[208]

Y estoy perdido, desesperadamente perdido, en mi mismo. No puedo salvarme a mí mismo. No puedo llegar a la tierra de la victoria con mis propios esfuerzos. Segundo, la tierra de la victoria contiene todo lo que necesito. Allí es donde permanece

205. Romanos 3:12
206. Romanos 3:23
207. Mateo 19:17
208. Isaías 64:6

el amor perfecto. Allí es donde uno tiene, y retiene, la paz. Allí es donde permanece el gozo perfecto. Allí es donde encuentro libertad del pasado. Allí existe perdón para todos. Allí es donde llegas a ser libre—verdaderamente libre. Allí está el cielo. Allí se encuentra la vida eterna. Allí es donde Jesús habita con, y en, Su pueblo. Ahora puedes preguntar: "¿Cómo logro subirme en la carretilla? ¿Cómo me entrego a Jesús completamente?

Imagínate que estás sosteniendo una cuerda, apoyando todo tu peso en ella. No existe luz ni sonido. No puedes hacer ni oír nada. No sabes dónde te encuentras en el espacio en relación a todo lo que está a tu alrededor. Procuras subir por la cuerda, pero existe un techo arriba de ti que no puedes cruzar. Llegas al final de la cuerda, y te estrechas tan lejos como puedes para ver si los dedos de tus pies tocan algo, pero no tocan nada. Intentas moverte de lado a lado para ver si sientes algo a tu alrededor de lo cual pudieras agarrarte, o donde caer, pero no encuentras nada.

En este escenario, puedes agarrarte indefinidamente de la cuerda sin cansarte o caerte. De hecho, puedes morir aferrándote a la cuerda. Luego oyes la voz de Dios decir: "Suelta la cuerda". Y empiezas a pensar: "¿Cuán lejos se encuentra el suelo debajo de mi? ¿Será que caeré en tierra firme? ¿Estará rocoso y áspero? ¿Estará suave y húmedo? ¿Se encuentra dos centímetros debajo de mí, o 2 metros, o 2 kilómetros debajo de mi? ¿Dolerá cuando yo caiga? ¿Me moriré? Pides que Dios te conteste cualquiera o todas estas preguntas, y Él no te da ninguna respuesta. Tú simplemente oyes el pedido: "Suelta la cuerda".

Por tanto, debes preguntar: "¿Puedo confiar mi vida a Dios, que cuando Él me pide soltar, todo estará bien al soltar la cuerda? ¿Se encargará él de las consecuencias que no conozco y no puedo controlar? ¿Estoy dispuesto a enfrentar una potencialmente muerte y la pérdida de todas las cosas, y seguir aun Su consejo de soltarlo todo? Tú puedes hacer todas las preguntas que quieras. Puedes imaginarte todos los escenarios que deseas. Puedes argumentar contigo mismo acerca del costo/beneficio de la decisión que se te ha pedido hacer. Puedes tratar de entender intelectualmente todo lo involucrado en el proceso antes de soltarlo todo. Pero todo esto simplemente dilatará tu obediencia y libertad. No necesitas razonarlo o entenderlo todo. Tú simplemente necesitas obedecer. Tú simplemente necesitas soltar la cuerda.

Rendirte —subiéndote en la carretilla—es no *querer* soltar la cuerda. No se trata de *pensar acerca* de soltar la cuerda. No se trata de *estar de acuerdo* a soltar la cuerda. Ni siquiera se trata de intentar soltar la cuerda. Rendirte—entrando en la carretilla—es sencillamente soltar la cuerda. Y sólo el soltar la cuerda te permite subir en la carretilla. Porque, cuando sueltas la soga, caes en la carretilla, y Jesús te lleva a través de la barranca sobre la cuerda de Su vida perfecta.

Él es quien hace todo posible. "Si querían abrir sus corazones para recibir plenamente a Cristo, entonces la vida misma de Dios, su amor, moraría en ellos, transformándolos a su semejanza; así, por el don generoso de Dios, poseerían la justicia exigida por la ley".[209] "Toda verdadera obediencia proviene del corazón. La de Cristo procedía del corazón. Y si nosotros consentimos, se identificará de tal manera con nuestros pensamientos y fines, amoldará de tal manera nuestro corazón y mente en conformidad con su voluntad, que cuando le obedezcamos estaremos tan sólo ejecutando nuestros propios impulsos. La voluntad, refinada y santificada, hallará su más alto deleite en servirle. Cuando conozcamos a Dios como es nuestro privilegio conocerle, nuestra vida será una vida de continua obediencia. Si apreciamos el carácter de Cristo y tenemos comunión con Dios, el pecado llegará a sernos odioso".[210] Soltando la cuerda significa levantar nuestra cruz y seguir a Cristo. "Y decía a todos: 'Si alguno quiere

209. Elena G. de White, El Discurso Maestro de Jesucristo, p. 50.
210. Elena G. de White, El Deseado de Todas las Gentes, p. 621.

venir en pos de mí, niéguese a sí mismo, tome su cruz cada día, y sígame'"[211]

Levantar la cruz y seguir a Cristo, no se trata de asumir deberes y responsabilidades pesadas, y arrastrándolos en pos de Cristo. ¡No! ¡Nunca! Tomar nuestra cruz se trata de entregar y soltar la soga. Se trata de entregar todas nuestras esperanzas, deseos, planes, sueños, y aspiraciones a Cristo, y dejar que Él determine la dirección y el camino de nuestra vida, venga lo que venga. Tomar la cruz es acerca de rendirse. Jesús desea lograr por nosotros cosas que son infinitamente mayores delo que estamos nosotros buscando; y para poder hacer eso, debemos entregar lo que nosotros deseamos, y lo que esperamos, para que Él reemplace eso con Sus pensamientos y planes para nosotros. "'Porque mis pensamientos no son vuestros pensamientos, ni vuestros caminos mis caminos,' dice el Señor. 'Porque como los cielos son más altos que la tierra, así mis caminos son más altos que los vuestros, y mis pensamientos más que los vuestros.'"[212]

Cuando nos entregamos enteramente a Él, somos injertados en Cristo, y comenzamos a producir Sus frutos en nuestras vidas, pues Él vive a través de nosotros. ¿Qué clase de fruto producimos? Producimos el fruto del Espíritu. "Mas el fruto del Espíritu es amor, gozo, paz, paciencia, bondad, fidelidad, mansedumbre, dominio propio. Contra tales cosas no hay ley".[213] ¿Y cuántos de estos frutos serán vistos en nuestra vida? ¿Serán sólo uno o dos? ¿Serán todos? "'Permaneced en mí, y yo en vosotros.' Permaneciendo en Cristo significa un constante recibimiento de Su Espíritu, una vida de entrega sin reserva a Su servicio. El canal de comunicación debe abrirse continuamente entre el hombre y Dios. Como la rama está constantemente extrayendo la savia de la vid viviente, también nosotros hemos de aferrarnos a Jesús, y recibir de Él, mediante la fe, la fortaleza y perfección

211. Lucas 9:23
212. Isaías 55:8,9
213. Gálatas 5:22,23

de Su propio carácter. La raíz envía su nutrición a través del tronco hacia la rama más lejana. Así también Cristo comunica la corriente de fortaleza espiritual a cada creyente. Mientras el alma está unida a Cristo, no existe peligro de que se marchite o decaiga.

La vida de la vid se manifestará en frutos fragantes en las ramas. "'El que está en mí', dijo Jesús, 'y yo en él, éste lleva mucho fruto; porque sin mí nada podéis hacer'. Cuando vivamos por fe en el Hijo de Dios, los frutos del Espíritu se verán en nuestra vida; no faltará uno solo".[214] Al ser salvados mediante la gracia de un Dios tan amoroso, y se nos libra del fracaso y miseria de nuestras vidas, ¿no expresaremos gratitud a Dios quién nos libertó? ¿No viviremos de manera diferente? No viviremos más para nosotros mismos. Viviremos por Él. Ninguna tarea ya no será más pesada, o el deber; porque se hará por amor a Quien nos libertó. Comeremos, y beberemos, aquello para lo cual fuimos creados, y vestiremos lo que Él desea para nosotros. No seremos esclavos del apetito y del paladar. No seremos esclavos de la moda o del entretenimiento. No seremos esclavos de placeres y poderes mundanos. Gozosamente haremos lo necesario para mantenernos en buena salud, porque nuestros cuerpos son Su templo.

Cuando esa gran salvación llega a ser nuestra, amaremos a quienes Él ama, y nos sacrificaremos por ellos, no por ser eso un deber, sino motivados por amor. Amaremos lo que Dios ama, porque Él lo ama, y aborreceremos lo que Él aborrece, porque Él lo aborrece. Nuestras vidas serán enteramente transformadas debido al amor. Y en ese amor habrá gran gozo, paz, capacidad de sufrir mucho por otros, amabilidad hacia otros, calidad de vida, fidelidad a Dios, gentileza para todos, y dominio propio. "Si ellos abrieran sus corazones para recibir plenamente a Cristo, entonces la vida misma de Dios, su amor, moraría en ellos, transformándolos a su semejanza; así, por el don generoso de Dios, poseerían la justicia exigida por la ley".[215]

214. Elena G. de White, El Deseado de Todas las Gentes, p. 630.
215. Elena G. de White, El Discurso Maestro de Jesucristo, p. 50.

CAPÍTULO 13

Un amor que piensa el bien

5. Escudriña mi corazón

Yo también paso tiempo examinando mi corazón.

¿Por qué escudriño mi corazón? Es porque mi corazón es engañoso, y no conozco lo que hay en él. Cada uno de nosotros tenemos una maravillosa capacidad de ser engañados. Podemos pensar que estamos bien, cuando todo anda mal. Y existen por lo menos tres cosas que se nos revelan, personalmente, lo que existe en nuestros corazones:

Lo primero que me revela lo que existe en mi corazón son las pruebas y cómo respondo a ellas. "Examíname, oh Dios, y conoce mi corazón; pruébame, y reconoce mis pensamientos. Mira si voy en mal camino, y guíame por el camino eterno".[216] Cómo respondo a las pruebas me revela lo que existe en mi corazón. La Biblia dice: "Porque de la abundancia del corazón habla la boca".[217] En primer lugar, la forma cómo respondo a la prueba está demostrando lo que existía en mi corazón. El motivo por el cual respondí de esa forma, es porque ya ese pensamiento existía en mi. La prueba no fue lo que causó la respuesta; solo

216. Salmo 139:23,24
217. Mateo 12:34

la provocó. La respuesta vino debido a lo que ya existía en mi corazón.

Por ejemplo, supongamos que mientras vas manejando alguien te bloquea el camino y te grita un gesto profano mientras continúas manejando. ¿Cómo respondes tú? ¿Con ira? ¿Frustración? ¿Lástima? ¿Oración? La forma como respondes depende de lo que hay en tu corazón. Si la ira anida en tu corazón, eso es lo que saldrá de allí. Si es la frustración, de allí saldrá. Si paz existe en tu corazón, también saldrá de allí. La prueba (tu respuesta a ella) simplemente revela lo que existe en tu corazón.

Una segunda forma de como puedo conocer lo que existe en mi corazón, es el cuerpo. Si tengo una enfermedad o disfunción que no proviene por genética, medio ambiente, o materia prima, puedo darme cuenta que algo existe en mi corazón. Como puedes ver, el espíritu puede ser engañado, pero el cuerpo no. El cuerpo lleva un registro perfecto de lo que se le ha hecho, y el cuerpo no puede mentir ni ser engañado. Sin embargo, el espíritu sí.

Como analogía, cuando uno escribe una carta en un papel, ¿sabe la hoja lo que allí escribiste? No. ¿Está mintiendo la hoja? No. Puede ser que una mentira fue escrita en el papel (por ti), pero el papel no puede mentir. Él dice la verdad acerca de lo que se ha escrito allí. De manera similar, el cuerpo no sabe lo que el espíritu le pone. No puede mentir, ni puede ser engañado. Sencillamente da un fiel reporte de lo que se le ha hecho (por el espíritu—el corazón). Por lo tanto, si el cuerpo se encuentra enfermo o disfuncional debido a asuntos (pensamientos) "de energía", puedes estar seguro que el corazón tiene un problema que está manifestándose en el cuerpo.

Y una tercera manera para saber lo que existe en el corazón es nuestro tesoro. Mateo 6:21 nos dice: "Porque donde esté vuestro tesoro, allí estará también vuestro corazón". Lo que buscamos, aquello en que pasamos nuestro tiempo y dinero; es decir, lo que para nosotros es importante, equivale a nuestro tesoro. Y ese tesoro se encuentra en el corazón. Revisa tu estado financiero para ver a dónde se va tu dinero. Allí encontrarás tu Tesoro. Haz una nota de cuánto tiempo gastas haciendo X, Y, o Z actividad. Allí encontrarás tu tesoro. Guarda un registro de lo que te gusta hablar. Allí encontrarás tu tesoro. Romanos 8:5 nos dice: "Porque los que viven según la carne, piensan en los deseos de la carne. Pero los que viven según el Espíritu, piensan en los deseos del Espíritu".

Proponte que cada mañana pasarás tiempo con Dios al aire libre en la naturaleza, como lo hacía Jesús. Existe algo en la naturaleza, que te atrae a Dios y te ayuda a abrirle tu corazón, aun mejor que si estuvieras dentro de tu casa. Por tanto, te animo a salir a la naturaleza para tu hora de oración, temprano de mañana, y cada mañana. Y si tienes hijos que te necesitan cuando despiertan, tendrás que despertar antes y pasar tiempo con Dios antes que ellos despierten.

En tu tiempo de oración, repasa los pensamientos, palabras, y acciones del día. Pregúntale a Dios, "¿Qué necesidad legítima de mi corazón influenció mis acciones en esa situación?" Y pregúntale también: "¿Cómo me engañó mi corazón para responder a esa legítima necesidad de manera equivocada?"

Daré un ejemplo para ilustrar. Cierto día estábamos teniendo varias reuniones de comité, y cesamos para tomar el almuerzo. Después de almorzar, se convocó otra reunión con mucha de la misma gente que asistió a las primeras reuniones. Deseando ser eficiente con el tiempo, inmediatamente comencé con nuestro primer caso a discutir en la agenda. Nuestro vicepresidente dijo amablemente: "Señor Presidente, ¿no debiéramos empezar con oración?" Inmediatamente salió de mi boca una excusa del por qué no iba a empezar con una oración. Pedí a otra persona que orara, y mientras oraba, yo estaba pensando: "Señor, ¿por qué salió esa excusa de mi boca? Yo no entiendo. Por favor recuérdame mañana temprano, pues deseo saber por qué".

A la mañana siguiente, mientras estaba teniendo mi caminata/plática con Dios, recordé la excusa del día previo, y le pregunté a Dios: "¿Cuál fue la legítima necesidad de mi corazón que me llevó a dar esa excusa?" Mientras luché con Dios por 15-20 minutos, finalmente recibí la respuesta. Esa voz apacible en mi cabeza dijo: "Mark, tú necesitabas aceptación y pertenencia". En mi mente respondí: "Bueno, sí, yo necesito aceptación y pertenencia. Pero aun no entiendo. Por tanto, ¿cómo mi corazón me engañó para cubrir mi necesidad de aceptación y pertenencia, de manera equivocada?" Después de otros 10-15 minutos, Dios me respondió: "Mark, no necesitabas cubrir esa necesidad desde ellos". Allí es cuando se me alumbró el camino. ¡Entendí!

"Oh Dios, ahora entiendo. Pensé que necesitaba aceptación y pertenencia de los otros miembros del comité, y cuando se me indicó mi error, tuve que hacer una excusa para mitigar el error. La realidad es que no necesitaba la aceptación de ellos. Sólo la necesito de ti. Por tanto, no necesitaba dar excusas porque no perderé Tu aceptación por cometer un error. Mi aceptación de Tu parte está segura".

Ahora entiendo esa parte de mi corazón, y la siguiente vez que esa situación surja, por lo menos sabré lo que sucede en mi corazón. Y eventualmente podré evitar dar una excusa, porque recordaré que Dios es mi única fuente de aceptación.

6. Escoge pensar sólo positivamente acerca de ellos

Necesitamos pensar positivamente acerca de "ellos" sin importar lo que nos han hecho. Una de mis pacientes estaba padeciendo de severo dolor estomacal relacionado con gastritis y enfermedad de reflujo gastroesofágico. Ella había sido tratada por años, por médicos sin ningún éxito, y estaba usando remedios naturales para mantener bajo control sus síntomas. Cuando yo la empecé a ver acerca de sus síntomas, rápidamente descubrí que tenía mucha amargura hacia su ex esposo. Cada vez que la veía en consulta, sus síntomas mejoraban por horas, o hasta un día; después sus pensamientos la controlaban y empeoraban sus problemas digestivos.

Yo sabía que existen más neuronas en el tubo digestivo que en la médula espinal, y que los problemas de la mente ejercen un fuerte impacto sobre la función del sistema digestivo. Me convencí que su amargura hacia su ex esposo era un principal factor contribuyente de su proceso enfermizo, y le di una tarea a realizar antes de nuestra siguiente cita. Le pedí que pensara en dos cosas positivas acerca de su ex esposo, que las escribiera y las trajera consigo para nuestro próximo encuentro. En la siguiente visita, ella no tenía nada bueno que decir acerca de su ex esposo. En esa visita la confronté con la necesidad de pensar positivamente de todas las personas en su vida, incluyendo su ex esposo. Le pregunté: "¿Ama Dios a su ex esposo?" Ella dijo: "Desde luego que Él ama a mi ex esposo. Dios ama a todos". "¿Qué es lo que ama Dios acerca de su ex esposo?" "Oh, yo no sé lo que Él amaría acerca de él...él era un ...", y siguió con su historia, hablando de las cualidades negativas de su ex esposo.

Le dejé otra tarea para nuestra siguiente cita. Le pedí que le preguntara a Dios durante su hora de oración: "Dios, ¿qué es lo que amas acerca de mi ex esposo", y que lo escribiera, y me lo trajera para nuestra próxima cita. En esa siguiente cita, ella no tenía nada que decir. Tuvimos varias otras citas, y ella nunca presentaba una sola cosa buena acerca de su ex esposo. ¿Ella estaba bien cuando estuvo de acuerdo que Dios ama a su ex esposo? Sí. ¿En verdad su ex esposo no tiene ninguna buena cualidad? No. Había algo con lo cual ella se enamoró antes de casarse con él. Dios ama a su ex esposo. Él lo ama suficiente como para morir por él.

Él está intercediendo a su favor en el cielo, en este momento. ¡Él lo ama profundamente! Ella nada bueno tenía que decir acerca de su ex esposo, porque no estaba dispuesta a ver algo bueno en él. Ella no estaba dispuesta a mirarlo a través de los ojos de Jesús. ¿Puedes imaginarte lo que sucedió con sus problemas digestivos? Se empeoraron, ¡y no se mejoraron! Y ella después se disgustó conmigo por no ayudarle a mejorar su condición. Estoy convencido que, si ella hubiera cedido a la dirección del Señor, y hubiese empezado a ver a su ex esposo a través de los ojos de Jesús—si ella hubiese escogido pensar positivamente de su ex esposo—la amargura, por la gracia de Dios, hubiese desaparecido; y ella empezaría a ver a los demás en su vida desde esa misma nueva luz—y ¡sus problemas digestivos se solucionarían! Pensar positivamente de alguien que te ha herido, es imposible hacerlo con tus propias fuerzas. Sólo Dios puede lograr eso en tu vida. Por tanto, si tienes éxito, eso es una clara evidencia que Dios está trabajando en tu vida. Nuevamente, como en la historia anterior, si se te dificulta encontrar algo positivo que pensar acerca de ellos, pregúntale a Dios: "¿Por qué los amas? Por favor muéstrame lo que Tú ves, para que yo pueda ver lo mismo. Ayúdame a amarlos como Tú los amas". ¡Y Él hará eso!

Escapando la trampa de la amargura

Enfoquémonos en el asunto de amargura para poder entender lo que es; y para poder encontrar la correcta solución.

Primeramente, entendemos que sólo existe un Dios. "Porque solo tú eres grande y hacedor de maravillas. ¡Sólo tú eres Dios!".[218] Y Dios es un Dios justo. Él es justo debido a Quién Él es, y él manifiesta su justicia por amor a otros, no por amor a sí mismo. Su justicia es abnegada, no egoísta. "...todos sus caminos son rectos. Dios es leal, ninguna iniquidad hay en él. Es justo y recto".[219]

Cuando pecamos, el acto pudo haber sido hecho a otros, pero el pecado es contra Dios y Su ley. "Contra ti, contra ti solo

218. Salmo 86:10
219. Deuteronomio 32:4

he pecado, e hice lo malo ante tus ojos...".[220] "...el pecado es la transgresión de la Ley".[221] Para cada ley, existe un castigo si es transgredida, y el castigo por el pecado es muerte. "Porque la paga del pecado es la muerte...".[222]

Debido a que el pecado está contra Dios y Su ley, Dios debe ser quien defiende Su ley, y, por tanto, él es quien ha de administrar, o imponer, el castigo requerido por la ley. "'Mía es la venganza, yo pagaré', dice el Señor".[223] Sólo cuando el castigo es pagado en total, queda satisfecha la justicia, y el castigo es completo. Así es como el pecado y la justicia se relacionan en el gobierno de Dios. Pero ¿qué sucede en el caso de la amargura?

La amargura proviene de nuestra principal crisis de identidad. Yo asumo la posición de Dios. Y cuando tú hiciste algo que me ofendió, tú pecaste contra mí. Ese pecado exige un castigo, y yo debo defender "justicia" al hacerte pagar por lo que hiciste. El problema es que mi justicia es por amor a mí mismo—es motivada por egoísmo. Yo trato de extraer el castigo de ti, y sólo te dejaré ir libre cuando hayas pagado completamente el castigo. Si no pagas completamente el castigo, nunca saldrás libre.

A menudo yo describo la amargura como si fuera a una celda de la prisión. Hiciste algo que me lastimó—me hiciste mal, así que, te pondré en una celda de prisión. Te quedarás en esa celda hasta haber pagado lo que debes, debido al pecado que cometiste contra mí. El problema es que no puedes pagarme por lo que hiciste; por tanto, nunca saldrás de la celda donde te metí. Este es el engaño de la prisión llamada amargura.

La realidad es que cuando pecaste, ofendiste a Dios y finalmente eres responsable ante Él, no ante mí. En pensar que yo soy Dios, y el atentar en ponerte en una celda de prisión; en realidad lo que estoy haciendo es poniéndome a mí mismo en

220. Salmo 51:4
221. 1 Juan 3:4
222. Romanos 6:23
223. Romanos 12:19

la celda mientras pienso que tú eres quien se encuentra dentro. Yo permaneceré dentro de esa celda hasta que tú pagues todo lo que me debes por el pecado que yo creo que cometiste contra mí. El problema es que tú no puedes pagar por lo que hiciste, de modo que yo nunca saldré de la celda donde me encerré a mí mismo. Aunque no lo reconozca, yo soy mi propio carcelero. Esta es la horrible realidad de la amargura.

En esta situación, debo estar dispuesto a soltarte si yo deseo salir libre. Pero no te dejaré libre, porque si te suelto sin que pagues tu deuda, mi sentido de "justicia" no quedará satisfecho. En otras palabras, te saldrás con la tuya. Y si no puedo permitirte salir libre, yo tampoco, y nunca saldré libre, porque soy yo quien me encuentro encerrado en la celda de la prisión, no tú.

Existe una llave que puede abrir esta celda, y esa llave se llama perdón. Irónicamente, yo permanezco encerrado dentro de la celda mientras sostengo la llave en mi mano. Yo rehúso usar la llave, porque, en mi engaño, temo que si uso la llave saldrás libre.

Trato de sujetarte a mis sentimientos heridos hasta que sufras lo suficiente para haber pagado por tu pecado, pero ninguna medida de sufrimiento puede deshacer el pasado. Y a pesar de todo, nadie queda tan herido por mis sentimientos heridos como yo mismo. Por lo tanto, si trato de sostenerte a mis sentimientos heridos para hacerte sufrir por lo que hiciste, yo soy quien padezco la mayor parte de, o por todo el sufrimiento, mientras tú padeces menos o nada. Nuevamente, siendo que tú no puedes pagar por lo que hiciste, yo permaneceré cautivo para siempre. Si yo dejo ir esos sentimientos heridos, saldrás libre, y yo no deseo que salgas libre hasta haber pagado por todo lo que debes pagar. Por tanto, yo sostengo los sentimientos heridos en un intento de mantenerte cautivo—para poder imponer justicia. Esto, amigos, es el fundamento de la amargura. Y es feo.

No sólo somos engañados cuando se trata de amargura, sino que el mundo cristiano es también engañado cuando se trata del perdón. El entendimiento "cristiano" del perdón se entiende así: Tú de alguna forma me hieres (pecaste contra mí), y debido a lo que hiciste, debes pagar. Pero yo prefiero liberarte, remitir tu deuda, que no pagues por lo que hiciste. Por tanto, te perdono. Pero en esta familiar escena, yo abordo el perdón desde el punto de vista de Dios. Tú pecaste contra mí. Tú me debes. Yo te liberé. Yo aún estoy jugando el papel de Dios, y esto no puede ser.

El fundamento correcto para el perdón, es el entendimiento de que yo no soy Dios. Lo que tú me hiciste a mí, realmente fue contra Dios. Tu deuda es para con Él, no para mí.

Yo vine a la cruz y acepté el intercambio divino a mi favor, y al hacer esto, Jesús tomó mi lugar. Él se hizo la víctima por mí. Y lo que tú me hiciste, es ahora lo que hiciste a Jesús. Yo no soy más la víctima, porque Jesús tomó mi lugar, y se hizo la víctima por mí. Yo salgo libre. Tú nada me debes. Tu deuda la tienes con Dios, no conmigo.

Y el mismo Dios que me liberó en la cruz, es el mismo Dios que te puede liberar en la cruz. Aceptando Su amor por mí en la cruz, ahora tengo amor para ti, y deseo ver que Dios te libere, así como me liberó a mí. Y si puedo hacer algo para ayudarte en el proceso de tu libertad, me alegraré en hacerlo, aún si es un sacrificio de mi parte. Este es el verdadero fundamento del perdón. Y se encuentra solo en la cruz.

¿Cómo sé cuándo verdaderamente he resuelto mi propia amargura mediante el perdón? Aun recordaré lo sucedido, pero la memoria no será más dolorosa. Puedo pensar en eso sin dolor, ira, amargura, o vergüenza. ¿Por qué? Porque Dios ha sanado la herida mediante su gracia sanadora. Él me libertó.

Sintiendo Culpabilidad

"Si confesamos nuestros pecados, Dios es fiel y justo para perdonar nuestros pecados, y limpiarnos de toda maldad."
- 1ª Juan 1:9

Gracias Señor, por darme la verdad de tu Palabra. Escojo creer que estoy perdonado, porque tú lo dijiste. ¡Gacias por perdonarme!

Venciendo pensamientos negativos

Cuando tratamos de vencer pensamientos negativos y patrones de pensamientos negativos, es bueno entender el Principio de Desplazamiento. Para entender el Principio de Desplazamiento, necesitamos entender un poco más de cómo la mente fue creada para operar.

Primero, la mente fue creada para ser ocupada. No fue creada para estar vacía. No existe consejo en la Biblia para que la mente sea vaciada, o para meditar en vaciar nuestra mente. Se nos aconseja: "Haya en vosotros el mismo sentir [mente] que hubo en Cristo Jesús".[224] "...en eso pensad".[225] "Negociad [Ocupad] hasta que yo vuelva".[226] Existe un ejemplo en la Biblia acerca de lo que sucede cuando existe un espacio vacío. En Mateo 12:43-45, el ejemplo que es dado es de un hombre de quien se le hecho fuera un demonio. El demonio sale de él sólo por cierto tiempo, pero luego regresa y "la encuentra desocupada, barrida y adornada". Él luego consigue otros siete demonios, peores que él mismo, y todos ellos vienen y poseen al hombre, que queda peor que al comienzo. En pocas palabras, el enemigo ocupa el espacio vacío.

224. Filipenses 2:5
225. Filipenses 4:8
226. Lucas 19:13

Por favor no sea engañado con esto. Yo he estado involucrado en prácticas de meditación aparentemente "cristianas", donde traté de vaciar mi mente de todo pensamiento para que Dios pudiera hablarme. En la quietud, oí las palabras: "Mark, te amo". Al comienzo, pensé que eran mis propios pensamientos, pero eventualmente creí que era Dios hablándome. Sentí el amor que mi espíritu necesitaba tanto. Pero con el tiempo, empecé a confiar en ese "Jesús" y su voz en mi cabeza. Tomaba decisiones basadas en lo que él me "decía", y cometí algunos errores muy grandes. Cuando finalmente vi la situación, reconocí que era el enemigo quien me estaba dirigiendo, imperceptiblemente, por un camino de destrucción.

Satanás estuvo en el cielo. Él sabe cómo se siente el amor del cielo; y él sabe muy bien cómo reproducirlo [aunque falsamente]. Dicho amor se sintió bien. Parecía bueno. Pero empecé a gastar mucho más tiempo con ese "Jesús" y cada vez menos tiempo con mi Biblia. Empecé a confiar en esa "voz" en mi cabeza, y dejé de leer el único libro que podía mostrarme el peligro—la Biblia.

La meditación sana no consiste en vaciar la mente para que Dios te pueda hablar. La meditación sana es pensar acerca de Sus promesas, leer Su palabra, contemplar Su vida y amor, y las mansiones que Él nos está preparando. La meditación sana equivale a llenar la mente con la palabra de Dios, y contemplar Su vida. La mente fue creada para ser ocupada.

Pero mientras la mente debe ser ocupada, se encuentra limitada en que sólo puede enfocarse en una sola cosa a la vez. No importa cuán bueno seas para tareas múltiples; no puedes enfocarte en dos cosas al mismo tiempo. Es por eso que en muchos estados es ilegal estar enviando mensajes de texto en tu teléfono mientras conduces un auto.

Puesto que la mente fue creada para ser ocupada, tú y yo no podemos vencer pensamientos negativos con tan solo tratar de no pensar acerca de pensamientos negativos. ¿Por qué? Porque la mente está procurando crear un vacío—de vaciarse cuando realmente fue creada para estar ocupada. Esa acción no funciona. Todo el tiempo en que estás tratando de no pensar negativamente, estás pensando de manera negativa. Pero este es el asunto principal que hacemos cuando procuramos no pensar negativamente; y es por esto qué fracasamos en vencer pensamientos negativos. Pero el segundo principio de la mente—que la mente no puede enfocarse en más de una sola cosa al mismo tiempo—es la clave para vencer pensamientos negativos. Si activamente pienso, o me concentro en otra cosa, no puedo estar pensando negativamente al mismo tiempo. Por tanto, desplazo el pensamiento negativo con otra cosa, con algo positivo. En esto consiste el Principio del Desplazamiento.

Tomemos un ejemplo viviente de algún pensamiento negativo, y cómo funciona el Principio del Desplazamiento. Yo vengo de un trasfondo de adicción, y una cosa que un adicto cree es: "Yo no puedo lograrlo. No puedo vencer esta adicción. He tratado y tratado y fracasado y fracasado. Puede que de resultados para otros, pero para mí no funciona. No sé por qué sigo tratando. Creo que debo desistir".

¿Es esa una verdad o una mentira? Es una mentira. ¿Qué dice la Biblia? "Todo lo puedo en Cristo que me fortalece".[227] Por tanto, la verdad de la palabra de Dios es: 'Lo puedo lograr. Puedo vencer a través de Cristo. No tengo que permanecer como un fracasado. Existe ayuda suficiente para mí. Ahora, ¿qué tengo que hacer para llevarlo a la práctica? ¿Cómo aplico este Principio del Desplazamiento en la vida real?

Si me acosa el pensamiento o sentimiento de: "No lo puedo lograr", podría escribir en una tarjeta de 3x5: "Todo lo *puedo* en Cristo que me fortalece. (Filipenses 4:13)," y adjunto debajo del versículo una sencilla oración de fe: "Gracias, Señor, por

227. Filipenses 4:13

concederme la verdad de Tu Palabra. Prefiero creer que *venceré* porque tú lo dijiste. Gracias por ayudarme a vencer".

Cada vez que tenga un pensamiento, o sentimiento, negativo de "No lo puedo lograr," debo sacar mi tarjeta 3x5, y leer en voz alta el versículo y la oración ("Por tanto la fe viene por el oír, y el oír mediante la palabra de Dios".[228]), concentrándome en lo que estoy diciendo. Aun puedo tener el pensamiento o sentimiento después de leer la tarjeta, pero mientras estaba concentrado en el texto y la oración, también no podía tener el pensamiento negativo, porque sólo me puedo enfocar en una sola cosa a la vez.

Si el pensamiento regresa nuevamente, repito la promesa vez tras vez, hasta que el pensamiento, y sentimiento, negativo no está más en mi mente, o me distraigo con algo más que necesita mi atención. Y si regresa el pensamiento en otra ocasión, saco la tarjeta ¡y empiezo a leerla otra vez!

Como puedes ver, es como si estuvieras en una batalla. Esta es una batalla como de los tiempos antiguos, donde el enemigo se encontraba alineado con espadas, hachas, y lanzas. Y tú te encuentras con tu compañía de soldados. Mientras avanza el enemigo y entra en la batalla, si dejas tu espada en su funda, ¿que te sucederá? ¡Morirías! ¿Qué pasaría si tomas tu espada y das un golpe al enemigo, y luego la regresas a la funda? ¿Qué te sucederá? También podrías morir. La única forma en que vivirás es usando tu espada cada vez que el enemigo avanza.

Efesios 6:17 nos dice que "la espada del Espíritu...es la palabra de Dios". La mayoría de los cristianos fracasa, no porque no tienen la espada, o tampoco porque no han memorizado porciones de la espada, sino porque fracasan en usar correctamente la espada. Debemos usar la espada *cada vez* que el enemigo avanza. Sólo así tendremos la victoria sobre el enemigo.

---

228. Romanos 10:17

Al entregarnos a pensamientos negativos vez tras vez, hemos creado fuertes caminos neuronales en nuestro cerebro. Es fácil que volvamos al antiguo camino, porque hemos desarrollado fuertes conexiones cerebrales que promueven esa forma de pensar. Es como estar en la selva y tener un camino muy transitado. Está accesible, sin obstrucción, fácil de seguir, y familiar. Pero, al tomar la Espada del Espíritu y preferir pensar de manera diferente, estamos empezando a abrir un camino nuevo en la selva.

En el comienzo es muy difícil. Tu tienes que cortar, cortar y cortar, porque existen tantas enredaderas, arbustos y obstáculos. Y el progreso es lento. Nuestro cerebro necesita desarrollar nuevas conexiones. Hay nuevas ramificaciones dendríticas, y nuevas conexiones sinápticas se desarrollarán en el cerebro. Al continuar con el nuevo pensamiento, el nuevo camino se vuelve cada vez más fácil de transitar. Con el tiempo, la nueva vía se vuelve un camino "fácil".

Yo recuerdo la primera vez que reconocí esto en mi vida. Con mi adicción, existían algunos pensamientos—pensamientos negativos—que siempre estaban en mi cabeza. Yo no sabía que podía pasar un minuto sin tener estos pensamientos en mi cabeza. Pero, cuando empecé a usar mis tarjetas 3x5 para vencer pensamientos negativos, ¡la batalla se volvió realmente difícil! Parecía que yo necesitaba usarlas todo el tiempo. No sabía si tendría tiempo para vivir, o poder realizar algo más, pero perseveré.

Recuerdo que 2-3 meses de estar en el proceso de usar el Principio del Desplazamiento, mi esposa y yo estábamos repasando juntos el día que había transcurrido, y yo reconocí algo maravilloso. Yo no había tenido uno solo de estos pensamientos ¡el día entero! ¡Wau! Antes no podía sacarlos de mi cabeza por menos de un minuto. Ahora, pasé un día entero ¡sin siquiera uno solo de esos pensamientos! Me entusiasmé mucho. Estaba experimentando por mí mismo ¡que realmente funciona!

Las batallas aún no habían terminado. Aún me quedaban muchos meses de batalla, pero podía ver la victoria, y eso me dio ánimo para seguir.

Algo más que descubrí después es que los sueños se quedan varios años detrás de la vida consciente. Cuando me encontraba venciendo los pensamientos negativos en mi vida consciente, aún me plagaban los malos sueños—como si estuviera nuevamente en mi adicción. Pero varios años después de vencer en mis pensamientos conscientes, mis sueños empezaron a "aclararse" y concordar con mi experiencia consciente. ¡Alabado sea el Señor!

Ahora, aquí tenemos varios puntos que necesito poner atención. Primero, sólo recomiendo que se carguen tres tarjetas 3x5, o menos. He visto personas fracasar con este método cuando tienen escritas muchas promesas bíblicas diferentes. Si uno se encuentra en una batalla, y tiene centenares de armas de dónde escoger, puede ser muerto antes de escoger cuál arma usará en el ataque. Manténgase sencillo, conozca bien sus armas, úselas a menudo para llegar a ser un soldado efectivo y eficiente.

Con nuestras tarjetas 3x5, yo recomiendo que sigas la Regla de los 4 Segundos. La Regla de los 4 Segundos es esta: Una vez se reconozca que se está pensando algo negativo, tenemos 4 segundos para sacar la tarjeta 3x5 y empezar a leer en voz audible el texto y la oración de fe. Puedes haber estado pensando acerca de cosas negativas por minutos o quizá horas, sin percatarte de eso; pero una vez que te diste cuenta, tienes 4 segundos para sacar tu tarjeta y leer.

Otra mentira que yo, y muchos otros, hemos creído es: "Nadie me ama". Pero ¿qué dice la Biblia? "Con amor eterno te he amado, por eso te atraje con bondad".[229]

Cada vez que te sientes menospreciado, saca tu tarjeta 3x5 y recita: "'Te he amado con amor eterno, por tanto, con amor te

229. Jeremías 31:3

he atraído' (Jer. 31:3). Gracias, Señor, por darme la verdad de Tu Palabra. Escojo creer que soy amado, porque tú lo has dicho. Gracias por amarme". Ahora cada vez que llega ese sentimiento negativo, responde con la Palabra de Dios; y cada día vencerás más y más.

Otra cosa de la cual padecemos es la culpabilidad. Yo puedo tener una buena o mala respuesta al sentimiento de culpabilidad. Una buena respuesta a la culpabilidad es ver que la culpa es específica para con un pecado en particular, y mi respuesta es confesar ese pecado y arrepentirme, e ir a Dios en busca de perdón. Una mala respuesta a la culpabilidad es quedar estancado en un sentido general de culpabilidad sin estar atado a un específico pecado o pecados; y permitir que esa culpa me separe de Dios porque me siento culpable y sin deseo de venir a Dios y molestarlo con mis continuos fracasos.

Si tengo culpabilidad a causa de pecados específicos, debo confesarlos a Dios y a quienes fueron heridos por ellos. Si el pecado fue privado, entonces lo confieso sólo a Dios. Si el pecado afectó a mi familia, confieso ese pecado a mi familia. Si el pecado es generalmente conocido por toda la iglesia, entonces lo confieso ante toda la iglesia.

Entonces también es necesario el arrepentimiento. ¿Qué es el arrepentimiento? "El arrepentimiento comprende tristeza por el pecado y abandono del mismo".[230] El arrepentimiento es un regalo de Dios, y ni tú ni yo podemos generarlo. Debemos buscarlo de Dios. El verdadero arrepentimiento siempre nos separará del pecado.

La culpabilidad es otro pensamiento, o emoción, negativo con el cual yo luché por años. Esa culpabilidad me llevó a la desesperación, pensando que yo había sido muy malo para alcanzar el perdón. Permítanme decirlo personalmente, la vida es

230. Elena G. de White, El Camino a Cristo, p. 23.

miserable cuando uno se siente así. Pero ¿será cierto que he sido muy malo para ser perdonado?

¿Qué dice la Biblia? "Si confesamos nuestros pecados, Dios es fiel y justo para perdonar nuestros pecados, y limpiarnos de todo mal".[231]

Si soy culpable, o si me siento culpable, puedo usar la Palabra de Dios para vencer. Puedo usar mi tarjeta 3x5; y cada vez que viene el pensamiento, o sentimiento, de culpabilidad, debes recitar en voz audible: 'Si confesamos nuestros pecados, Dios es fiel y justo para perdonar nuestros pecados, y limpiarnos de todo mal" (1 Juan 1:9). Gracias, Señor, por darme la verdad de Tu palabra. He decidido creer que soy perdonado, porque tú lo dijiste. ¡Gracias por perdonarme!" Yo puedo decirlo con todo mi ser, y creer lo que estoy diciendo. Puedo decirte por experiencia personal, que, si fijas tu corazón y alma en vencer en esta forma, ¡eso da resultado positivo!

Buceando en aguas profundas

Yo fui un buen buceador de aguas profundas. Dios nos dice que Él "echará nuestros pecados en la profundidad del mar".[232] Yo pedía a Dios el perdón por el pecado cometido, pero entonces aún me sentía culpable; y (figurativamente) me lanzaba a lo profundo del mar para recordar mi pecado y presentarlo a Dios, y pedirle perdón nuevamente por el mismo pecado. Y yo hacía esto vez tras vez, porque seguía sintiéndome culpable.

Lo que yo no entendía era que el perdón de Dios no depende de cómo yo me siento. Depende más bien de la palabra de Dios, y de mi cumplimiento con las condiciones de perdón (confesión, arrepentimiento, y restitución).

Penitencia

A veces somos muy buenos con la penitencia. Ustedes saben lo que significa penitencia, ¿cierto? Es cuando te golpeas a ti

231. 1 Juan 1:9
232. Miqueas 7:19

mismo por los pecados que has cometido. Algunos de hecho se golpean y participan de dolorosas peregrinaciones para poder expiar su pecado. Pero sólo existe una expiación por el pecado, y esa es la Sangre de Jesús. ¿Cómo era mi forma de penitencia? Yo cometía un pecado, y luego me sentía mal de ello, y me golpeaba a mí mismo con la culpabilidad por un tiempo; y cuando sentía que me había golpeado lo suficiente, entonces aceptaba el perdón de Dios. Pero cuando me estaba golpeando a mí mismo, y estaba pagando la penitencia por mis pecados, estaba tratando de salvarme a mí mismo mediante mis propias obras. Esto nunca funcionaba. Uno puede venir a Jesús en medio de su pecado, aceptar Su perdón en ese mismo momento, y apartarse de ese pecado.

Diario de los pensamientos

Si uno tiene diferentes pensamientos negativos corriendo por la cabeza, y no sabe qué texto usar, yo recomiendo mantener un diario de pensamientos por unos pocos días.

Simplemente llévese ese diario (puede ser tan sencillo como un trozo de papel) consigo por varios días, y escribe cada pensamiento negativo. Luego, categoriza los pensamientos negativos. Ellos pueden entrar bajo estas categorías: *temor/preocupación, sintiéndose menospreciado*, o *fracaso/derrota*, o *culpa/vergüenza*, o *baja autoestima/ineptitud*, o *amargura/ira*, etc. Después de haber categorizado todos los pensamientos negativos, búsquense las 3 categorías que son las más angustiosas para ti, o que ocupan el mayor tiempo del pensamiento.

Luego hágase un repaso de la Biblia (puede ayudar usar una concordancia bíblica, una Biblia electrónica, o un amigo que te ayude) y busque promesas que hablen al corazón de una manera opuesta a lo que se refiere en la categoría del pensamiento negativo. Escribe una promesa en la tarjeta 3x5, y también una oración de fe que diga algo como: "Señor, gracias por darme la verdad de Tu Palabra. He decidido creer ________ (escribe lo que la promesa bíblica menciona. Por ejemplo: 'He decidido creer que venceré...He decidido creer que soy apreciado...He decidido creer que soy perdonado. He decidido creer que nada debo temer... He decidido creer que valgo el precio porque tú has dicho ...). Gracias por__________ (escribe lo que la promesa bíblica está diciendo. Por ejemplo, 'Gracias por..., por ayudarme a vencer..., amarme..., perdonarme..., estar conmigo..., darme tal valor...').

La Dirección de tu Vida

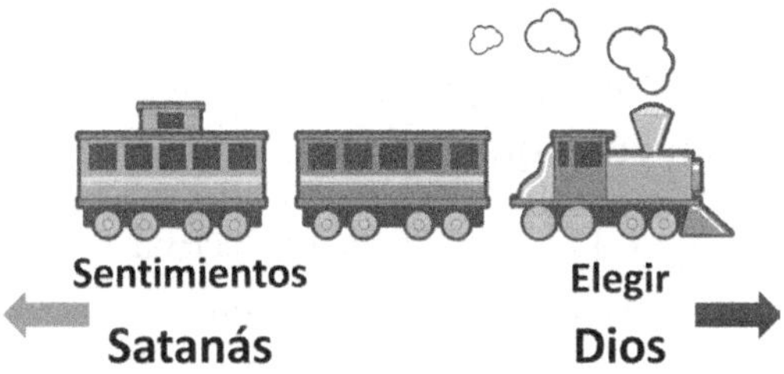

¿Qué dirección lleva mi vida? Nuestras vidas son semejantes a un tren. El tren debe ser guiado por el motor, que representan las elecciones. Y al final del tren vienen nuestros sentimientos. Dios dirige el tren de tu vida al asegurar nuestras elecciones. Y eso nos mueve en la dirección correcta mientras sometemos nuestras elecciones a Dios.

Sin embargo, Satanás trata de dirigir nuestro tren en la dirección opuesta al manipular nuestros sentimientos. Manipulando nuestros sentimientos y haciéndonos sentir de una manera u otra, él trata de dirigir nuestras decisiones. Y cuando así puede manipular nuestros sentimientos para controlar nuestras decisiones, él puede dirigir nuestra vida en la dirección que él desea. No vivamos como esclavos de nuestros sentimientos. Sigamos a Dios mediante nuestras decisiones inteligentes, a pesar de cómo nos sentimos.

La ley de la mente

Existe una ley mediante la cual nuestra mente funciona. Y esta ley es subrayada por Pablo: "Por tanto, nosotros todos, al contemplar con el rostro descubierto, como en un espejo, la gloria del Señor, nos vamos transformando a su misma imagen…"[233] Dicho de manera sencilla, esta ley dice: "Contemplando somos transformados".

Por muy aborrecible que nos sea, somos transformados a semejanza de lo que se ha estado contemplando. Y a la inversa, mientras contemplamos lo amable y bueno, no podemos sino ser transformados en lo que vemos. Esto significa que tenemos la obligación de escoger lo que consideramos bueno, porque eso cambiará (literalmente) quienes somos.

"Hay una ley de la naturaleza intelectual y espiritual según la cual modificamos nuestro ser mediante la contemplación. La inteligencia se adapta gradualmente a los asuntos en que se ocupa. Se asimila lo que se acostumbra a amar y a reverenciar".[234] "Hermanos y hermanas, contemplando es como somos transformados. Espaciándonos en el amor de Dios y de nuestro Salvador, admirando la perfección del carácter divino y apropiándonos de la justicia de Cristo por la fe, hemos de ser transformados a su misma imagen. Por lo tanto, no reunamos todos las imágenes desagradables, las iniquidades, las corrupciones y los desalientos, evidencias del poder de Satanás, para grabarlos en nuestra memoria... Hay, gracias a Dios, imágenes más brillantes y alentadoras que el Señor nos ha presentado. Agrupemos las bienaventuradas seguridades de su amor, como tesoros preciosos, para que podamos mirarlas continuamente".[235]

Los sentidos versus los sentimientos

Por un momento separemos los sentidos y los sentimientos. La sensación incluye los sentidos físicos de la vista, audición,

233. 2 Corintios 3:18
234. Elena G. de White, El Conflicto de los Siglos, p. 543.
235. Elena G. de White, Exaltad a Jesús, p. 245.

olfato, sabor, y tacto. Estas son tus puertas de entrada. Es de esta manera como el mundo físico impacta tu mente.

Sin embargo, los sentimientos son condiciones emocionales, o reacciones, a los sentidos y pensamientos experimentados por un individuo. Estos son tus canales de salida. Así es como uno responde, y cómo uno se siente en responder.

Tu no puedes controlar la recepción de un estímulo. Si uno se golpea el dedo con un martillo, sentirás dolor. Pero sí se pueden controlar los sentimientos—las reacciones emocionales a esas sensaciones o percepciones. Por ejemplo, si uno golpea el dedo con un martillo, eso causará dolor. Pero no necesito enojarme por eso. Puedo agradecer a Dios que la herida no fue peor. Se pueden controlar nuestras respuestas mediante el poder de Dios.

Al controlar nuestras entradas, debemos considerar cuánto tiempo, interés, esfuerzo, y dinero, estamos invirtiendo en lo que más conviene, versus cuánto tiempo, interés, esfuerzo, y dinero, estamos invirtiendo en lo demás. ¿Cuánto tiempo invierto en estudiar la Biblia, leer material devocional, oración, ayudando a otros, o contemplando el amor de Dios?

Comparado a eso, ¿cuánto tiempo paso mirando TV, películas, YouTube, o las noticias; revisando Facebook, Twitter, Instagram, u otras redes sociales; leyendo novelas, revistas, y otra literatura no inspirada; escuchando música mundana; atendiendo los deseos de uno mismo, ocupándome demasiado en el trabajo; o contemplando mis problemas, los placeres del mundo, mis propias faltas, o las de los demás; o preocupándome demasiado? Está en nuestra capacidad, mediante la gracia de Dios, controlar nuestro ambiente como para evitar entradas negativas o perjudiciales.

"Por lo demás, hermanos, todo lo que es verdadero, todo lo honorable, todo lo justo, todo lo puro, todo lo amable, todo lo que es de buen nombre; si hay virtud alguna, si algo digno de alabanza, en esto pensad".[236]

Pero también podemos controlar nuestras salidas. No somos esclavos de nuestros sentimientos. Podemos escoger cómo responder. La alegría es una decisión, no es el resultado de circunstancias alegres. La gratitud es una decisión, no el resultado de buenas cosas que nos suceden. Somos instruidos: "en todo dad gracias; pues esta es la voluntad de Dios en Cristo Jesús para vosotros".[237] Si fuera imposible, Dios no nos pediría esto.

"La vida en Cristo es una vida de reposo. Tal vez no haya excitabilidad de los sentimientos, pero debe haber una confianza continua y apacible. Tu esperanza no se centra en ti mismo, sino en Cristo. Tu debilidad está unida a su fuerza, tu ignorancia a su sabiduría, tu fragilidad a su poder eterno. Así que no has de mirarte a ti mismo ni depender de ti, sino mirar a Cristo. Piensa en su amor, en la belleza y perfección de su carácter. Cristo en su abnegación, Cristo en su humillación, Cristo en su pureza y santidad, Cristo en su incomparable amor: tal es el tema que debe contemplar el alma. Amándole, imitándole, dependiendo enteramente de Él, es como serás transformado a su semejanza".[238]

Ahora, ¿qué hay acerca de ti? ¿Confiarás en Dios? ¿Llevarás todos tus pensamientos en cautividad a Su voluntad? ¿Reemplazarás esos pensamientos negativos con la verdad de Su palabra, venciendo así mediante Su poder?

Mientras atraviesas el doloroso proceso del perdón, la difícil tarea de llevar todo pensamiento cautivo a la obediencia de Jesús, mientras luchas en la Fuerza del Señor, hasta obtener el éxito, sé fiel y con esperanza, porque "fiel es el que prometió".[239] Él no te fallará. Pudiera parecer una tarea imposible, pero Dios es el Dios de lo imposible.

236. Filipenses 4:8
237. 1 Tesalonicenses 5:18
238. Elena G. de White, El Camino a Cristo, p. 70.
239. Hebreos 10:23

CAPÍTULO 14

Un amor que todo lo da

7. **Amar a otros**

Necesitamos tratar a todos con Amor. Necesitamos pensar en ellos amorosamente. Necesitamos tratarlos con amor, prefiriendo sacrificarnos por ellos, y para su bien. Y esto es lo que sucede cuando el Espíritu Santo está viviendo Su vida en nosotros, cuando estamos operando con el divino y amoroso corazón de Dios. Podemos procurar ser un conducto del amor de Dios hacia ellos. Y lo digo nuevamente que nosotros no creamos amor, sólo Dios puede hacerlo. Por tanto, necesitamos venir a Él para recibir Su amor, para que fluya a través de nosotros hacia otros.

Esto nos ayuda a recordar que ellos hirieron a Jesús, no a nosotros. Cuando venimos a la cruz, y recibimos el intercambio divino a nuestro favor, eso se vuelve el pasado de Dios, y somos liberados de esa carga, de ese pesado equipaje. Y es así como alguien ministrando a los prisioneros en la cárcel, nosotros podemos amarlos, porque ellos no me hicieron daño a mí. Ellos lo hicieron a Jesús.

Para resaltar a qué se parece el verdadero amor, cito a Mark Finley: "A inicios de los 1990, ocurrió uno de los más horribles eventos en la historia del mundo—el genocidio de Ruanda. En ese genocidio—los hutus peleando contra los tutsis—murieron un millón de personas en menos de nueve meses. Cuando comenzó el genocidio, había 370.000 adventistas en Ruanda. Cuando terminó, habían muerto 100.000. En seis meses, 100.000 adventistas fueron muertos, no por ser adventistas, sino porque eran una tribu minoritaria.

En años recientes, he viajado a Ruanda en varias ocasiones, hablando en grandes estadios. Actualmente existen juicios contra los asesinos. Mientras viajamos allí, conversé con mi anfitrión, el presidente de la unión, Amán Rutilinga, y dije: 'Pastor Rutilinga, ¿conoció usted a alguien que murió en el genocidio?'

Él dijo: 'Pastor Mark, yo estaba en el campo predicando, el día que llegó el anuncio radial: 'Corten los árboles altos,' y cuando llegó el anuncio radial: 'Corten los árboles altos,' decenas de millares de milicianos, mayormente jóvenes con machetes, corrieron por las calles matando todo Tutsi que encontraban. La masacre fue tan grande que los cuerpos se amontonaban en las calles, y los perros venían para comérselos. La masacre fue tan grande que echaron miles de cuerpos en el río, y el río quedó obstruido con cuerpos.'

El Pastor Rutilinga se encontraba predicando como Presidente de la Unión, y la milicia vino a la iglesia y sacó a su esposa, sus hijos, y sus tres nietos, y los mataron fuera de la iglesia ese día.

Le pregunté al presidente de la asociación, '¿Perdió usted a alguien?'

Él dijo: 'Sí. Perdí a alguien.'

Yo le pregunté: '¿A quién perdió?'

Él dijo: 'Yo perdí a mi esposa y mis siete hijos.'

Luego le pregunté a mi chofer: '¿Perdió usted a alguien?'

'Sí. Perdí 47 miembros de mi familia. Soy el único sobreviviente'.

Mientras conversé con ellos, el Pastor Amán Rutilinga me dijo: 'Mark, quiero que conozca a una mujer, y cuando la conozca, su vida cambiará para siempre. Su nombre es Adelle Selfu.'

Nos subimos en la camioneta y nos fuimos por la rústica carretera, en el campo, fuera de Kigali, Ruanda. Y el Pastor Rutilinga me contó la historia mientras viajábamos. Esta mujer había estado al lado de su esposo cuando los asesinos llegaron, y ella sostuvo su mano mientras ellos usaron un machete para partirle la cabeza al esposo. Ella estaba allí. Y el Pastor Amán Rutilinga dijo: 'Mark, creo que ella le contará la historia.'

Mientras caminaba al entrar hacia su casa, vi un cuadro de su esposo, un pastor adventista, en la pared, y por respeto caminé hacia el cuadro para mirarlo. Y pensé en cómo sería si yo estuviera sosteniendo la mano de mi esposa, y alguien corriera hacia mí, y el horror que ella tendría que soportar mientras me cortaban la cabeza con un machete.

Al sentarnos, conversamos un poco, y la señora Selfu entró al cuarto. Abordé el tema con mucho cuidado. Le dije a la hermana: 'Hermana Selfu, entiendo que usted se encontraba con su esposo cuando la milicia lo mataron a machetazos. Podrá ser muy difícil conversar de eso, pero ¿desearía usted compartir esa experiencia conmigo?

Ella empezó a llorar, y dijo: 'Pastor, la voy a compartir. Recibimos el anuncio de que la milicia estaba acercándose cada vez más a la aldea. Huimos con otras 45 personas hacia el sótano de una iglesia católica. Pensamos que sería un buen lugar para escondernos y ellos pudieran pasar por alto la iglesia. Mientras estábamos en el sótano, la milicia vino con machetes y empezaron a machetear y machetear. De hecho, hubieron 60 personas en el cuarto. Cuarenta y cinco murieron inmediatamente.'

Ella me dijo: 'Yo sostuve la mano de mi esposo, y alguien llegó con un machete y lo golpeó en la cabeza, y la sangre saltó sobre mí. Fue horrible, Pastor. Y luego la persona tomó el machete y me golpeó en la cabeza.' Ella tomo hacia atrás su hermoso cabello negro, y pude ver la cicatriz que empezaba desde la línea de su pelo hacia atrás, hasta el centro de su cabeza. Me dijo: 'Pastor, me golpearon en mi muñeca, tratando de cortármela.' Ella levantó su muñeca. Estaba simplemente colgando de su brazo. Me dijo: 'Pastor, entonces me golpearon en mi hombro.' Y ella bajó un poco su vestido, y vi la cicatriz en su hombro. Ella dijo: Me dieron por muerta, y allí me dejaron, y mi cuerpo quedó entre los muertos por tres días.

Al final de los tres días, la milicia siguió su camino y los aldeanos vinieron a enterrar sus muertos. Alguien, antes de enterrarme, me tomó el pulso, y vio que aún tenia pulso. Por tanto, me llevaron en estado inconsciente, y empezaron a atenderme... Pastor, estuve ingresando en muchos hospitales por tres años.

Para ese momento, las fuerzas armadas que se encontraban fuera de Ruanda desde el Congo, pelearon para regresar, liberaron al país, y construyeron 18 prisiones para los asesinos. Ellos pusieron a 180.000 personas en prisión.'

La señora Selfu tomó tres años para recuperar la salud, pero para ese tiempo ya había estabilidad en el país. Y ella me dijo: 'Pastor Mark, tuve que tomar una decisión de que, si sería una mujer amargada, e iracunda, o no.' Y dijo: 'Tomé una decisión de que la muerte de mi esposo no sería en vano. Yo tenía la seguridad latiendo en mi corazón, de que Cristo Jesús viene otra vez; y que lo que mi esposo desearía es que yo fuera a ministrar a los asesinos.

'Por tanto, Pastor, existe una prisión no lejos de esta aldea, y yo me convertí en la madre de esa prisión. Yo la visitaba y llevaba colchas a la prisión debido a las noches frías. Yo iba y llevaba alimento a la prisión. Empecé a estudiar la Biblia con los prisioneros.... Estos fueron los asesinos que nos atacaron.

Cierto día, Pastor, me encontré en la prisión. De pronto un joven cayó al suelo y empezó a besarme los pies. Le vi la cara, y él dijo, '¿Se acuerda usted de mí?' Y ella dijo, 'Deseo poder borrar esa cara de mi mente. Era un joven de unos 20 años, quien había cortado la cabeza de mi esposo a la mitad. Era el mismo joven. Yo nunca supe que él se encontraba en esa prisión. 'Nunca pensé que volvería a verlo. Era el joven que me hizo la cicatriz en mi cabeza, y me causó tanto dolor. Y me dijo: '¿Me puedes perdonar?'

Ella dijo, 'Lo levanté y lo abracé.' Y le dije: 'Te perdono.'... Pastor, estudié la Biblia con él por seis meses.... Luego se presentó ante toda la prisión, y reunimos a todos los presos en el patio el día de su bautismo, y él confesó su pecado. Pastor, lo bautizamos. Y ahora, él recibió amnistía después de varios años, y fue liberado de la prisión. Y aquí está el problema. Su padre y madre fueron muertos en el genocidio. Él no tenía lugar donde vivir. Pastor, yo lo adopté como mi hijo. ¿Desearía usted conocerlo?'

Mi corazón estaba latiendo. Mi frente estaba llena de sudor. Miré la foto del pastor a quien este hombre había asesinado. Pensé que un asesino caminaría por la puerta, y Luis caminó por la puerta—con una suave sonrisa en su rostro, y una brillantez en sus ojos. Y la señora Selfu camino hacia él, puso sus brazos a su alrededor, y dijo: 'Permítame presentarle a mi hijo adoptivo.' Ella dijo: 'Un día cuando Jesús venga, todo el sufrimiento habrá valido la pena. Un día cuando Jesús venga, todo dolor habrá valido la pena. Un día cuando Jesús venga, todas las cargas habrán valido la pena. Un día cuando Jesús venga, el pasado habrá sido olvidado.' Ella dijo: 'Lo que me inspira es el futuro. Jesús viene otra vez.'"

Querido lector, ¿existe algo en tu corazón que necesita resolverse? ¿Has estado albergando alguna amargura? ¿Existe algún pecado secreto en tu vida? Si Dios pudo transformar a Adelle Selfu, si Dios pudo tomar a esa mujer y quitar toda amargura—toda ira—de su corazón, Dios puede hacer milagros en tu vida.

La ley y el corazón

La Ley de la Vida, el concepto de tomar para dar, sólo puede venir de un corazón transformado por la gracia de Dios. Sólo puede venir del mismo corazón de Dios, recreado en nosotros. Esta Ley de la Vida está en perfecta armonía con los 10 mandamientos, que es la transcripción del mismo carácter de Dios. Y sólo aquél cuyo corazón está operando bajo la Ley de la Vida, sólo aquél cuyo motivo de operación es amor divino, puede guardar la ley.

Si yo he estado viviendo mediante el corazón antiguo y pecaminoso, si estoy viviendo bajo un amor humano—que da para recibir, si me ofendo por lo que otros me hacen porque estoy pensando que eso me pertenece; entonces me es imposible guardar la ley de Dios, pues Su ley sólo puede guardarse mediante amor divino.

Si trato de obedecer a mis padres para poder tener larga vida, no lo puedo lograr teniendo un corazón humano. Si trato de guardar mis pensamientos puros y evitar deseos lujuriosos, no lo puedo lograr teniendo un corazón humano. Si trato de estar feliz con lo que tengo, y no codiciar las posesiones de mi vecino, no lo puedo lograr con un corazón humano. Y si trato de guardar y santificar el día Sábado del cuarto mandamiento, no lo puedo lograr con un corazón humano.

Si no nos encontramos del lado correcto de la ecuación—si no estamos operando con el amor divino—no podemos guardar ninguno de los mandamientos. Es sólo mediante la fe en los méritos de Cristo, es sólo mediante la fe en Su sacrificio expiatorio, es sólo a través la fe lo que nos conduce a una entrega completa de uno mismo a Dios, lo que puede permitir que el Espíritu Santo tome control de nuestra vida, y ponga el corazón de Dios en nosotros, y nos otorgue el amor divino. Y con ese nuevo corazón, puedo finalmente obedecer los mandamientos de Dios, porque Él es quien está viviendo Su vida dentro de mí, ayudándome a querer, y hacer, según Su beneplácito. Es entonces que el pecado cesa de ser la realidad de mi vida, y yo llego a ser la justicia de Dios.

¿Cómo puedo saber en qué lado de la ecuación me encuentro? Puedo saberlo si pienso que todo me pertenece, si me ofendo personalmente por lo que otros hacen. Si doy para recibir de nuevo, con segunda intención, invirtiendo con la expectativa de recibir; entonces todo lo que hago de nada sirve, porque estoy viviendo según el corazón antiguo y pecaminoso. Pero, si reconozco que nada me pertenece, que lo que tengo, lo que hago, y todo lo que soy, es de Dios; y si no me ofendo personalmente por lo que otros hacen, si encuentro gozo en dar, y vengo a Dios constantemente para recibir de Su amor para poderlo compartir con otros, si produzco el fruto de la vid de Dios, entonces estoy viviendo mediante el divino y amoroso corazón de Dios.

Amor y libertad

Consideremos ahora, por un minuto, la interrelación entre amor y libertad. El amor humano opera de una manera predecible. Como seres humanos, cuando tenemos un alto interés en alguien, procuramos controlarlos más. El elevado interés conduce a una menor libertad (alto control). Pero si tenemos bajo interés en alguien, no trataremos de controlarlos. Les damos mucha libertad.

Por ejemplo, si vas caminando por la calle, y un extraño está fumando un cigarrillo, lo más probable es que seguirás por tu camino sin hacer ningún comentario. Pero si se trata de tu hijo de catorce años fumando, tú caminarías hacia él, lo tomarías de la oreja, lanzarías el cigarrillo al suelo, y lo llevarías a casa y lo castigarías en su cuarto por un mes completo.

Recuerda, que debemos controlar nuestras fuentes para poder "proteger" nuestros intereses—proteger nuestras fuentes de amor. Esto también hacemos con Dios. También existen maneras en que tratamos [quizá inconscientemente] de controlarlo. Tratamos de hacer esto o aquello, portarnos de esta forma u otra, para así poder manipular a Dios y obligarlo en hacer esto o aquello por nosotros. Tratamos de hacer un trueque con Él, ofreciéndole algo (diezmo, ofrendas, tiempo, servicio, conducta, etc.) para poder recibir algo más de él (perdón, aceptación, pertenencia, seguridad, etc.).

En ocasiones, lo consideramos como al genio de la lámpara. Si simplemente tenemos la fe correcta—si frotamos correctamente la lámpara—entonces Dios hará por nosotros lo que deseamos. La fe, sin embargo, no es la mano que mueve a Dios para realizar lo que a mí se me antoja. Más bien es la mano que acepta de Dios lo que a Él mejor le parece, sea que me guste o no.

El amor divino opera de manera diferente del amor humano. El amor divino mantiene interés máximo mientras al mismo tiempo otorga libertad total.

Algunos de ustedes probablemente se han comido un Twinkie en el pasado. Quizá se comieron una caja entera. ¿Es un Twinkie algo saludable para ti? ¿Qué tal un Twinkie frito con mucho aceite? ¿Es saludable para ti? ¡Absolutamente no! ¿Y sabes eso antes de comerlo? Desde luego que sí.

¿Sabe Dios que no es saludable? Desde luego que sí. ¿Sabe Él que eso contribuirá a una muerte prematura para ti, y es mejor que si no lo hubieras comido? Desde luego que sí. ¿Pero acaso

Dios te arrebata ese Twinkie de la mano, te toma de la oreja y te lleva a casa para castigarte por haber tratado de comer ese Twinkie? ¿O te permitirá que lo comas si así lo prefieres? Él te permite comértelo.

Él te ama infinitamente, pero respeta tu libertad. Él no te obligará a obedecer, ni te impedirá que te perjudiques a ti mismo. Tú puedes matarte a ti mismo rápidamente o lentamente, si así lo prefieres. Él respetará tu decisión.

Él puede hablar a tu consciencia, y tratar de razonar contigo; para convencerte en cambiar tu mente, pero Él no te obligará a que hagas lo correcto. Como puedes ver, el amor existe en el marco de la libertad; y para poder mantener el amor, la libertad debe también mantenerse. Nosotros no somos la fuente de Dios, por tanto, Él no depende de nosotros. Pero para poderte dar la libertad de amarlo (porque Él te ama a ti), Él tiene que darte plena libertad de elegirlo a Él...o escoger algo mas. Porque El te ama tan perfectamente, Él te da completa libertad de que te destruyas a ti mismo, si así lo deseas.

El amor de Dios—verdadero amor—otorga perfecta libertad de escoger el bien o el mal. Pero cuando tú y yo intentamos controlar a otros, estamos operando fuera del amor. Y por ser creados a la imagen de Dios, fuimos creados para pensar y actuar como Dios, y nuestro cuerpo fue creado para responder perfectamente al amor. Pero cuando controlamos a otros, estamos operando fuera del amor, y el resultado es perjudicial para el alma y el cuerpo. No podemos mantener una función apropiada si estamos operando fuera del contexto del amor.

Y esto es cierto aun cuando tratamos de controlar a otros para que hagan lo bueno. Creemos que algo está correcto, y queremos que los que amamos también estén en lo correcto; y así tratamos de controlarlos en hacer lo correcto para poder estar bien. Sin embargo, lo hacemos con motivos egoístas. Porque nosotros los consideramos como nuestra fuente, deseamos que sean una mejor fuente para nosotros; y por lo cual intentamos corregirlos para que coincidan con lo que nosotros consideramos como bueno. Y cuando ellos no responden a nuestros requerimientos, nos chasqueamos y disgustamos; y quizá hasta tratamos de controlarlos en diferentes formas, o con más fuerza, para poder obtener conformidad y uniformidad. A los que consideramos como nuestros mayores tesoros son a quienes tratamos de controlar más.

También tratamos de controlar a los demás en relación a cuestiones o principios que nosotros valoramos. Controlaremos a extraños que no son nuestras fuentes, sí están relacionados con asuntos, o principios, que nos apasionan. Pero nuestras acciones aún tienen un motivo egoísta, y el resultado es un intento de controlar a los demás.

Esta inclinación egoísta y humana, cuando no se controla, eventualmente nos conducirá no sólo a limitar la libertad de los demás que no concuerdan con nuestras ideas de lo que debe ser correcto, sino a destruirlos si ellos rehúsan conformarse a nuestros ideales. Este es el fundamento de la erosión de libertad religiosa, y se verá en esta gran nación en los próximos pocos años. Nosotros veremos como las libertades Americanas serán eliminadas, veremos la imposición de restricciones, y el aumento de castigos debido a la inconformidad. Y eventualmente habrá un castigo de muerte para quienes no sigan los ideales nacionales de lo correcto y lo incorrecto; aunque esos ideales se encuentren en oposición directa a la Palabra de Dios.

Considerando a Dios y Su amor, y la libertad perfecta mediante la cual su amor opera, no estoy diciendo que la verdadera libertad se puede encontrar en cualquier cosa que deseo, y en ir a cualquier lugar que deseo. La verdadera libertad sólo se encuentra en el contexto de los límites —los límites de la ley de Dios.

"La verdadera libertad e independencia se encuentran en el servicio de Dios. Su servicio no pondrá ninguna restricción que impida nuestra libertad. Al cumplir con Sus requerimientos, encontraremos paz, contentamiento, y gozo, jamás encontrados en el sendero licencioso y de pecado. Entonces estúdiese bien la naturaleza de la libertad que se desea. ¿Es la libertad de los hijos de Dios, el ser libres en Cristo Jesús?, o será que consideramos la egoísta complacencia de nuestras pasiones bajas como libertad. Pero tal libertad conlleva al más fuerte remordimiento; pues realmente es la más cruel esclavitud".[240]

Considerando a Dios y Su amor, y la perfecta libertad mediante la cual ese amor opera, no estoy diciendo que el amor de Dios permite que el mal suceda sin consecuencias. Sí existen consecuencias. Siempre existen consecuencias.

Fue una ley divina que "todo lo que el hombre sembrare, eso también segará".[241] Y esta misma ley nos muestra que "El que siembra escasamente, escasamente segará, y el que siembra generosamente, también generosamente segará".[242] Sí, si existen consecuencias por las decisiones que tomamos.

¿Cómo es que Dios entrena a sus hijos pecaminosos y rebeldes? No es impidiéndoles hacer el mal. Él les enseñará, los educará, advertirá, razonará con ellos, y les dará ejemplos de otros que han hecho las mismas malas decisiones. Pero la decisión final es de ellos. Y Dios no impedirá esa decisión. Ahora cuando ya se ha hecho la decisión, existen consecuencias específicas para esa decisión. Y Dios nos enseña a través de esas decisiones. Esas lecciones son con el propósito de apartarnos del mal, y llevarnos a hacer lo correcto.

Recuerda, Él es el Buen Pastor, buscando la oveja perdida para amorosamente llevarla a casa. Las consecuencias no son

240. Elena G. de White, Fundamentals of Christian Education, p. 88.
241. Gálatas 6:7
242. 2 Corintios 9:6

con el propósito del castigo y el abandono. Las consecuencias son con el propósito de redención y restauración.

Al proteger la libertad ¿tenemos que eliminar las normas? No. Dios mantiene perfecta libertad, y al mismo tiempo defiende normas definitivas. Dios nos da la libertad de seguir, o romper, esas normas; pero existen consecuencias por guardar (buenas consecuencias), o quebrantar (malas consecuencias) esas normas.

Cada persona, familia, organización y gobierno, debe tener normas para sus miembros; y esas normas deben enseñarse, debe promoverse su obediencia, e imponerse castigo por su violación. Pero, véase, la imposición de castigo es a través de las designadas autoridades (padres, junta de iglesia, policía, etc.).

La libertad *no es* la eliminación de normas, ni el impedir su imposición. La libertad es permitir a cada individuo la elección de obedecer o disfrutar las bendiciones de la obediencia, o desobedecer y sufrir las consecuencias de la desobediencia. A cada persona le toca tomar la decisión de obedecer o desobedecer, de seguir o no seguir.

En el caso de verdadera libertad, la autoridad impondrá las consecuencias de violar el principio, pero ellos lo deberían hacer sin tener motivos egoístas. Ellos deberían de imponer las consecuencias para beneficio del ofensor (para motivar a los demás a obedecer, y limitar la carga del pecado en la vida del ofensor), al igual que el beneficio de otros (motivarlos a obedecer al usar el caso del ofensor como ejemplo, y proteger a otros de siguientes, violaciones similares.).

<u>El pecado y la gracia</u>

Existe una relación entre el pecado y la gracia de Dios, que la mayoría de nosotros aún no hemos considerado. Nosotros pecamos por la gracia de Dios. ¿Qué es lo que quieres decir? *Estarás pensando*. ¿Quién tiene el poder para darte vida? ¿Quién te da el poder para hablar y hacer lo que tu haces? Es Dios. Así que, ¿por el poder de quién pecas? Si Dios retirara Su poder de ti, morirías. Por tanto, cuando alguien comete un mal a otra persona, ¿lo hacen por cuál poder? El poder de Dios. Y ¿eso agrada a Dios? ¡Desde luego que no!

Él nos dice en Isaías 43:24, "pusiste sobre mí la carga de tus pecados, me fatigaste con tus maldades". Dios se ha comprometido en sostener la vida y poder de nosotros que pecamos, para que Él pueda darnos una oportunidad de ver Su amor y entregarle nuestra vida a EL y ser salvos para la eternidad. Pero mientras Él está manteniendo nuestra vida, nosotros estamos haciéndole participar con nuestros pecados. Y Él absolutamente aborrece el pecado, porque contrarresta todo lo que Él representa. Sin embargo, es mediante Su gracia que pecamos.

Somos entes moralmente libres

Como puede verse, nosotros somos entes moralmente libres. Dios nos ama supremamente. Y Él nos creó con la capacidad de amarlo de manera recíproca. Pero el amor no puede realmente ser amor si no es voluntario. Debe ser voluntario para poder ser amor. El amor necesita la libertad de escoger. Y el libre albedrío—de la voluntad—permite la posibilidad de servicio, o la posibilidad de rebelión. Para que Dios pueda preservar la capacidad de amar, Dios también debe preservar la capacidad del hombre en ser egoísta, de herir, y de destruir.

¿A qué se asemeja el amor?

Si el amor es tan necesario de mantenerlo a un costo tan extremo, ¿a qué se asemeja el amor? Vayamos a la Biblia, y leamos del "capítulo del amor," (1 Cor. 13). Deseo empezar en el versículo 4, dando mi paráfrasis del texto.

"El amor es sufrido, es benigno...".[243] Cuando yo vivo por amor, todo lo siguiente será cierto. No estaré exento del su-

243. 1 Corintios 13:4

frimiento. De hecho, puedo sufrir, y puedo sufrir mucho tiempo. Y no sólo eso, sino que puedo sufrir mucho tiempo y ser amable mientras sufro. Con amor puedo sufrir mucho tiempo y ser amable con quien me está causando el sufrimiento.

"...El amor no siente envidia ...".[244] Yo no deseo lo que tú tienes, porque reconozco que Dios es mi fuente, no tú. Soy feliz que tú tienes lo que tienes, porque el Señor te ha bendecido con eso. Yo no necesito lo que tú tienes. Yo necesito a Dios.

"...El amor no es jactancioso...".[245] Yo no hago cosas para que la gente me vea, me considere, o piensen bien de mí. De hecho, evito hacer cosas públicamente para atraer la atención a mi persona. Mi motivación por lo que hago no es lo que tu piensas. Es lo que Dios piensa; y él conoce mi corazón, y no necesito probarle nada a Él.

"...no se envanece ...".[246] Yo no humillo a otros para sentirme más grande o más importante. No trato de parecer más santo, amable, atractivo, u otra cosa. No necesito ropa de moda, maquillaje, joyas, un buen auto, buena casa, u otra cosa para embellecer mi persona. Estoy contento con la forma en que fui creado por Dios.

"...no hace nada indebido...".[247] No me porto mal con quienes son malos hacia mí. Los trato con paciencia, amabilidad, compasión, y amor.

"...no busca lo suyo...".[248] No defiendo mis derechos. Permitiré que se aprovechen de mí, sin tomar represalia o resistir (reconociendo que, si Dios lo permite, él obrará algo bueno, y me dará Fortaleza para soportar); y permitiré que Dios lo resuelva a su tiempo y a su manera. "Mía es la venganza, yo la pagaré, dice el Señor".[249] Mientras yo no defiendo mis propios derechos, si defiendo los derechos de los demás.

244. Ibid.
245. Ibid.
246. Ibid.
247. 1 Corintios 13:5
248. Ibid.
249. Romanos 12:19

"...no se irrita ...".[250] Yo no puedo ser provocado. En otras palabras, no tengo esos botones que puedes presionar. Ustedes saben lo que quiero decir, ¿cierto? Existen personas que fácilmente "tocan nuestros botones". Usualmente son los amigos más cercanos, son quienes pueden tocar nuestros botones con mayor facilidad—como la familia. Ellos saben exactamente qué hacer, o decir; o cómo decirlo para alterarnos, frustrarnos, airarnos, etc., y nosotros así responder de manera negativa hacia ellos. Es una forma de control, y porque somos una de sus fuentes, ellos tratan de controlarnos de esta manera.

Los botones representan heridas emocionales que no han sanado. Permítanme ilustrar esto. Recién te has fracturado un brazo en un accidente, y te presentas a la sala de emergencias en el hospital. Te toman unas radiografías, estabilizan tu brazo usando un cabestrillo y te envían a casa para luego darte seguimiento con el cirujano ortopédico el día siguiente; que pondrá un enyesado en tu brazo. Pero, mientras te diriges a casa, recuerdas que NECESITAS comprar algo en la tienda. En la tienda, alguien choca con tu brazo herido, y tú le dices: "¡Cuidado! ¡No seas tan torpe! La persona ni se imagina que tu brazo está fracturado. Pudiera estar pensando: ¿Por qué te encuentras tan malhumorado?

Tu respuesta a la persona y su golpe no es por lo que hizo, es por la forma como te sientes. Si no tuvieras un brazo fracturado, quizá ni hubieras notado el golpe; o si lo notaste no sería gran problema. Entre mayor es la herida, más fácilmente se emite una respuesta, y más exagerada es. También, si entre más heridas sin sanar existen, más botones existen para "presionar".

Si eres alguien que siempre está respondiendo negativamente a otros, y no sabes por qué, es probable que hayas sufrido muchas heridas que aun no estén sanadas. Necesitas una experiencia personal al pie de la cruz, donde Jesús puede tomar tus

250. 1 Corintios 13:5

heridas, y ofrecerte a cambio Su vida libre-de-heridas. El amor no tiene botones, porque el amor sana todas las heridas del pasado. Y cuando no tenemos botones, no podemos ser provocados.

Cuando alguien te responde mal, recuerda que no están respondiéndote a ti. Están más bien respondiendo a su dolor interno. Sé amable y paciente con la persona. Ella aún está herida.

"...no guarda rencor...".[251] No pienso mal de ti. Supongo que tus motivos son puros, los motivos por lo que haces lo que estás haciendo. Entiendo de dónde vienes, y en compasión oro por ti, trabajo contigo, y soy paciente contigo. Mis pensamientos acerca de ti, siempre son positivos.

"...no se goza de la injusticia, sino que se goza de la verdad...".[252] No me causa placer cuando te veo pecar, cuando caes, o cuando fracasas. Mi preocupación es para tu propio bien. Tu pecado me hiere, porque siento pesar por ti y lo que ese pecado está haciendo en tu vida. Lloro por ti en oración, intercedo a tu favor, y te presento ante el Padre celestial. Y es mi mayor gozo cuando recibes la verdad en tu vida, y la verdad te libera.

"Todo lo sufre...".[253] El amor es capaz de sufrirlo todo, no importa cuán grande o cuán malo. No hay nada —en mi vida, en mis asociaciones, en mi experiencia—que Dios no conoce y para lo cual él no ha hecho provisión. Dios, quien es amor, si puede, y si sufrió todo. Y conociéndome íntimamente, Él se ha comprometido en no permitir que cosa alguna me acontezca, que yo no pueda soportar. Por lo tanto, yo puedo soportar todas las cosas que vienen hacia mi, porque están filtradas por Dios para que ninguna sea demasiado grande. Mediante Su gracia yo puedo vencer en cada, y toda, situación y tentación. El amor no me deja excusas para fracasar, porque me otorga todo lo necesario para vencer.

251. 1 Corintios 13:5
252. 1 Corintios 13:6
253. 1 Corintios 13:7

"Todo lo cree...".[254] El amor cree todo lo que Dios ha prometido, porque yo sé quién es Él, y cuán confiable Él es; y lo he probado mediante mi experiencia personal en muchas ocasiones en el pasado. Mi fe ha crecido al punto de que felizmente le entrego todo a Él.

"Todo lo espera...".[255] El amor tiene gran esperanza, porque yo sé que Dios es confiable, y puedo confiadamente esperar lo que Él ha prometido.

"Todo lo soporta...".[256] El amor es capaz de soportar todo y cualquier cosa. El amor es el más grande poder que existe—no hay mayor poder. La fuerza, la coerción, la vergüenza, la culpa, la amenaza, el abuso, el engaño, y la tentación—son todos impotentes para vencer el amor, porque el amor es infinitamente mayor que todas estas cosas. Nunca habrá cosa alguna que me pueda quebrantar y agotar mi resistencia, si el amor es la motivación y experiencia de mi vida. Yo soportaré hasta el final, sólo mediante el amor.

"...el amor nunca se acaba".[257] Debido a lo que es el amor, y Quién es el amor, el amor no puede, y no podrá, acabarse. ¡Al final el amor será victorioso!

Ahora regresemos a la primera parte de 1 Corintios 13, y leamos más acerca de este amor. "Si yo hablara lenguas humanas y angélicas, y no tengo amor, vengo a ser como un metal que resuena, o címbalo que retiñe. Si tuviera profecía, y entendiera todos los misterios y toda ciencia; y si tuviera toda la fe, de manera que trasladara los montes, y no tengo amor, nada soy. Y si repartiera todos mis bienes para dar de comer a pobres, y entregara mi cuerpo para ser quemado, y no tengo amor, de nada me sirve" (1 Cor. 13:1-3).

---

254. Ibid.
255. 1 Corintios 13:7
256. Ibid.
257. 1 Corintios 13:8

Mat. 7:21-23 dice lo siguiente: "No todo el que me dice: 'Señor, Señor' entrará en el reino de los cielos; sino el que hace la voluntad de mi Padre que está en los cielos. En aquel día muchos me dirán: 'Señor, Señor, ¿no profetizamos en tu nombre, y en tu nombre echamos demonios, y en tu nombre hicimos muchos milagros?' Entonces les diré: '¡Nunca os conocí! ¡Apartaos de mí, obradores de maldad!'" Lo que hemos leído en 1 Cor. 13, y Mateo 7:21-23, nos lleva a esto: El egoísmo puede realizar muchas cosas que "aparentemente" son buenas, engañando a muchos a creer que realmente es verdadero (aun el que lo está haciendo); mientras que Dios sabe que no es así.

¿Cómo puede decir Dios: "Nunca os conocí," a quienes aparentemente estaban haciendo lo bueno mientras trabajaban para Él? Es porque existe una cosa que Dios reconoce—amor. Y si no existe amor en ti y en mi—si estamos operando desde el corazón antiguo egoísta y orgulloso—Dios no nos reconoce como suyos.

¿Te reconoce Dios? Si no es así, debes venir, y permanecer en la cruz, suplicando por un nuevo corazón hasta estar seguro que lo tienes. Entonces suplícale que viva Él su vida en ti mediante el Espíritu Santo; y que te mantenga con ese nuevo corazón.

CAPÍTULO 15

Un amor que sana

8. Recuerda que "no te pertenece"

Necesitamos recordar esto—¡no me pertenece! Éste es un desafío frecuente. Nos hemos acostumbrado tanto a tratar cosas, personas, y relaciones, como si fueran nuestros, cuando de hecho pertenecen a Dios. Con frecuencia nos encontramos en la situación donde estamos tratando algo, o a alguien, como si fuera nuestra propiedad, como **si nos** perteneciera, y necesitamos recordar que no es nuestro, y entregar el control de todo a Dios, quien sí es el dueño. Y así Él pueda resolver las cosas a Su manera. Yo simplemente debo confiar en Él en cada, y en toda, situación; y confiar que Él hará que todo sea para mi bien. No necesito tomar a pecho las cosas. Yo puedo ser así como el chofer de entrega del camión del servicio postal UPS, no afectarme por lo que otros dicen y hacen, pues ese paquete no me pertenece. ¡No es mío!

Por ejemplo, mi lucha frecuentemente gira en torno a ciertos niños que no obedecen ni respetan a sus padres. Cuando me frustro, es porque he olvidado que no me pertenecen. Estoy frustrado porque los veo como mis hijos, y creo que están desafiando mi autoridad (o la de mi esposa). Es en ocasiones como esta, que necesito detenerme un momento y recordar que ¡no son míos! Sí, Señor. Ellos son tus hijos. Y cualquier autoridad que yo tengo, ha sido delegada por Ti; por tanto, es tu autoridad. Ahora, Señor, ¿cómo deseas que yo responda a tus hijos usando Tú autoridad? Cuando obtengo esta perspectiva, ya no tengo la frustración y ansiedad de antes, porque yo sólo soy un mayordomo de Sus recursos, no el dueño. Yo no soy el ofendido, por tanto, no tengo que actuar como ofendido. Es una experiencia liberadora. Pero frecuentemente olvido esta verdad, y debo recordarla todo el tiempo.

Amor, confianza, y protección

Ahora, consideremos el amor, la confianza, y la protección. Si amo a Dios, puedo confiar en Él, ¿correcto? Y si confío en Dios, ¿necesito protegerme a mí mismo? No, yo puedo confiar que Él me protege como mejor le parece. En Lucas 6:27-36 "Amad a vuestros enemigos, haced bien a los que os aborrecen; bendecid a los que os maldicen, y orad por los que os calumnian".[258] El hombre antiguo no puede hacer esto. Es sólo el nuevo corazón, recreado por el amor y la gracia de Dios, que puede responder con amor a quienes te aborrecen, te maldicen, y te calumnian. No erréis, pensando que cuando tu tienes amor, serás amado por todos.

El amor verdadero es odiado por muchos. Muchos te considerarán como enemigo. Pero no los considerarás a ninguno como tu enemigo.

"Al que te hiera en una mejilla ...".[259] ¿Regrésale el golpe? ¿Regrésale un buen golpe tipo karateca? ¿Te defenderías? La respuesta natural es defenderse y no permitir que te tomen ventaja. Es sólo mediante la fuerza divina que puedo permitir que alguien se aproveche de mí, y luego permitirle aprovecharse nuevamente. ¿Por qué haría yo eso? Dios me rodea con Su presencia, y nada puede atravesarlo para lastimarme, a menos

258. Lucas 6:27,28
259. Lucas 6:29

que Él lo permita. Por lo tanto, si alguien me da una bofetada, la única forma que puede hacerlo es si Dios lo permite. Y si Dios lo permite, es porque Él hará que todo sea para bien, y me dará fuerzas para soportarlo.

Yo no necesito protegerme a mí mismo. No tengo que temer al mal. Puedo confiar que Dios me cuidará, porque Él sabe qué es mejor. "Al que te hiera en una mejilla, dale también la otra".[260]

"Al que te quite [la casa], ni aun [el auto] le niegues".[261] Un escenario común que encuentro en mi consultorio es la amargura de un divorcio. La relación se ha empeorado, y ambos están en una pérdida, por lo tanto, se registra un divorcio. Una de las partes desea conseguir todo lo posible, para el perjuicio del otro. Si te encuentras en esa situación, ¿qué te dice este texto? Si la que pronto será tu ex cónyuge te lleva a un divorcio, y te quita la casa, dale también el auto. En el primer caso, tú eres la víctima. En el segundo, tú eres el donante. Nosotros somos bendecidos cuando damos, no cuando perdemos. Por tanto, transforma tu pérdida en un regalo, y ganarás más que buena salud.

"Al que tome lo que es tuyo, no se lo vuelvas a pedir".[262] Si eres llevado a corte y demandado, aun si no existe motivo, no regreses para demandar al malhechor. Deja que se quede con todo. De todos modos, no era tuyo. Era de Dios. Y si Él permite que se quede con eso, Él puede darte más cuando Él considere que es el tiempo apropiado; y las circunstancias correctas se encuentren en su lugar. Sólo entrégate al cuidado de Dios. Pablo nos dice: "No os venguéis vosotros mismos, amados míos, antes dad lugar a la ira de Dios. Porque escrito está: 'Mía es la venganza, yo pagaré, dice el Señor'. Al contrario, si tu enemigo tuviere hambre, dale de comer; si tuviera sed, dale de beber. Actuando así, ascuas de fuego amontonas sobre su cabeza. No seas vencido por el mal, sino vence el mal con el bien".[263]

---

260. Ibid.
261. Ibid.
262. Lucas 6:30
263. Romanos 12:19-21

"Y lo que quisierais que los hombres os hagan, así hacedles vosotros a ellos".[264] Esta "Regla de Oro" será nuestra regla diaria cuando el amor gobierne en el corazón. En ese caso estaremos atentos a los demás, y no a nosotros mismos. Haremos lo que podamos para mostrarles el amor de Dios. Nuestro deseo ferviente será para ellos y su salvación, aun si nos están maltratando. Esta es la forma como se comporta el amor.

"Porque si amáis a los que os aman, ¿qué mérito tenéis? También los pecadores aman a los que los aman. Y si hacéis bien a los que os hacen bien, ¿qué mérito tenéis? También los pecadores hacen lo mismo. Y si prestáis a aquellos de quienes esperáis recibir, ¿qué mérito tenéis? También los pecadores prestan a los pecadores, para recibir otro tanto".[265] El egoísmo puede imitar al amor—parcialmente. Pero sólo el amor puede amar todo el tiempo. El egoísmo puede "amar," y puede "hacer el bien". Puede dar alegremente. Pero los motivos son enteramente diferentes del amor verdadero.

"Amad, pues, a vuestros enemigos, haced bien y prestad, sin esperar nada de ello. Y vuestro galardón será grande, y seréis hijos del Altísimo; porque él es benigno aun con los ingratos y malos. Sed, pues, misericordiosos, como vuestro Padre es misericordioso".[266] Así es el Dios a quien servimos. Él es amor. Y así es como actúa el amor. ¡Qué Dios tan maravilloso servimos! ¡Yo quiero ser como Él!

Esto es amor, amigos—amor verdadero. Y es imposible que nosotros generemos este tipo de amor. El verdadero amor es divino, y solo puedo poseerlo si Cristo vive en mi corazón mediante la fe.

"Solamente el Espíritu de Dios devuelve el amor por odio. El ser bondadoso con los ingratos y los malos, el hacer lo bueno

264. Lucas 6:31
265. Lucas 6:32-34
266. Lucas 6:35,36

sin esperar recompensa, es la insignia de la realeza del cielo, la señal segura mediante la cual los hijos del Altísimo revelan su elevada vocación".[267] ¿Deseas saber si realmente eres un hijo de Dios? ¡La posesión del amor lo garantiza!

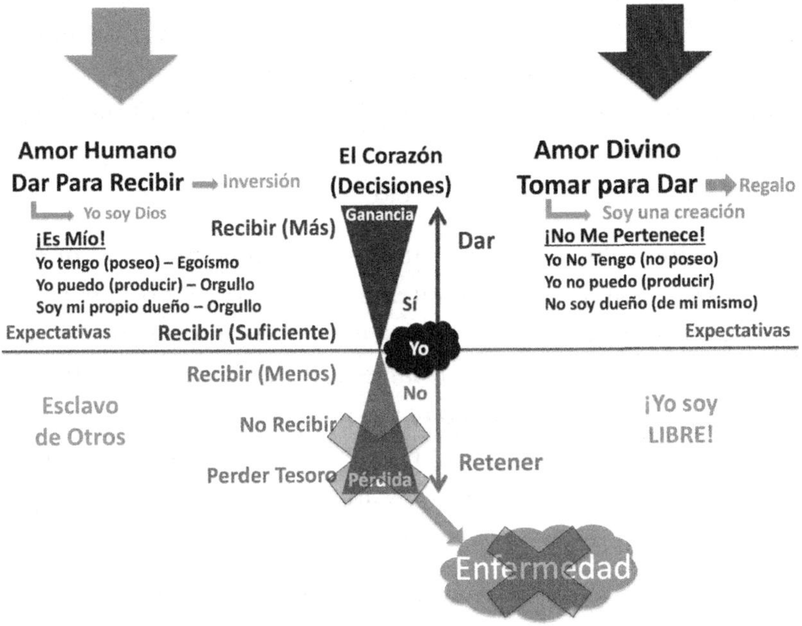

El amor y la enfermedad

Ahora que hemos cubierto más adecuadamente el tema del amor, consideremos nuevamente lo que tiene que ver con la enfermedad. El libro *Ministerio de Curación* describe con belleza cómo debiéramos entender, y abordar, el tema de la enfermedad. Allí dice: "La enfermedad es un esfuerzo de la naturaleza para liberar al organismo de las condiciones resultantes de una violación de las leyes de la salud".[268] Esto me dice que la enfermedad es algo *bueno*—pues es el "esfuerzo de la naturaleza en liberar al sistema..." Es bueno liberar mi sistema, por tanto, la enfermedad se encuentra del lado bueno de la ecuación. No es la enfermedad lo que es malo, lo malo es la violación de las leyes

267. Elena G. de White, El Discurso Maestro de Jesucristo. p. 65.
268. Elena G. de White, El Ministerio de Curación. p. 88.

de la salud. Cuando las leyes de la salud son transgredidas, eso causa condiciones de las cuales el cuerpo procura liberarse; y el esfuerzo de liberarse es llamado enfermedad.

Luego se nos dice: "En caso de enfermedad, hay que indagar la causa".[269] Por tanto cuando existe un caso de enfermedad, nuestro primer trabajo es encontrar la causa. Y hemos aprendido que el 90% de las enfermedades tiene su fundamento en la mente. Y de esos asuntos mentales, la pérdida personal es una gran causa de enfermedad.

Si yo vivo bajo el corazón antiguo del amor humano, que es dar para recibir, estoy constantemente viviendo en una pérdida personal, porque no recibí suficiente, o mis tesoros me fueron quitados. Yo no puedo controlar esas pérdidas, porque dependo de otros para dar o recibir; y no puedo controlar si alguien me rechaza o se muere. Esa pérdida acumulada, con el tiempo conduce a enfermedad física. Y entre más grande es la pérdida percibida, más rápido y seria es la declinación física.

Pero si yo vivo mediante el corazón de Dios, funcionando con el amor Divino, que consiste en tomar de Dios para dar a otros, entonces mi única pérdida es si retengo Su amor sólo para mí mismo. De otra forma no tendré pérdida; y todas esas cosas que contribuyeron a mi degeneración física, ya no harán eso, pues ya no forman parte de la ecuación. Por tanto, si no existe más pérdida en el nuevo corazón, entonces no existe más contribución a la enfermedad que era causada por esa fuente. Y si la causa es eliminada… ¡debe cesar el efecto!

¿Cuál corazón tengo yo?

Por tanto, si mis pérdidas personales tienen tanto que ver con mi salud física, y si mi sentido de pérdida dependen de que tipo de corazón tengo, ¿cómo me daré cuenta cuál corazón tengo? Existen varias cosas que diferencian al corazón antiguo del nuevo.

269. Ibid.

El corazón antiguo da para recibir, mientras el nuevo toma para dar.

El corazón antiguo *invierte* en otros, mientras el nuevo *da* a otros. El corazón antiguo gana, o progresa, al recibir de otros; mientras que el nuevo corazón gana, o progresa, al dar a otros. El corazón antiguo padece una pérdida cuando no recibe, cuando no recibe lo suficiente, o cuando su tesoro es quitado; mientras el nuevo corazón padece pérdida si retiene para sí lo que ha recibido de Dios.

El corazón antiguo cree que todo me pertenece, mientras el nuevo corazón cree que *NADA me pertenece*. El corazón antiguo cree que es mi posesión, mientras que el nuevo corazón cree que yo *NO lo* poseo. El corazón antiguo cree que yo puedo producirlo, mientras que el nuevo corazón cree que yo *NO* puedo producirlo. El corazón antiguo cree que yo soy dueño de mí mismo, mientras que el nuevo corazón cree que *NO* soy dueño de mí mismo.

El corazón antiguo se impacienta y se llena de ira cuando alguien le hace algo malo; mientras que el nuevo corazón sufre mucho bajo persecución, y es amable mientras sufre. El corazón antiguo desea lo que otros tienen, mientras el nuevo corazón no tiene envidia. El corazón antiguo hace cosas para ser notado por otros, mientras el nuevo corazón no se alarde en una supuesta bondad. El corazón antiguo procura presentarse mejor de lo que realmente es, mientras el nuevo corazón no se vanagloria, reconociendo que su bondad consiste sólo en Cristo, no en sí mismo.

El corazón antiguo es grosero con los que lo tratan de esta manera, mientras el nuevo corazón no se comporta grosero con nadie, no importa cómo lo traten.

El corazón antiguo siempre trata de proteger sus propios derechos, mientras que el nuevo corazón no procura sus propios derechos. Más bien, procura los derechos de los demás.

El corazón antiguo se enoja, o frustra, cuando otros lo maltratan, mientras que el nuevo corazón no puede ser provocado. El corazón antiguo sospecha mal en otros, mientras el nuevo corazón no piensa mal de otros. Él asume que los otros están haciendo lo que hacen, con los mejores motivos.

El corazón antiguo es feliz cuando sus enemigos fracasan, porque eso lo hace parecer mejor que ellos, mientras el nuevo corazón no se goza en la iniquidad, o los pecados o faltas de otros. Al corazón antiguo le agrada oír, y participar, en rumores y chismes, mientras el nuevo corazón se goza en la verdad, y se goza cuando la verdad libera a otros.

El corazón antiguo no soporta cuando__________ (tú llenas el vacío), mientras el nuevo corazón soporta todo lo que se le presenta. El corazón antiguo no puede creer_____ (tú llenas el vacío), mientras el nuevo corazón cree todo lo que Dios ha dicho, no importa lo que le toca enfrentar.

El corazón antiguo se desespera por ciertas cosas muy a menudo, mientras que el nuevo corazón espera todo lo prometido.

El corazón antiguo es fácilmente vencido por la tentación y la prueba, mientras el nuevo corazón soporta todo lo que pudiera suceder.

El corazón antiguo ama a quienes lo aman, y le son amables. El corazón nuevo también ama...pero ama a sus enemigos. El corazón antiguo hace bien a quienes bien lo tratan. El nuevo corazón también hace el bien...pero también hace el bien a quienes le aborrecen. El corazón antiguo bendice a quienes lo bendicen. El nuevo corazón también bendice...pero bendice a quienes lo maldicen. El corazón antiguo ora por quienes son amables con él, y le aman. El nuevo corazón también ora...pero ora por quienes rencorosamente lo usan y maltratan.

El corazón antiguo cambia y toma represalias cuando es atacado. El nuevo corazón también cambia ...pero voltea la otra mejilla cuando es maltratado. El corazón antiguo da sólo cuando se le demanda. El nuevo corazón también da...pero da más de lo que se le ha pedido. El corazón antiguo da ocasionalmente cuando se le ha pedido. El corazón nuevo también da... pero da cada vez que se le pide, y cuando el cumplimiento de lo pedido sería para algo bueno. El corazón antiguo pide de regreso todo lo que injustamente se le quitó, y a veces pide más.

El nuevo corazón también pide que se le regrese lo quitado... pero no desea nada de lo que fue quitado de una mala manera. El corazón antiguo hace a otros como cree que ellos se merecen. El nuevo corazón también hace a otros...pero el nuevo corazón hace a otros como lo tendrían que hacer ellos. El corazón antiguo da esperando que ellos le recompensen por haber dado. El nuevo corazón también da...pero el nuevo corazón da sin esperar cosa alguna en recompensa de ellos. Es un regalo. El corazón antiguo queda personalmente herido cuando otros no lo tratan bien, mientras que el nuevo corazón NO queda personalmente herido cuando otros no lo tratan bien. El corazón antiguo es motivado por el egoísmo, mientras el nuevo corazón es motivado por amor.

El amor y la enfermedad

¿Es la enfermedad el único resultado de un problema de amor? ¿De haber tenido una pérdida personal? ¡No! Pero en un 90% del problema ¡sí lo es! Recuerda, que se nos ha dicho: "la enfermedad mental prevalece por doquier. Por doquiera prevalece la enfermedad mental. El noventa por ciento de las enfermedades que sufren los hombres tienen su fundamento en esto".[270] Por tanto, si el 90% de nuestras enfermedades tiene su fundamento en la mente, y una falta de amor divino es

270. Elena G. de White, Counsels on Health. (p 324).

la fuente de esos problemas mentales, entonces hace sentido primero buscar aquí la causa de nuestra enfermedad.

Pero no sólo busquemos la causa, el libro *El Ministerio de Curación*, pág. 88, nos dice: "Deben modificarse las condiciones..."[271] No sólo hemos de identificar la causa de la enfermedad, sino adoptar un estilo de vida saludable.

271. Elena G. de White, El Ministerio de Curación, p. 88.

CAPÍTULO 16

Un amor que obedece

9. Usar remedios naturales, cambiando mi estilo de vida

Tu y yo, en respuesta al amor de Dios hacia nosotros, debiéramos usar los medios que Dios ha puesto en nuestro camino para mejorar nuestra salud. Esto incluye usar remedios naturales, y un cambio de nuestro estilo de vida.

Haciendo eso, vamos hacia ADELANTE. ADELANTE es **A**mor, **A**gua, **D**escanso, **E**jercicio, **L**uz del sol, **A**ire puro, **N**utrición adecuada, **N**aturaleza, **T**emperancia, **V**estido y **E**speranza en Dios. Por lo tanto, ¡sigamos ADELANTE para disfrutar de una buena salud!

El Ministerio de Curación, pág. 89, sigue explicando que, "deben corregirse los hábitos erróneos".[272] Tenemos malos hábitos en el vestir. Tenemos malos hábitos de nuestros pensamientos. Tenemos malos hábitos en el comer. Tenemos malos hábitos en el beber. Y estos hábitos necesitan corrección. Necesitamos desarrollar hábitos correctos, uno a la vez.

Finalmente, *El Ministerio de Curación*, pág. 89, dice: "Después hay que ayudar a la naturaleza en sus esfuerzos por eliminar

272. Elena G. de White, El Ministerio de Curación, p. 89.

las impurezas y restablecer las condiciones normales del organismo".[273] Nosotros usamos hidroterapia, hierbas [medicinales], alimentación sana, ejercicio, y otros remedios sencillos y naturales, para asistir en el proceso sanador. Procuramos expulsar impurezas, y trabajamos para restablecer condiciones correctas, opuestas a las malas condiciones que fueron el resultado de violar las leyes de la salud. En el caso de enfermedad, nosotros hacemos todo esto.

Y la Biblia nos da otro método a seguir en el caso de padecer una enfermedad. Esto es bosquejado en Santiago, capítulo 5, versículos 14 hasta el 16. "¿Se encuentra alguno de ustedes enfermo? Llame a los ancianos de la iglesia, oren ellos por él, ungiéndolo con aceite en el nombre del Señor. Y la oración de fe salvará al enfermo, y el Señor lo levantará. Y si ha cometido pecados, le serán perdonados. Confesad vuestras ofensas unos a otros, y orad los unos por los otros, para que seáis sanados. La oración ferviente y efectiva, del justo vale mucho". No se pase de alto este consejo bíblico en el caso de enfermedad.

La enfermedad y el estilo de vida

¿Por qué yo sigo un estilo de vida saludable? Porque Dios me ama, y me ha comprado a un precio infinito. Yo lo amo, porque Él me amó primero. Y cuido mi cuerpo en proporción al precio que Él pagó por él. Yo Vivo lo mas saludable posible para poder preservar mi cuerpo en la mejor condición posible, porque mi cuerpo es Su templo.

Se nos recuerda esto en 1ª Corintios 6:19-20: "¿O ignoráis que vuestro cuerpo es templo del Espíritu Santo, el cual está en vosotros, el cual tenéis de Dios, y que no sois vuestros? Porque habéis sido comprados por precio; glorificad, pues, a Dios en vuestro cuerpo y en vuestro espíritu, los cuales son de Dios".

Pero ¿por qué yo obedezco? ¿Por qué busco sanación? ¿Cuál es mi motivo? Por qué mis motivos de lo que hago, son al menos

273. Ibid.

tan importantes como lo que hago. ¿Yo obedezco para ser sanado? ¡No! Eso equivale a operar bajo el sistema del amor humano, dando para recibir. Yo obedezco porque amo a Dios, y deseo entregarle el regalo del servicio, en gratitud por lo que Él ha hecho por mí. La segunda respuesta equivale a vivir mediante el amor divino, el cual es tomar para dar.

Cuando yo tomo del amor de Dios, eso me transforma. El deseo de mi corazón, que es influenciado por ese amor, es obedecer a quién yo amo. Y esa obediencia incluye cuidar mi cuerpo para Cristo. Jesús nos dice: "Si me amáis, guardad mis mandamientos".[274] Y él nos recuerda: "El que tiene mis mandamientos y los guarda, es el que me ama".[275] La verdadera obediencia es el fruto del amor.

Causa y efecto

Nuevamente, se nos recuerda la ley de la causa y el efecto. Mi enfermedad debe tener una causa. La causa siempre viene antes de desarrollarse la enfermedad. Mientras está presente la enfermedad, la causa, o sus causas secundarias, aún están presentes. Si la causa es un asunto de amor o de pecado, yo puedo cambiar mi estilo de vida, o tomar mis medicamentos; pero si no elimino el problema del amor o del pecado, habrá otra manifestación de esa causa; y estaré peor que cuando empecé.

Sí, sí hemos de adoptar estilos de vida saludables. Sí, sí hemos de usar los sencillos remedios naturales. Pero de mayor importancia es que, la causa debe ser identificada y eliminada; porque una vez es eliminada la causa, cesará el efecto. Pero mientras tanto, yo debo aplicar los principios de un estilo de vida saludable, usar los remedios naturales, y eliminar las toxinas a través de diferentes tratamientos naturales.

Podemos razonar desde la causa hacia el efecto porque existe una ley que gobierna la causa y el efecto.

274. Juan 14:15
275. Juan 14:21

La ley de la función

Vemos que todas las leyes que gobiernan el funcionamiento, son inmutables. Las leyes de la termodinámica son incambiables. La ley de la gravedad no se puede cambiar. La ley de la temperatura corporal, que gobierna la oscilación de la temperatura en que funciona nuestro cuerpo óptimamente, es incambiable. Yo no puedo decidir que no me agraden estas leyes, y que ellas no se aplicarán a mi vida. No puedo decidir y funcionar fuera de las leyes de la termodinámica o de la gravedad; o que viviré sin ningún problema con una temperatura corporal de 30 grados centígrados bajo cero. Realmente no importa cuánto me agraden o no, estas leyes; o cuánto deseo tenga en cumplirlas o no. Ellas son leyes que gobiernan estas funciones.

Así que, ¿qué podemos decir de la Ley de la Vida? ¿Qué podemos decir de la ley de Dios? ¿Es solo una ley moral?, o es una ley que afecta nuestro funcionamiento. Es una ley para nuestro funcionamiento función. Es la ley que gobierna la función del amor. Yo simplemente no puedo decidir que no me agrade. Simplemente no puedo decidir cambiarla.

No puedo decidir que no la voy a cumplir o que no se aplica a mi persona. No, pues la ley es una ley funcional, y no puede ser cambiada. Y si yo violo esta ley, sea deliberada o ignorantemente, tendré consecuencias. Pero si guardo esta ley mediante la gracia de Dios, y con el corazón que Cristo me da, entonces también tendré consecuencias—consecuencias de vida, amor, paz, y gozo.

¿Qué dicen los mandamientos? "Entonces Dios habló estas palabras: 'Yo Soy el Eterno tu Dios, que te saqué de la tierra de Egipto, de casa de servidumbre.

"No tendrás dioses ajenos delante de mí. No te harás imagen, ni ninguna semejanza de lo que esté arriba en el cielo, ni abajo en la tierra. No te inclinarás a ellas, ni las honrarás. Porque el

Eterno tu Dios soy yo, fuerte, celoso, que visito la maldad de los padres sobre los hijos, hasta la tercera y la cuarta generación, a los que me aborrecen. Y hago misericordia a millares a los que me aman y guardan mis Mandamientos. No tomarás el nombre del Eterno tu Dios en vano. Porque el Señor no dará por inocente al que tome su nombre en vano.

"Acuérdate del día sábado para santificarlo. Seis días trabajarás y harás toda tu obra. Pero el sábado es el día de reposo para el Señor tu Dios. No harás en él obra alguna; ni tú, ni tu hijo, ni tu hija, ni tu siervo, ni tu criada, ni tu bestia, ni tu extranjero que está dentro de tus puertas. Porque en seis días hizo Jehová el cielo, la tierra y el mar, y todo lo que en ellas hay, y reposó en el séptimo día. Por eso, el Señor bendijo el sábado y lo santificó.

"Honra a tu padre y a tu madre, para que tus días se alarguen en la tierra que el Señor tu Dios te da. No matarás. No cometerás adulterio. No hurtarás. No hablarás contra tu prójimo falso testimonio. No codiciarás la casa de tu prójimo, no codiciarás la esposa de tu prójimo, ni su siervo, ni su criada, ni su buey, ni su asno, ni cosa alguna de tu prójimo'".[276]

Esta es la ley que gobierna la función del amor—el amor que toma y el amor que todo lo entrega. Es la ley que nos revela cómo funciona el amor, y muestra cómo todo ha de ser ordenado según el carácter y semejanza de Dios.

¿Cuál es la relación entre Jesús y la ley? ¿Vino Jesús a la tierra para eliminar la ley? ¡No! Él dice: "No penséis que he venido para abrogar la Ley o los Profetas. No he venido para abrogar, sino para cumplirla. Pues ciertamente os digo, hasta que pasen el cielo y la tierra, ni una jota o una tilde pasará de la ley hasta que todo se cumpla".[277] Jesús no vino para destruir la ley. Él vino para cumplirla.

276. Éxodo 20:2-17
277. Mateo 5:17,18

Pero ¿qué vino a cumplir? Si tu violas la ley y te pasas una la luz roja, y chocas contra otro auto, causándole daño, ¿existe un castigo por violar la ley? Sí, sí existe. Existe un castigo—una multa—por haber violado esa ley. Y alguien debe pagar por el daño hecho al otro auto. ¿A quién le tocará pagar? Deberá pagar aquel que violó la ley y causó el accidente.

Tú y yo, desde Adán y Eva, hemos quebrantado la ley, que es pecado ("Por cuanto todos pecaron y están destituidos de la gloria de Dios".[278] "Quien sea que comete pecado transgrede también la ley; porque pecado es la transgresión de la ley".[279]), y el castigo por violar la ley es muerte ("Porque la paga del pecado es muerte".[280]).

Como ya discutimos, Jesús vino para vivir una vida perfecta en la carne humana, y así poder proveer para nosotros un pasado perfecto (que la ley lo requiere). Pero también vino para pagar por nosotros el castigo de una ley que ha sido quebrantada, y el daño causado por la transgresión de esa ley.

Si Dios hubiese podido cambiar esa ley, entonces Jesús no tendría que haber venido para pagar el castigo de nuestra transgresión de esa ley. La ley simplemente podía haberse cambiado para hacer frente a las circunstancias; y Jesús no hubiera tenido que venir y ser torturado hasta la muerte. Pero el hecho de que Jesús vino y sufrió, y murió, nos muestra que la ley no podía cambiarse. Ella es, recuérdese, la ley de amor—la ley que revela cómo es el carácter de Dios, y cómo ha de reflejarse en la vida de Sus criaturas.

Pero la ley fue clavada en la cruz, ¿cierto? Pablo dice: "Y a vosotros, estando muertos en pecados y en la incircuncisión de vuestra carne, os dio vida juntamente con él, perdonándoos todos los pecados, anulando el acta de los decretos que había

278. Romanos 3:23
279. 1 Juan 3:4
280. Romanos 6:23

contra nosotros, que nos era contraria, quitándola de en medio y clavándola en la cruz,".[281] ¿Qué es lo que aquí se ha clavado en la cruz? Es "el acta de los decretos que había contra nosotros,". ¿A qué se está refiriendo Pablo? ¿Está refiriéndose a la ley de Dios que nos revela el carácter—el amor—de Dios, la ley que gobierna la función del amor?

Encontramos a lo qué se está refiriéndose Pablo, en Deuteronomio 31:24-26, donde dice: "Cuando Moisés acabó de escribir las palabras de esta Ley en un libro, mandó a los levitas que llevaban el arca del Pacto del Eterno: "Tomad este Libro de la Ley y ponedlo al lado del Arca del Pacto del Eterno vuestro Dios. Y que quede allí como testigo contra ti". Aquí tenemos un documento que contenía lo que había sido escrito por la mano de Moisés, que fue específicamente puesto al lado del arca "como testimonio contra vosotros". ¿De qué estaba escribiendo Moisés? No era relacionado con los 10 mandamientos, la ley de Dios, la ley del amor. Él estaba escribiendo acerca de las ordenanzas o pactos asociados con las malas consecuencias por desobedecer a Dios.

Los diez mandamientos fueron puestos dentro del arca del pacto, no a su lado. "Y tomó el testimonio y lo puso dentro del arca, y colocó las varas en el arca, y encima el propiciatorio sobre el arca".[282] "En el arca ninguna cosa había sino las dos tablas de piedra que allí había puesto Moisés en Horeb, donde Jehová hizo pacto con los hijos de Israel, cuando salieron de la tierra de Egipto".[283]

Pablo expande este pensamiento, "aboliendo en su carne las enemistades, la ley de los mandamientos expresados en ordenanzas, para crear en sí mismo de los dos un solo y nuevo hombre, haciendo la paz, y mediante la cruz reconciliar con Dios a ambos en un solo cuerpo, matando en ella las enemistades".[284]

281. Colosenses 2:13,14
282. Éxodo 40:20
283. 1 Reyes 8:9
284. Efesios 2:15,16

Aquí vemos que lo que fue clavado en la cruz en la persona de Jesús, no fue la ley de Dios, que es la ley del amor, sino las ordenanzas de la ley ceremonial que señalaban a la venida del Mesías, y el sacrificio que Él haría. Cuando Jesús vivió una vida perfecta (el Cordero sin mancha), y murió por nuestros pecados, Él finalmente cumplió lo señalado por el sistema de sacrificios. Ese sistema de sacrificios no podría funcionar más para señalar al pueblo hacia adelante, mediante la fe, de la misma manera como el sacrificio que el Mesías haría por sus pecados; porque ese sacrificio ya había sido hecho. Por tanto, el sistema de sacrificios quedó clavado en la cruz. La ley de Dios—la ley del amor—sin embargo, no podía ser cambiada. Esta es una ley funcional.

¿Hay alguien aquí que nunca haya pecado? ¿Todos nosotros hemos pecado? ¿Cuál es la definición de pecado? El pecado equivale a la transgresión de la ley. Si el pecado es la transgresión de la ley, y tú aún sigues pecando, aún debe existir una ley que se está transgrediendo. Otras traducciones dicen que el pecado es infracción de la ley. Es decir, el pecado es vivir o actuar como si no existiera la ley. Es vivir o actuar sin consideración de la ley. Es como manejar un auto a alta velocidad, cuando claramente existen límites de velocidad; es como no respetar los semáforos en rojo, o señalamientos de alto, o estacionarse en espacios de discapacitados cuando no lo estoy.

¿Será que de alguna forma la vida y muerte de Jesús permitió tener otros dioses delante de Dios o la adoración de ídolos, o imágenes? ¿Permitió el tomar el nombre de Dios en vano? ¿Qué podemos decir acerca de deshonrar a nuestros padres, asesinar, cometer adulterio, robar, mentir, y codiciar? ¿Será que todo eso está permitido hacer ahora porque fueron clavados en la cruz con Jesús? ¡No! ¡Eso es ridículo! Todo el mundo cristiano puede ver que estos mandamientos aún son vigentes. Pero ¿qué hay acerca de ese único mandamiento que nos manda que lo recordemos, como si Dios sabía que lo olvidaríamos?

"Acuérdate del día de reposo para santificarlo. Seis días trabajarás, y harás toda tu obra; mas el séptimo día es reposo para Jehová tu Dios; no hagas en él obra alguna, tú, ni tu hijo, ni tu hija, ni tu siervo, ni tu criada, ni tu bestia, ni tu extranjero que está dentro de tus puertas. Porque en seis días hizo Jehová los cielos y la tierra, el mar, y todas las cosas que en ellos hay, y reposó en el séptimo día; por tanto, Jehová bendijo el día de reposo y lo santificó".[285]

¿Le importa a Dios cuál día es apartado para Su adoración? ¿Le importa al novio con cuál mujer se va a casar? Tenemos la novia y las seis damas de honor. ¿Por qué él no escoge una de las damas de honor, y se casa con ella en vez de casarse con la novia? ¿Tiene eso importancia? ¡Sí, sí tiene! Existen siete días en la semana. ¿Le importa a Dios cuál día Él ha apartado? El día que Dios ha escogido es importante para Él, y debe ser importante para nosotros.

Aun en la creación, Dios sabía lo que era mejor para nosotros, y aun sabiendo esto, Él nos dio el sábado—el séptimo día sábado. "Y acabó Dios en el séptimo día la obra que hizo, y reposó en el séptimo día de todo lo que había hecho en la creación. Y Dios bendijo al séptimo día, y lo santificó, porque en él reposó de toda la obra que había hecho en la creación".[286] (Para más información sobre este tema, por favor visítenos en www.sabbathtruth.com.).

Por lo tanto, ¿qué pasa si yo guardo nueve de los diez mandamientos? ¿No sería suficiente? Santiago nos aclara: "Porque quien sea que guarda toda la ley, y falla en un punto, se hace culpable de todos".[287] Esto significa que, si tú y yo estamos guardando nueve de los diez mandamientos, pero tú estás violando uno, aún estás transgrediendo la ley; y aun sigues viviendo a tu manera sin importarte la ley, y aun estás pecando contra Dios y Su ley.

285. Éxodo 20:8-11
286. Génesis 2:2,3
287. James 2:10

Recuerda, el pecado es transgresión de la ley—la ley de Dios, que tiene el amor como su fundamento. Y en muchos casos la enfermedad es el resultado de un problema del amor. El mundo está enfermo debido al pecado, y es nuestro privilegio venir a Dios para ser fortalecido mediante Su Espíritu Santo; y estando el Espíritu Santo en nosotros, Cristo pueda vencer el pecado y librarnos mediante Su amor. "¡He aquí el Cordero de Dios que quita el pecado del mundo!"[288]

288. Juan 1:29

CAPÍTULO 17

Un amor que vence

10. Vuelve a levantarte

Nuestro décimo y último punto es levantarnos o volvernos a levantar. Para comenzar a ilustrar este punto, vayamos a Juan 5:2-8, y consideremos la historia del hombre paralitico en el estanque de Betesda. "Y hay en Jerusalén, cerca de la puerta de las ovejas, un estanque, llamado en hebreo Betesda, el cual tiene cinco pórticos. En éstos yacía una multitud de enfermos, ciegos, cojos y paralíticos, que esperaban el movimiento del agua. Porque un ángel descendía de tiempo en tiempo al estanque, y agitaba el agua; y el que primero descendía al estanque después del movimiento del agua, quedaba sano de cualquier enfermedad que tuviese. Y había allí un hombre que hacía treinta y ocho años que estaba enfermo. Cuando Jesús lo vio acostado, y supo que llevaba ya mucho tiempo así, le dijo: ¿Quieres ser sano? Señor, le respondió el enfermo, no tengo quien me meta en el estanque cuando se agita el agua; y entre tanto que yo voy, otro desciende antes que yo. Jesús le dijo: Levántate, toma tu lecho, y anda.".

Analicemos, paso a paso, lo que sucedió en la sanación de este hombre, porque este acto es un ejemplo de cómo Dios desea hacernos exitosos.

Primeramente, Jesús dio una orden al hombre—que tomara su lecho y caminara. Hubo una instrucción definida dada al hombre. Se le hizo ver lo que se esperaba de él.

Para poder tomar en serio la palabra de Jesús, el hombre tuvo que depositar su confianza en Jesús. Él tuvo que creer en Él y en lo que Él dijo. Él tuvo que ejercitar fe en Jesús y Su palabra.

La Biblia nos dice que la fe obra. Por tanto, cuando este hombre ejercitó su fe en Jesús, él luego actuó sobre esa fe para intentar lograr lo que Jesús le ordenó hacer, aunque no tenía capacidad en sí mismo para realizar la tarea.

Una vez que el hombre creyó en Jesús e inició el intento de cumplir con la orden, se le dio poder Divino para poder realmente cumplir lo que la orden especificaba. Pero fue sólo después que la fe actuó sobre la orden, que le fue dado poder para lograrla. Y, finalmente, el hombre fue sanado en el proceso de actuar, por fe, por mandato de Jesús.

Al meditar en esta secuencia de eventos, descubrimos por qué muchos hemos tenido vidas sin éxito, aun en el campo espiritual. Hemos escuchado mentiras desde que nacimos, y estamos acostumbrados a creer estas mentiras. Por lo tanto, cuando Jesús viene y nos da una orden que va en contra de estas mentiras, no confiamos en Él. No creemos que es posible cumplir lo que Él nos está pidiendo. Y si no creemos, si no confiamos en él, si no ejercitamos fe en su palabra, nunca venceremos. Yo oro para que el resto de lo que hemos aprendido juntos en la *Ley de la Vida*, te convenza que puedes confiar en Dios, y no en ti mismo, no en tus sentimientos, ni en las opiniones de otros, etc.

Otro problema es que deseamos evidencia de su poder o de su sanación, antes de actuar de acuerdo a su orden. Cuando Jesús ordenó al hombre que se levantara, si el hombre hubiera dicho: "Señor, sáname, y me levantaré," ¿qué piensas que hubiera sucedido? El hombre no hubiera sido sanado. Él tuvo que actuar por fe sobre el mandamiento mismo, y cuando así actuó, llegó el poder y la sanación. Sucede lo mismo con nosotros. Si esperamos hasta sentirnos suficientemente fuertes, o sentirnos completamente sanados, antes de empezar a confiar y actuar sobre las órdenes y promesas de Dios, nunca actuaremos conforme a ellas. Y si nunca actuamos a través de ellas, ellas nunca nos servirán de nada. Permaneceremos enfermos, débiles, y derrotados.

Por tanto, levantarse es un acto de fe, respondiendo a la orden o promesa de Dios, haciendo el esfuerzo de lograr lo ordenado, o prometido; y siendo fortalecido por Dios en el mismo acto para ser capaz de lograr lo ordenado o prometido.

Aprendiendo a caminar

Así que ¿cómo entendemos acerca de nuestras caídas? Digamos que por fe te has levantado de tu condición pecaminosa, y has permanecido haciendo lo correcto. Pero pronto después, nuevamente caes. ¿Qué deberías hacer ahora? Muchos de nosotros, incluyéndome a mí mismo, hemos tenido el hábito de ganar, quejarnos, hacer berrinches inclusive ya como adultos caernos y permanecer en el suelo sin querer levantarnos. Pero ¿cómo aprende a caminar un bebé?

Los bebés no tienen muy buena coordinación. A los 9 o 10 meses de edad, ellos empiezan a ponerse en una posición recta cuando están junto a un mueble u otro objeto estable. Luego, mientras pasa el tiempo, ellos aprenden a caminar solos, sosteniéndose de algún mueble. Pero un día ellos sueltan el mueble y lanzan una mirada a través del cuarto hacia un objeto deseado, y sucede algo inesperado. ¡El bebé da un paso! Y ¿qué sucede después de dar un paso? ¡Se cae!

Y ¿cómo responden los padres? Los padres están emocionados al ver que su bebé dio su primer paso. ¿Se enojan los padres con su bebé, y le dan una nalgada, diciéndole cuán malo es por haberse caído? No, ¡eso es ridículo! Los padres saben que el bebé se caerá—muchas veces—en el proceso de aprender a caminar. Ellos están simplemente contentos de que su bebé está dando sus primeros pasos, ¡y aprendiendo cómo caminar!

Pero la mayor parte del tiempo pensamos en Dios como un Dios airado. Creemos que él está esperando cada oportunidad para encontrar una falta en nosotros, y así poder condenarnos. Creemos que cada vez que caemos, Él está airado y decepcionado con nosotros. Pero ese no es el caso en absoluto.

Él es el Buen Pastor en busca de la oveja perdida. Él es la mujer que barre la casa en busca de la moneda perdida. Él es el padre mirando el horizonte cada día, esperando el regreso de Su hijo pródigo. Y Él sabe que aprendiendo a caminar siempre estará la posibilidad de caer. En la cruz Él ya pagó el precio de cada caída. Él ya sufrió el castigo por cada pecado. Él ya sabía de antemano que cada caída llegaría, y él hizo provisión para esto. Para Dios no es un problema si caemos. Él ya pagó el precio en la cruz por cada caída. Él ya sufrió el castigo por cada pecado cometido. Él ya sabía que cada caída llegaría antes que sucediera, e hizo provisión.

Se nos dice que "el justo puede caer siete veces y levantarse nuevamente".[289] Nótense un par de cosas. Es el hombre justo quien cae. Él se cae múltiples veces. Por lo tanto, un hombre justo se levanta, se cae, y vuelve a levantarse. El problema no es caerse. El problema es no volverse a levantar.

Como pueden ver, muchas veces cuando caemos rehusamos en volvernos a levantar. Es como si hiciéramos un berrinche cuando caemos. Escuchamos las mentiras del enemigo diciéndonos que "deberías rendirte, esto no va a cambiar. Tu siempre fuiste un fracaso, y siempre lo serás. Ahora ni siquiera puedes

289. Proverbios 24:16

ir a Dios, porque lo echaste todo a perder, y Él no te escuchará. Mejor resígnate, nunca vas a triunfar". Y nosotros creemos esas mentiras, y nos sentamos en el suelo, indispuestos e incapaces de levantarnos nuevamente.

Pero Dios se encuentra allí, tratando de animarnos a volvernos a levantar. Así como cuando habló con el hombre en el estanque de Betesda, Jesús te habla a ti y a mí, diciendo: "Vuelve a levantarte". Y así como ese hombre, nosotros tenemos una opción. Podemos confiar en Jesús y en su orden/promesa, actuar a través esa orden, y ser capacitados para poder lograr esa tarea; o podemos creer las mentiras, desconfiar en Jesús, y fracasar en actuar sobre su orden/promesa. Si nuestra respuesta es la segunda opción, siempre permaneceremos en el suelo, incapaces de volvernos a levantar, como ese hombre que estuvo inválido por 38 años. Pero cuando confiamos en Jesús y creemos en Su palabra, cuando actuamos conforme a Su orden, él nos capacita para poder lograr lo que él ha ordenado. El hombre justo cae siete veces, pero vuelve a levantarse y sigue caminando. Y yo sospecho que no sólo son siete veces.

Jesús nos dice: "Yo no os digo, solo siete veces, sino setenta veces siete".[290] ¿Cuántas veces permitirás que tu hijo caiga en el proceso de aprender a caminar? ¿Le permitirías solo siete caídas? ¿O qué tal 490 veces? Yo sospecho que ninguna de las dos opciones. Tú permitirías que cayera las veces que fuera necesario hasta que aprendiera a caminar. Lo mismo es cierto acerca de Dios. Él te permitirá caer cuantas veces sea necesario. Por lo tanto, deja de estarte torturando a ti mismo. Eso no te ayudará en nada.

Debes de creer que Dios te ama. Cree que Él desea lo mejor para ti. Cree que Él es mejor para ti de lo que pudiera ser un padre terrenal. Cree que Él ya ha perdonado tu pecado, y ha hecho provisión para que vuelvas a levantarte. Cree que Él te

290. Mateo 18:22

ofrece, justo ahora en medio de tu caída, el poder para levantarte y seguir avanzando hacia la victoria.

Sin embargo, ten en mente que la gracia de Dios y su perdón, no es una licencia para pecar. "¿Qué diremos entonces? ¿Seguiremos pecando para que la gracia abunde? ¡Ciertamente no! ¿Cómo pues los que hemos muerto al pecado, viviremos más en él?"[291]

La gracia de Dios no está allí para que no nos preocupemos si caemos, y permanecer en el suelo. No está allí para hacernos sentir que podemos caer en cualquier momento que se nos antoje pecar, y que eso está bien. Cuando vemos cuánto Dios nos ama, cuando vemos el sacrificio que Él hizo por nosotros en la cruz, cuando vemos el tesoro que Dios es realmente, y cuán valiosos somos para él, cuando vemos que cada pecado hiere el corazón de Dios, y añade al dolor que Jesús soportó en la cruz, cuando vemos que el pecado nos separa de Aquél que nos ama tanto, Aquél a quien amamos en gratitud por ese sacrificio; entonces constantemente nos separamos de ese pecado, y nos dirigimos hacia la justicia de Cristo. Crecemos en Cristo de tal manera que caminamos más y caemos menos.

Así como un niño aprende a caminar, nosotros progresamos, mejoramos, nos levantamos más rápido, estamos de pie más tiempo, caemos con menos frecuencia, somos más estables, somos capaces de vencer terrenos cada vez más difíciles, y eventualmente somos capaces de "correr y no cansarnos,"[292] y "caminar y no desmayar".[293] Seremos capaces de "levantar alas como las águilas,"[294] y seremos todo lo que Dios desea que seamos.

En este caminar cristiano, tendrás caídas. ¡Esto es de esperarse! Pero mediante Su gracia podemos levantarnos y seguir

291. Romanos 6:1-2
292. Isaías 40:31
293. Ibid.
294. Ibid.

el camino. En el camino llegamos a ser cada vez más como Jesús. Y al final del camino existen bendiciones inimaginables.

"Al que venciere, le daré que se siente conmigo en mi trono, así como yo he vencido, y me he sentado con mi Padre en su trono".[295] Yo no sé si Dios haya ofrecido a alguna otra criatura la autorización de sentarse en Su trono, pero él promete que si vencemos—si nosotros, mediante la fe, y seguimos levantándonos, él nos permitirá gobernar sobre toda la creación junto a Él cuando regrese para llevarnos consigo al cielo. Yo deseo estar allí, ¿y tú?

Un resumen de la solución

Por tanto, ¿cuál es la solución a mis problemas?

1. **Venir y tomar del amor de Dios**

Debemos venir a Dios y tomar de Su amor. "Amor supremo hacia Dios, y amor abnegado del uno hacia el otro—éste es el mejor regalo que nuestro Padre celestial puede otorgarnos. Este amor no es un impulso, sino un principio divino, un poder permanente. El corazón no consagrado es incapaz de originarlo o producirlo. Se encuentra sólo en el corazón donde Cristo reina.

"'Nosotros le amamos a él, porque él nos amó primero.' En el corazón que ha sido renovado por la gracia divina, el amor es el principio dominante de acción. Modifica el carácter, gobierna los impulsos, controla las pasiones, y ennoblece los afectos. Ese amor, cuando uno lo alberga en el alma, endulza la vida, y esparce una influencia ennoblecedora en su derredor".[296]

Tomar de ese amor divino nos hace vernos semejantes a Él.

295. Apocalipsis 3:21
296. Elena G. de White, Hechos de los Apóstoles, p. 440.

2. **Acepta un nuevo corazón/nuevo amor**

Debo aceptar un nuevo corazón, que me de dará un nuevo amor. Este amor no da para recibir, más bien toma para dar. Y recibiendo para dar me da verdadera libertad.

3. **Aceptar el intercambio divino ofrecido en la cruz**

Yo necesito venir a la cruz, y aceptar mediante la fe ese intercambio divino hecho posible para mí, mediante la gracia de Dios. Debo aceptar ese regalo gratis del perfecto pasado de Jesús, a cambio de mi pasado pecaminoso; y experimentar el quebrantamiento de corazón, y la transformación, del maravilloso amor de Dios, para ser liberados y ya no más ser el perpetrador o la víctima.

4. **Entregar mi vida enteramente a Él**

Necesito entregar mi vida enteramente a Él. Necesito soltar la cuerda, subir en la carretilla, y depositar 100% de mi confianza en que Jesús me llevará hacia la tierra de victoria.

"'Yo soy la Vid, vosotros los pámpanos,' dijo Cristo a sus discípulos. Aunque él estaba por ser arrebatado de entre ellos, su unión espiritual con él no había de cambiar. La unión del pámpano con la vid, dijo, representa la relación que habéis de sostener conmigo. El pámpano está injertado en la vid viviente, y fibra tras fibra, vena tras vena, va creciendo en el tronco. La vida de la vid llega a ser la vida del pámpano. Así también el alma muerta en delitos y pecados recibe vida a través de su unión con Cristo. Por la fe en él como Salvador personal, se forma esa unión. El pecador une su debilidad a la fuerza de Cristo, su vida vacía a la plenitud de Cristo, su fragilidad a la perdurable potencia de Cristo. Entonces el tiene el pensar de Cristo. La humanidad de Cristo ha tocado nuestra humanidad, y nuestra humanidad ha tocado la divinidad. Así, por la intervención del Espíritu Santo, el hombre viene a ser participante de la naturaleza divina. El es aceptado por el Amado.

"Esta unión con Cristo, una vez que ha sido formada, debe ser mantenida. Cristo dijo: 'Estad en mí, y yo en vosotros. Como el pámpano no puede llevar fruto de sí mismo, si no estuviere en la vid; así vosotros, si no estuviereis en mí.' Este no es un contacto casual, no es una conexión que se prende y se apaga. El pámpano llega a ser parte de la vid viviente. La comunicación de la vida, la fuerza y el carácter fructífero de la raíz a las ramas es en forma constante y sin obstrucción. Separado de la vid, el pámpano no puede vivir. Así también, dijo Jesús, no podéis vivir separados de Mí. La vida que habéis recibido de Mí puede conservarse únicamente por la comunión continua. Sin Mí, no podéis vencer un solo pecado, ni resistir una sola tentación.

"Permaneced en mí y yo en vosotros" El estar en Cristo significa recibir constantemente de su Espíritu, una vida de entrega sin reservas a su servicio. El conducto de comunicación debe mantenerse continuamente abierto entre el hombre y su Dios. Como la rama de la vid recibe constantemente la savia de la vid viviente, así hemos de aferrarnos a Jesús y recibir de él por la fe la fuerza y la perfección de su propio carácter".[297]

Al escoger a Cristo, y depositar nuestra fe en Él, estamos conectados con la Vid, y Su vida llega a ser nuestra.

5. **Escudriño mi corazón**

Yo escudriño mi corazón para entender el motivo detrás de lo que hago, para que el engaño de mi corazón muera a la luz del amor de Dios, y pueda inteligentemente entregar los defectos revelados de mi corazón a Cristo y Él pueda vencer esos defectos y reemplazarlos con victoria en, y a través de, Su poder.

6. **Elige pensar solo positivamente de los demás**

Yo pienso sólo cosas buenas de los demás.

297. Elena G. de White, El Deseado de Todas las Gentes, pp. 629-30.

"El alma puede estar en un estado de paz sólo mientras confía en Dios, y al participar de la naturaleza divina mediante la fe en el Hijo de Dios. El Espíritu de Dios produce una vida nueva en el alma, llevando los pensamientos y deseos en obediencia a la voluntad de Cristo, y el hombre interior es renovado a la imagen de Aquél que obra en nosotros para subyugar todas las cosas a sí mismo. Mientras Dios obra en el corazón mediante su Espíritu Santo, el hombre debe cooperar con Él. Los pensamientos deben ser atados, restringidos, sacados de la distracción y la contemplación de cosas que sólo debilitan y contaminan el alma. Los pensamientos deben ser puros, las meditaciones del corazón deben ser limpias, si las palabras de la boca serán palabras aceptables ante el Cielo, y benéficas para nuestros asociados.... En el sermón del monte, Cristo presentó ante los discípulos los principios de gran alcance de la ley divina. Él enseñó a sus oyentes que la ley fue transgredida por los pensamientos antes que el deseo fuese llevado a cabo mediante una real comisión. Nos encontramos bajo obligación de controlar nuestros pensamientos, y llevarlos en sujeción a la ley de Dios. Los poderes nobles de la mente nos han sido dados por el Señor, para ser empleados en la contemplación de cosas celestiales".[298]

Por la gracia de Dios yo puedo pensar bien aun de los que me han hecho daño.

7. **Amar a otros**

Tengo el privilegio de dar a otros el amor que tomé de Dios. "Cuando el yo está sumergido en Cristo, el amor brota espontáneamente. La plenitud del carácter cristiano se alcanza cuando el impulso por ayudar y beneficiar a otros brota constantemente desde adentro, cuando la luz del cielo llena el corazón y se revela en el semblante".[299]

298. Elena G. de White, "The Renewing of the Mind" The Review and Herald, 12 de junio de 1888, párrafo 3.
299. Elena G. de White, Palabras de Vida del Gran Maestro, p. 316.

El amor a Dios libera automáticamente el amor a los demás.

8. **Recuérdese, "No es de mi pertenencia"**

Yo necesito recordarme a mí mismo que "¡Eso no es mío!" No es de mí posesión. Yo no puedo producirlo. No soy dueño de mí mismo. Sólo soy el repartidor de la entrega. Todo pertenece a Dios.

9. **Usar los remedios naturales, cambiar mi estilo de vida**

Yo uso los remedios naturales y cambio mi estilo de vida para armonizar con lo que Dios desea, porque Lo Amo.

10. **Volverse a levantar**

Yo me levanto y vuelvo a levantarme. Yo hago el esfuerzo, y Él provee el poder.

Si yo les hubiera entregado esta prescripción de diez puntos al comienzo de este libro ¿la hubieran aceptado, o la hubieran rechazado? ¿Me hubieran creído que estos puntos son de vital importancia para nuestra salud física? O, hubieran ido en busca de una segunda opinión. Yo oro para que ahora vean que estos puntos son de vital importancia para nuestra salud y sanación— de cuerpo, mente, y alma.

Hace algunos años, me enamoré de la siguiente cita: "Cuando se recibe el Evangelio en su pureza y con todo su poder, es un remedio para las enfermedades originadas por el pecado".[300] ¿Cuáles enfermedades se originaron en el pecado? ¿Diabetes? ¿Enfermedad cardíaca? ¿Cáncer? ¿Obesidad? ¿Artritis? ¿Enfermedades Autoinmunes? Todas las enfermedades se han originado en el pecado. Y ¿cuál es el remedio para las enfermedades que se originaron en el pecado? El evangelio en su pureza y poder, es este remedio.

300. Elena G. de White, El Ministerio de Curación, p. 78.

La ley de la vida

Por lo tanto, ¿qué es la Ley de la Vida? "...los principios de justicia expuestos en el Decálogo son tan inmutables como el trono eterno. No se ha suprimido un mandamiento, ni una jota o una tilde se ha cambiado. Estos principios que se comunicaron a los hombres en el paraíso como la ley suprema de la vida existirán sin sombra de cambio en el paraíso restaurado. Cuando el Edén vuelva a florecer en la tierra, la ley de amor dada por Dios será obedecida por todos debajo del sol".[301] La Ley de Dios es la ley de la vida.

"El maravilloso y misericordioso propósito de Dios, el misterio del amor redentor, es el tema en el cual 'desean mirar los ángeles,' y será su estudio a través de los siglos sin fin. Tanto los redimidos como los seres que nunca cayeron hallarán en la cruz de Cristo su ciencia y su canción. Se verá que la gloria que resplandece en el rostro de Jesús es la gloria del amor abnegado. A la luz del Calvario, se verá que la ley del renunciamiento por amor es **la ley de la vida** para la tierra y el cielo; que el amor que 'no busca lo suyo' tiene su fuente en el corazón de Dios; y que en el manso y humilde se manifiesta el carácter de Aquel que mora en la luz inaccesible al hombre."[302] La Ley de la Vida es amor abnegado.

"Mirando a Jesús, vemos que la gloria de nuestro Dios consiste en dar. 'Nada hago de mí mismo', dijo Cristo; 'me envió el Padre viviente, y yo vivo por el Padre'. 'No busco mi gloria', sino la gloria del que me envió. (Juan 8:28; 6:57; 8:50; 7:18). En estas palabras se presenta el gran principio que es **la ley de la vida** para el universo. Cristo recibió todas las cosas de Dios, pero Él **Tomó para Dar**. Así también en los atrios celestiales, en su ministerio en favor de todos los seres creados, por medio del Hijo amado fluye a todos la vida del Padre; por medio del

301. Elena G. de White, El Discurso Maestro de Jesucristo, p. 47.
302. Elena G. de White, El Deseado de Todas las Gentes, p. 11.

Hijo vuelve, en alabanza y gozoso servicio, como una marea de amor, a la gran Fuente de todo. Y así, por medio de Cristo, se completa el circuito de beneficencia, que representa el carácter del gran Dador, **la ley de la vida**".[303]

"Todo lo que existe tanto en el cielo como en la tierra declara que la gran **ley de la vida** es una ley de servicio. El Padre infinito cuida la vida de toda cosa animada. Cristo vino a la tierra 'como el que sirve'. (Lucas 22:27). Los ángeles son 'espíritus ministradores, enviados para servicio a favor de los que serán herederos de la salvación'. (Heb. 1:14). La misma ley de servicio está impresa en todos los objetos de la naturaleza. Las aves del cielo, las bestias del campo, los árboles del bosque, las hojas, el pasto y las flores, el sol en los cielos y las estrellas de luz, todos tienen su ministerio. El lago y el océano, el río y el manantial, **todos toman para dar**".[304] La Ley de la Vida es la ley de servicio, tomar para dar. Y esa Ley de la Vida, aplicada a nuestra vida, produce salud, vida y amor.

303. Elena G. de White, El Deseado de Todas las Gentes, p. 12.
304. Elena G. de White, La Educación, p. 94.

RESUMEN FINAL

Fuimos creados a la imagen de Dios, lo cual significa que fuimos creados para pensar cómo piensa Dios. También fuimos creados con una necesidad de amor, del cual Dios es la única fuente. Dios es desinteresado, por lo tanto, para funcionar como Dios nos creó, venimos desinteresadamente a Él, tomando de Su amor y dándolo a otros, tal como nos muestra la ley de los Diez Mandamientos. Cuando pensamos como Dios piensa, desinteresadamente tomamos de Su amor para darlo a los demás, eso provee la energía y el control necesarios para que las células del cuerpo puedan funcionar apropiadamente. La verdadera salud solo puede esperarse si estamos funcionando según como fuimos creados.

Cuando el hombre pecó y transgredió esa ley de los Diez mandamientos, fuimos inimaginablemente engañados. Llegamos a creer que nosotros somos dioses, que nosotros somos los dueños, que los demás nos "deben", y que ellos también son nuestra fuente de amor. En nuestro engaño nos hicimos esclavos de los demás al tratar de controlarlos. Aceptamos un falso "amor," que realmente es egoísta, que da con el propósito de recibir. El antiguo corazón con su pensamiento al revés e incontrolables pérdidas, llegó a ser nuestra realidad.

Ese antiguo y pecaminoso corazón jamás puede cumplir la ley de Dios, y nunca puede pensar como Dios piensa. También en pecado aceptamos un sustituto por ese amor, que realmente no es amor. Dado que nuestro pensamiento no está alineado con el pensamiento de Dios, y siendo que aceptamos un sustituto por amor, que no es amor, esto da como resultado en una errada energía y control de las células de nuestro cuerpo; y la disfunción y la enfermedad son el resultado.

Dios sabía que nos encontrábamos desesperadamente perdidos en el engaño del pecado, y Él envió a Jesús para rescatarnos de nuestra incurable situación. Debido al regalo infinito de Dios mediante Jesús, Él nos otorga la oportunidad de tener un nuevo corazón—Su corazón—que está en armonía con Su ley, y es restaurado a la creación original. Al ser restaurado este corazón en nosotros, nuestro pensamiento se armoniza con el pensamiento de Dios, y venimos a Él como nuestra única fuente de todas las cosas, incluyendo amor. Esta restauración contribuye al 90% de nuestra salud y sanación, aunque aún estamos sujetos a la herencia, al medio ambiente, materias primas y los ataques del enemigo.

El nuevo corazón, que es un producto de la gracia de Dios, no sólo promueve salud física; sino también nos da paz en cualquier situación y circunstancia. Nos salva de tomar las cosas personalmente. Nos proporciona el gozo de creer la verdad. Restaura las relaciones que han sido rotas por la locura del pecado. ¡Yo deseo ese nuevo corazón! ¿Y tú? Dios también lo desea para ti. Recuerda, Él murió para que tú pudieras tenerlo.

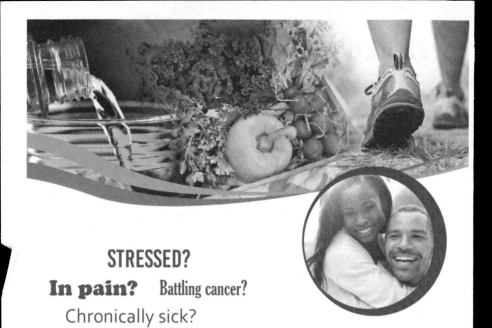

Made in the USA
Middletown, DE
25 August 2024

59105061R00166